イェーナ大学講義
『超越論的哲学』

フリードリヒ・シュレーゲル 著
酒田健一 訳・註解

FRIEDRICH SCHLEGEL

NEUE PHILOSOPHISCHE SCHRIFTEN

Erstmals in Druck gelegt, erläutert und mit
einer Einleitung in Fr. Schlegels philoso-
phischen Entwicklungsgang versehen von

JOSEF KÖRNER

Mit einer Faksimilereproduktion
von Schlegels Habilitationsgesuch
an die Universität Jena

1935
VERLAG GERHARD SCHULTE-BULMKE / FRANKFURT A. M.

イェーナ大学講義『超越論的哲学』を初めて世に紹介したヨーゼフ・ケルナーの校訂本がその巻頭を飾っている一九三五年刊行の『フリードリヒ・シュレーゲル新哲学論集』

御茶の水書房

イェーナ大学講義『超越論的哲学』目次

目次

凡例

一　本書は、十八世紀末から十九世紀前半にかけてドイツの思想界を主導した観念論哲学の担い手たちと並走かつ競合しながら、その特異な思考と書法によって独自の詩的・哲学的思想世界を切り拓いていった初期ロマン主義の理論的指導者フリードリヒ・シュレーゲル（一七七二－一八二九）のイェーナ大学講義『超越論的哲学』（Transcendentalphilosophie. 1800-1801）の全訳である。訳出の底本には、エルンスト・ベーラーを編集主任とした新校訂全集版『フリードリヒ・シュレーゲル原典批判的全集版』（KRITISCHE FRIEDRICH-SCHLEGEL-AUSGABE. Hrsg. von Ernst Behler unter Mitwirkung von Jean-Jacques Anstett und Hans Eichner.1958ff. München, Paderborn, Wien. Verlag Ferdinand Schöningh, Thomas Verlag, Zürich）の第十二巻『哲学講義集［一八〇〇－一八〇七］第一部』（一九六四年刊行、担当者はジャン－ジャック・アンステット）収録のものを用いた。

二　この底本の原本となったのがケルナー校訂本である。講義のほぼ一三〇年後の一九二七年、プラハ大学教授ヨーゼフ・ケルナーがライプツィヒのグスタフ・フォック書店の古書目録中に『フリードリヒ・シュレーゲルの超越論的哲学、一聴講者による清書された講義手稿、一八〇〇－〇一年冬学期、二六四頁』とあるのを発見、「即座に購入」し、シュレーゲルの他の諸作との校合の結果、この手稿がフリードリヒ・シュレーゲルの講義の記録に間違いないとの確信に達したとして、これを一九三五年、『フリードリヒ・シュレーゲル新哲学論集』（FRIEDRICH SCHLEGEL. NEUE PHILOSOPHISCHE SCHRIFTEN. Erstmals in Druck gelegt, erläutert und mit einer Einleitung in Fr. Schlegels philosophischen Entwicklungsgang versehen von Josef Körner）の表題のもとに、『フリードリヒ・シュレーゲルの哲学的修行時代』と題する長大な解説的序文と綿密な校注とを付した上、シュレーゲルの他の諸作（一八〇六年の冬から翌年にかけて行われたスタール夫人のための哲学講義『形而上学』の草案、一八一二年および一八二二年に書かれた二つのヤコービ論、および『詩芸術における美について』と題する二篇の初期断章集）と併せて刊行した。これがケルナー校訂本である。この校訂本をベーラーはシュレーゲルのイェーナ大学講義のいわば原典としてほとんどそのまま——筆記者の手稿の頁付けの転位という微細な変更以外は——彼の新校訂全集版に採用した（ただしケルナーの校註はすべて割愛）。そして講義録の信憑性に関しても、ベーラーはこの前年の一九六三年に彼自身の担当で刊行した同全集第十八巻収録の遺稿断章集『哲学的修行時代』中の、特に当時のケルナーにはまだ知られていなかったイェーナ講義と同時期の一連の断章との照合等によってケルナーの校訂を改めて支持、以来、この「知られざる聴講者」によるシュレーゲルの「幻の講義」の筆記録は異論、異本の出現もなくこんにちに到っている。

三　訳註の作成に当たっては先のケルナー校訂版に付された註と、一九九一年に遺稿として刊行されたミヒャエル・エルゼッサーによる独自註釈版（Transcendentalphilosophie. Eingeleitet und mit Erläuterungen versehen von Michael Elsässer. 1991, Philosophische Bibliothek; Bd. 416）とを適宜参照した。前者は、購入した手稿がフリードリヒ・シュレーゲルの講義の筆記録であることを実証する点に校訂の比重を置いていたという特殊事情に加えて、フリードリヒ・シュレーゲルの全著作をほぼ網羅した現在の『新校訂全集版』に先立つこと約八十年という時代的制約が重なり、いまなお多くの示唆を含んでいるとはいえ、註解としては一九三〇年代の歴史的労作の域を出るものではない。後者、すなわちエルゼッサーの註釈は、この講義の独自の読解の記録たろうとする編者の思い入れの深さを感じさせる力作ではあるが、それだけに註釈対象の選択に独特の波があるように思われる。この註釈版の不幸は、編註者の突然の死によって完成に至らなかったことである。

なお、原文中の「脚註」は筆記者の欄外書き込みであるが、講義者の強い示唆が感じられるものも少なくないので、本訳文ではすべて「原註」扱いとし、本文の各段落の後に置き、＊印をもって示した。訳註は一括して巻末に置いた。

訳註および解説のために引用したシュレーゲルの『断章集』は、以下の記号によって示した。

LF（Lyceums Fragmente）『リュツェーウム断章集』（KA II）

AF（Athenäums Fragmente）『アテネーウム断章集』（KA II）

FPL（Fragmente zur Poesie und Literatur）『詩文学と文芸のための断章集』（KA XVI）

PL（Philosophische Lehrjahre）『哲学的修行時代』（KA XVIII/ XIX）

また、断章以外の著作からの引用は、すべてそのつどその題名を記した。

四　訳文中の補足のための括弧〔　〕は、原文にあるものについてはそのまま記し、訳者による補足の場合にはその旨記した。

五　原文中の罫線は、区切りの意味が必ずしも明確でない上、縦組みでの罫線は煩わしくもあるので本訳文ではすべて省略した。また、原文中の斜体部分は、訳文では傍点で示したほか、小見出しには太字体を充てた。

六　訳文の段落は原文のそれに従っているが、稀に改行が文脈の上から無理と思われるようなときには、両段落を一連のものとして訳出した。

イェーナ大学講義

『超越論的哲学』

序論

われわれは哲学する――これは一つの事実である。それではわれわれもそのように始めよう。われわれはある事に着手する。そのある事とはまったく独特の知を志向することである。それは全的人間[1]に関わるべき知である。それゆえそれは単に人間の行為にのみ関わるだけでなく――というのも行為はいわば人間の一方の極にすぎないのだから――人間の知にも関わるべきものである。それゆえそれは知の知[2]でなければならないということになろう。

このことはいわば哲学の一つの定義ではあるだろう。しかしわれわれが哲学し始めるやいなや、この定義は導きの糸として役立つことができない。なぜなら私が哲学は知の知であるという命題から出発しようとしても、そこには常に一つの知が前提されているだろうからである。哲学とは一つの実験[3]であり、従って哲学しようとする者は誰もがそのつど常に一から始めなくてはならない。（哲学においては、他の諸学問のように他の人々がすでに成し遂げた学問的業績を受け継ぎ、その上に更なる業績を積み上げてゆくということがない。哲学はすでにそれ自体として成り立っている一つの全体であり、哲学しようとする者は誰もが端的に一から始めなくてはならないのである。）

われわれもまたそのように端的に開始することにしよう。

哲学は一つの知、しかも絶対的な知であるべきである。それゆえわれわれは、われわれの踏み出す一歩一歩が必然的であり、仮定的なものを何一つ含まないということを目指さねばならない。

われわれがここで取るべき方法は、従って物理学ないしは数学の方法であるだろう。すなわちわれわれの探究は物理学における様な実験か、数学に見られるような構成のごときものとなるだろう。これらの学問の方法は徹頭徹尾独立的である。従ってここでもこの方法が適用されねばならないのである。

真理のための機関としての論理学はわれわれに矛盾律や充足根拠律を提供する。確かにこれによって真理の質料的なもののためにわれわれが得るところのものは皆無だが、しかしわれわれはわれわれが哲学することによって見出すところのものを陳述したり表現したりするに当たってはそれらを用いなければならない。とはいえ真理の源泉はわれわれにとってこれらの諸原則におけるよりも遥かに高いところにある。(4) 懐疑ですらこれらの諸原則を駆使しようとするのだから。また形式に対してもこれらの諸原則は満足を与えるものではない。われわれはもっと高次のものを求めなければならないのである。

フィヒテもこれらの諸原則を彼の哲学において用いてはいるが、しかしこれらの諸原則がもはや哲学ではまったくないという意味においてである。

論理学はさらにまた真理の定義をもわれわれに提供してくれる。すなわち真理とは表象と対象との一致であるというのがそれである。だがこの定義が述べていることは、ある記号がその記号によって表示されるべき事柄について述べていること以上のものではなく、また、それ以上のものであるべくもないのである。

問題一　哲学の性格を規定すること

(性格は定義とは別ものである。定義(definitio)とは、類(genus)と種の差異(Differentiam specificam)とを挙示することである。しかしわれわれが哲学において行おうとし、そして行うことのできるのは、そういうことではない。なぜなら種の差異は無限だろうからである。)われわれが哲学の性格を規定するという課題を負う場合には、それはこの性格を厳密に規定することを意味しない。それでは定義することになってしまうだろう。そうではなくてわれわれの目的にとって可能である限りにおいてそうするということである。

問題一のためのアフォリスムス。

第一のアフォリスムス。哲学は懐疑をもって始まる。これは徹頭徹尾ネガティヴな状態である。――われわれが数学の方法を適用して哲学を構成しようとするならば、われわれはそれだけですでにその一方のファクター、すなわちネガティヴなファクターを得ることになる。もう一方のファクター、すなわちポジティヴなファクター(5)は熱狂であるだろう。

哲学的懐疑は、全的人間にも関わるという特質をもっている。そして熱狂は知への一定の方向をもっていなければならない。

第二のアフォリスムス。哲学の傾向は絶対的なものへと向かう。しかも相対的に絶対的なものへではなく、絶対的に絶対的なものへと向かう。この絶対的なものをわれわれは数学の方法に従って二つのファクターに分かつ。

われわれがネガティヴなファクターを見出すのは、われわれが無制約的なものの対立物を想定するときである。この対立物が被制約的なものである。これはいわば無限の連鎖に繋がれており、この連鎖の根源的な、あるいは第一の環は、そのいずれの環もそうであるように、端的にある個別的なものである。根源的なものはまた始原的なものとも呼ばれ、その対立物は総体性である。

根源的なもの、ないしは始原的なものについての知はわれわれに諸原理を与える。総体性の知は諸理念を与える。原理とはそれゆえ根源的なものの知である。理念とは全体的なものの知である。

われわれは諸原則（Grundsätze）と言わずに諸原理（Prinzipien）と言う。なぜなら諸原理は諸命題（Sätze）ではなくて諸事実（Fakta）であると言ってよいからであって、例えば自我は自我であるというフィヒテの哲学の原理は、一つの命題ではなくて一つの事実である。従ってもしすべての生命は水素と酸素との相互作用から生じると言えるとするならば（われわれは単にそう仮定するにすぎないのだが）、物理学において生命の原理は一つの事実であるということになるだろう。同様にわれわれが概念と言わずに理念と言うのは、それによって表示されるべきものが通常の意味での概念によっては把握され得ず、いわば不可解だからである。例えば非我は自我に等しいといった表現などがそれである。

第三のアフォリスムス。哲学の質料は諸原理と諸理念である。

哲学の質料は従って見出されている。そこで次に生じる問いは、哲学の形式はどのようなものであるかということである。哲学は全的人間に向かい、そのような人間の知であるべきである。一つの知に従って行為する者は、一つの目的、規則等に従って行為する。このことによって彼は一つの知に従って行為していない者から自分を区別する。彼が一つの目的、一つの規則に従って行為するということを、彼はまた表現しなくてはならない。そしてこの表現が首尾一貫性である。首尾一貫性は調和を前提とする。そして両者が合体したもの、それが統一性である。* ゆえに——

* 首尾一貫性が統一性のポジティヴなファクター、調和はネガティヴなファクターである。

第四のアフォリスムス。哲学の形式は絶対的統一性である。

ここでは体系の統一性などは問題にならない。なぜなら体系の統一性は絶対的ではないからである。何かが体系となるやいなや、それは絶対的ではない。絶対的統一性とはいわば諸体系のカオスのごときものであるだろう。(6)

問題二　すべての原理とすべての理念の共通の中心点を求めること

われわれが求めるこの共通の中心点は、すべての理念の原理でありかつすべての原理の理念であるようなものでなくてはならないだろう。

ところでそれを見出すためには、われわれは絶対的ではないすべてのものを捨象しなければならない。しかしこのことをわれわれは、単に絶対的でないものを思考から排除することによってのみ行なうのではない。そうではない。われわれはわれわれが捨象すべきものに対立するところのものを構成しなければならない。われわれはそれゆえ無限なるものを端的に定立しなければならないのである。

ところでしかしわれわれが無限なるものを定立し、このことによって無限なるものに対立するすべてのものを廃棄するとしても、そこにはやはり依然としてなお何かが、すなわち捨象するもの、ないしは定立するものが残る。すなわち無限なるもののほかに無限なるものの意識が残るのである。意識とはいわば無限なるものにおける一つの現象である。

かくしてわれわれはいわば一つの哲学を生ぜしめる両要素を与えることができた。すなわち意識と無限なるものである。それはすべての哲学がそのまわりを回転するいわば両対極である。

フィヒテの哲学は意識へと向かう。スピノザの哲学はしかし無限なるものへと向かう。フィヒテの哲学のための定式は、自我＝自我である。あるいはむしろわれわれは非我＝自我と言いたい。このほうがたぶんより適切な言い方である。なぜならそうしたほうがこの命題は表現の上から言っても最も綜合的な命題となるからである。

スピノザの哲学のための定式は、おおよそこんなふうに言えるだろう。文字aのもとに表示され得るものを考え、xのもとに表示され得ないものを考えるならば、a＝xであると。

以上のことから組み合わせによってなお二通りの定式が生じる。非我＝x*と、a＝自我とがすなわちそれである。

＊　非我＝xは、すべての非哲学の定式である。

残る最後の定式、すなわちa＝自我　がわれわれの哲学の定式である。[7] この命題は間接的であり、無限なるものがおのずから成立してくるようにするために、有限的なものの誤謬を廃棄しようとするものである。

なおポジティヴな見地についてのわれわれの定式は、おおよそ次のようなものである。自我の極小は自然の極大に等しく、そして自然の極小は自我の極大に等しい。すなわち、意識の最小圏域は自然の最大圏域に等しく、逆もまた然りである。

個人における無限なるものの意識は崇高なるものの感情[8]である。これは個人のうちにまったく生のままに存している。そしてこの崇高なるものの感情が、われわれが先に哲学のファクターとして手にした熱狂である。崇高なるものの感情はそれゆえ学問へと高められるべきである。

哲学の両要素は意識と無限なるものである。これらはまたすべての実在性の要素でもある。実在性は両要素の間の無差別点[9]である。意識に対してのみ意識は意識の外に実在性を持つ。意識が必然的であるのは、私がある可能的な意識によって同時にある現実的な意識を定立するからである。その可能性によって現実的であるものが必然的である。無限なるものを捨象することはけっしてできない。なぜなら無限なるものはただ無限なるものによってしか無化され得ないだろうからである。このことはすなわち、無限なるものは意識に対して実在性を持つということを意味する。無限なるものは端的に定立されるのみである。意識の唯一の客体が無限なるものであり、そして無限なるものの唯一の述語が意識である。この両要素は一つの完結した圏域を成し、その中心に実在性が存する。意識と無限なるものというこの両端の間には綜合が考えられねばならない。われわれがこの両端へ到達するのは、ただ捨象によるほかはない。そして捨象の傾向は綜合的である。

このことからわれわれの哲学のために帰結されるのが

定理一

一切のものは一なるもののうちにあり、一なるものは一切である。[10]

これがすべての理念の原理であり、かつ、すべての原理の理念である。

この定理にわれわれが到達したのは、われわれが絶対的なものに対立するすべてのものを捨象したことによってである。われわれはこうして無限なるものを端的に定立した。しかしそれと同時にわれわれは無限なるものの意識をも得た。そしてここにすべての哲学の生まれ出る源があるのである。

この現象をわれわれはもう少し立ち入って考察しなければならない。

われわれが人間における知と意欲とを捨象するとき――こうした捨象を行わざるを得ないのは、そうしてこそはじめてわれわれは人間のための一つの知を求めることになるからなのだが――、われわれはそこになお何ものかを見出す。それが――感情と志向である。われわれはそこに無限なるものの意識と類似するような何かを見出せるかどうかを探ってみたい。まず感情に注目しよう。

　われわれが人間の生活にさまざまな変化をもたらす個々の多様な感情のすべてを度外視すると、一つの感情がわれわれのもとに残る。これが崇高なるものの感情であり、この感情のうちにわれわれは無限なるものの意識とのアナロギーを見出す。

　人々はこの感情を説明しようとしてきた。* しかし成功していない。この感情は、説明することのできない究極的で根源的なものである。それは人間を動物から区別するところのものである。その本質は対象のうちには存在していない。対象のいかんにかかわらずそうである。この感情は比類のないものである。それは人間の根源的なものである。それは文化に依存するものではない。どんなに野蛮で未開な人間のもとでも、それは最高度のエネルギーを伴うものとして見出される。それは個々の、いわば些細な感情のすべてが一挙に堰止められるときに生じる。志向の場合にも同様である。人間の生活を多様で変化に富んだものにしている多くの個々の志向のうちにあって、こうした他のどんな志向のもとにおいても出現する一つの志向がある。それが理想への志向である。これはしかし自然に由来せず、もっぱら文化に由来するものである。われわれは、われわれが知と意欲とを捨象するときに見出される最高のもの、すなわち無限なるものの意識とのアナロギーを持つところの最高のものを求めようとしたのである。

＊　崇高なるものの感情にはいかなる説明も不要である。しかしその他のすべての感情は説明されねばならない。

　われわれは崇高なるものの感情と理想への志向とを見出した。そこでわれわれはより高い見地に立って、この両者から両者の仲介物となるいかなる共通の究極的なものが現れるかを見なければならない。そしてこれが一つの憧憬、無限なるものへの憧憬[11]なのである。人間においてこれ以上に高いものは存在しない。

崇高の感情は突発的である。それは突如として生じ、同じく突如として消えてゆく。無限なるものへの憧憬はそうではない。それは静謐で永遠である。そこに存する無規定的なものによって憧憬は理想から区別される。それは理想と結びつくようなものではまったくない。それはいかなる理想のもとにも留まらない。理想への志向はまったく個人的なものである。一つの理念、すなわち個人に関わりを持つ一つの全体が理想を与える。ある者が理想への志向を持ち、そしてこの志向が無限なるものへの憧憬と結びついているとき、この者はすべての理想への感受性、すなわちそれへの愛を持つことになるだろう。しかしある者において無限なるものへの憧憬が崇高なるものの感情と結びついているときには、この者は常にこの感情を持ち続けようとするだろう。このような状態が形成（Bildung）と呼ばれるべきものであるだろう。

（通常、形成とは文化、ないしは洗練として理解されている。しかし形成とは本来、上記のような状態についてのみ言われるべきものだろう。）

プラトンの諸作、特に『パイドン』は、無限なるものへの憧憬を呼び起こすのに恰好のものである。近代人のものにも若干そうした著作はある。例えば『宗教についての講話』*がそれだが[12]、著者は名**を明かさなかった。

＊　バーダーの著作[13]もその一つである。

＊＊　シュライエルマッハー。

無限なるものへの憧憬は常に憧憬でなければならない。無限なるものは直観の形式のもとに現れることはできない。理想はけっして直観され得ない。理想は思弁によって生み出されるのである。

われわれは先の定理、すなわち、一切のものは一なるもののうちにあり、一なるものは一切である、に戻ることにしよう。

これが一つの定理であるのは、それがすべての理論の中核だからである。それはわれわれが実験によって問題二を解決したことで見出したすべての成果の表現である。

この定理からの諸帰結

この定理から四つの公理が帰結される。

公理一、諸原理は誤謬から真理への移行である。*

* 諸原理は諸現象、すなわち有限的なもの、規定されたものから出発する。

すべての実在性は対立する諸要素の所産である。（自然学は、どれほどの高みへ達しようとも、それが結びつけられている地点、すなわち二元論より高い地点を見出さないだろうと主張して差し支えない。この地点は最も純粋かつ最高の惑わしの場であって、詩の原理はここに由来する。[14]）

二元性は、質料に関わるところのすべての原理の性格である。ところで両根源要素はさらに二つの要素から成り立っているのだから、諸原理の形式は四重性であるだろう。

公理二、実在性は諸理念のうちにのみある。

同一性が諸理念の性格である。従って諸理念は表現、象徴にすぎない。それらの形式は三重性であるだろう。（挿話的にこう言っておいてよかろう、方法は還元をもって始められねばならないと。そもそも体系が精神をもってではなく、ただ文字をもってしか始まり得ないのはそのためである。[15]）

公理三、すべての知は象徴的である。[16]

この公理は公理二から直接帰結される。[17] 諸理念はただ象徴的にしか言い表し得ない。

公理四、すべての真理は相対的である。

なぜなら有名な箴言に従えば、すべての真理はただ中央にしか存しないからである。そしてこのこともまた、すべての実在性は中央に存するからなのである。――真理は惑わしの葛藤から生じる一つの産物である。それは同質的なもろもろの誤謬の闘争の中から生まれて来るのである。

異論

しかし異議をとなえる人がいるかもしれない、そもそも無限なるものとはそれ自体一つの虚構ではないのか、それは誤謬、ないしは錯誤、ないしは誤解ではないのかと。

これに対してわれわれはこう答える。その通り、それは虚構であると。しかし端的に必然的な虚構であると。われわれの自我は無限なるものへ接近しようとする傾向を持っている。そして自我が無限なるものに接近すべくいわば流れ出てゆくことによってのみ、われわれは無限なるものを思考することができるのである。[18]

しかしわれわれは中心点としてのわれわれ自身のうちから外へ出て、再びそこへ戻って来るのだから、[19]誤謬はおのずから消滅する。どうして道に迷ったりするはずがあろう。それはまた錯誤でもあり得ない。なぜなら無限なるものはただ一つであり、取り違えることなどあり得ないのだから。

＊ われわれの存在の中心点。個体性のそれではなく、理性の最も広い圏域におけるそれである。

誤解には広大な活動域が残されている。しかし誤解もやはり真理を前提としているのである。

それにまた知の究極の根拠は信仰でもない。信仰というものは、われわれが知ることができないところ、われわれが考える事柄の実在性が意識され得ないところにおいてしか生じることができない。[20]

上述の諸公理から次のような諸命題が帰結される。哲学は無限である、外延的にも内包的にも。哲学の分類は恣意的である。

例えばフィヒテの哲学は四つの部分に分かれる。

（一）『知識学』、その対当として
（二）道徳哲学、
（三）宗教哲学、そして
（四）実践理性の要請としての自然法。

フィヒテ哲学の一般的図式は、従って□〔四角形・訳者〕ということになろう。

スピノザが彼の哲学に保有しているのは統一性のみである。彼は無限なるもの（神）をもって始め、再びそれをもって終える。

彼の哲学の一般的図式は、○〔円・訳者〕ということになろう。

古代ギリシャの哲学においても確かに統一性は見出せるが、しかし彼らの哲学は完結されることはけっしてなく、常に繰り返し無限なるものが示唆されてゆく。[21] こうした分類はすべてわれわれの図式の中に見出されるだろう。

哲学は無限であり、そしてその分類は恣意的であるという命題から帰結されるのは、完成された体系も近似値でしかあり得ず、しかも哲学一般の理想のそれではなく、各自の理想のそれでしかあり得ないということである。（このことはわれわれに一体系の精神と文字を思い起こさせる。）いかなる体系も還元と分析をもって始まる。還元とは諸現象の複合体を一つ一つの現象へと解体することである。

哲学は無限であるのだから、知もまた無限である。従ってただ一つの知、すなわち哲学的な知*があるのみである。すべての知は哲学的である。それは一つの不可分の全体である。

＊　哲学はすべての知の魂、すなわちその中心点を考察する。

先の諸公理からは、哲学と同様、懐疑もまた永遠であるということが帰結される。しかしそれは体系としての懐疑ではなく、哲学に属する限りでの懐疑である。哲学の理念は諸体系の無限の進展によってのみ達成される。その形式は循環である。

　二つの相対立する要素からどのようにして一つの円が描かれ得るかを知りたいと思う人は、おおよそこんなふうに考えてみるとよい。円の中心はポジティヴなファクター、半径はネガティヴなファクター、そして円周上の点は無差別点であると。さて無差別点におけるポジティヴなファクターは、中心点におけるポジティヴなファクターと合一しようという志向を持っている。しかしそれはネガティヴなファクターのために中心に接近できず、ただ中心のまわりを回転させられるだけである。ところでこの中心が熱狂である。半径が懐疑である。

　熱狂は絶対的でなければならない。すなわちそれは減退せしめられることがあってはならず、いわんや消滅することなどは許されない。半径は無限に成長することができる。意識の度合いや、懐疑もまた同様である。懐疑が成長すればするほど、円周、すなわち哲学はそれだけ広大なものになる。

　あるイタリアの詩人が神について言ったことは、哲学についても言うことができるだろう。すなわち、哲学とは、その中心が到るところにあり、その円周はどこにもない一つの円である[22]と。

　哲学の全体について当てはまることは、その各部分においても当てはまる。

　哲学は無限なるものの意識と関わる。哲学が無限なるものを無意識に考察するとき、哲学は最深の深みへと沈み、意識をもって考察するとき、哲学は人間の精神が到達し得る最高の高みへと昇る。

　哲学の傾向は絶対的なものを目指す。ここから哲学のための次のような二つの条項が帰結される。
（一）　無限なるものへの憧憬がすべての人間のうちで展開せしめられるべきである[23]。
（二）　有限的なものの仮象は根絶せしめられるべきである。そしてそれを行うためには、すべての知が一つの革命的状態に置かれねばならない[24]。

意識は一つの歴史である。被規定的なものから無規定的なものへの回帰はさまざまな時期を含むか、あるいはそのような諸時期を成り立たせている。

〔誤謬の諸時期〕

第一の時期

最も単純な、あるいは最も低次の位階における意識

感覚

現象としての感覚をその諸ファクター（諸要素）に分類しようとすれば、ポジティヴなファクター（あるいは要素）が欲望であり、ネガティヴなファクターが怒り、無差別点が恐怖である。

中心点から無限の進展が始まる。極小は嫉妬、極大は驚愕である。

驚愕は崇高なるものの感情の根である。それは非常に粗野で愚鈍なものでもあり得る。また嫉妬からは理想への志向のすべてが生じるだろう。

これらの激情、情念、あるいはわれわれがこの最初の発展段階の時期において見出すこうしたもろもろの感覚が誤謬をもたらすことは言うまでもない。（これらの感覚はもっぱら個人にのみ関わる）。この時期は従って誤謬の時期でもある。ここでの誤謬は――そしてこれがこの時期の性格であるが――個々の人格を完全に誤認することである。因果性、質、量のカテゴリーが実在的なものとして現れる。

第二の時期

直観

これもまた誤謬の一時期である。この時期の誤謬の特殊な標識は、さまざまな圏域を混同することである。

第三の時期

表象

ここでも誤謬しか生じない。人は実在性なしにただ形式的に思考するにすぎない。しかしこの時期は悟性の仮象の座である。誤謬はすでに完全に理論的である。

この時期、すなわち誤謬の最後の時期は、以下に続く真理の最初の時期と重なる。

真理の諸時期

第一の時期

洞察

この時期は真理への過渡期である．それは従ってまた諸原理の時期と呼ぶこともできるだろう。

表象の時期と洞察の時期との混合によって独断論が生じる。独断論は実在性を単に形式的でしかない思考のうちに求める。独断論は諸原理のみを求めるのである。

洞察の時期においても依然としてある高度の誤謬が存在するが、にもかかわらずこの時期はすでに真理への過渡期である。この時期は諸原理を目指しているのだから、それなりに知を志向していることになる。この時期の性格は確然性である。

第二の時期

理性

真理の第二の時期としての理性は、無限なるものの認識を目指す。それゆえこれは諸理念の時期である。

この時期にあって見出されるものは、ポジティヴな真理である。それゆえこの時期はまた認識の時期でもある。

ここにおいて観念論が可能となる。[25] この時期の性格は明晰性である。この時期においても誤謬はあり得るが、しかしこの誤謬は単に誤解にすぎない。というのもすべての現存在が固執的と呼ばれて、活動的なものが排斥されるか、活動性のみが受け入れられて、すべての実体的なものが排斥されるかのいずれかだからである。

この時期をもって意識の歴史は完結されているかに見える。意識がその最高の段階に達しているのだから、事実はまさにその通りであって、その限りではこれが最後の時期である。しかし全体はこれをもって完結するにはまだ到っていない。意識は再び自己自身のうちへと回帰し、そうすることによってはじめてその全圏域を完結させねばならない。そのためになお一つの時期が現れる。これが——

第三の時期
悟性*の時期である。

この時期はすべての諸時期の回帰である。ここにおいてわれわれははじめて世界の全体を、すなわち理性の時期にはまだ現れてこない全体なるものを把握する。ここにおいてわれわれははじめて一切のものを解明する(deuten)。この時期の性格は従って明解性(Deutlichkeit)である。

＊　悟性は精神的能力および思考する能力の最高の完成であって、古代人がヌースの語によって表現したものである。悟性は普遍的意識、あるいは意識的宇宙、等々である。[26]

この時期の本質的な標識は、この時期が象徴の時期であるということである。

人間的悟性の歴史というものが存在することは、意識の演繹から帰結される。すなわち意識は被規定的なものから無規定的なものへの回帰である。第一の時期――感覚――は、動物性に繋がっている時期である。理性の時期は最高の時期である。しかし円環はこれをもって完結するにはまだ到っていない。悟性の時期をもってはじめて円環は閉じられる。それゆえここが最高の時期なのである。

各時期は意識が無規定的なものへと回帰してゆくに当たって拠って立つべき位階を表している。感覚は単に個人的なものでしかない。直観はすでに理論的であり、すでに捨象を経ている。表象に到ると、このことは一段と進む。総じて言えることは、誤謬はこの誤謬の諸時期においていよいよ理論的となり、真理はいよいよ実践的となる。

洞察の時期は現象から出発して、一つの知を志向する。ところでこの時期は現象から出発するために、因果性、質、量のカテゴリーを実在的なものとして想定する。それはまさにこの時期が有限的なものから出発するからである。しかしこの時期も最後には、自分が誤ったものから出発したことを洞察し、かくして誤謬は根絶される。

一つの知への志向は普遍的な二元論である。

二元論は一つの知を目指し、これに対して実在論は真理を得ようとする。*

＊　ここでは経験的実在論は問題にならない。このような実在論はまったく超越的である。それはある一つの不可分の全体、すなわち無限なるものと関わるものだからである。孤立して現れる実在論は絶対的懐疑でしかあり得ない。このような実在論は絶対的にポジティヴなものであるがために、いかなる内実も内容もまったく持っていない。そしてその形式は単に絶対的に間接的なものか、ないしはネガティヴなものでしかあり得ない。

二元論は単に経験とのみ関わる。これに対して実在論は単に理論とのみ関わる。その性格は同一性である。一方、二元論の性格は二重性である。二元論においては二つの活動性があるのみであって、いかなる実体もない。実在論にあっては唯一不可分の実体があるのみである。ところでこの二元論と実在論とが観念論の両要素なのである。二元論がネガティヴな要素、実在論がポジティヴな要素である。観念論*に本来的に対立するものが独断論である。独断論は、洞察の時期が真理の精神のもとに開始されないときに生じる。ほかならぬネガティヴなものが唯一実在的なものと見なされ、真に実在的なものが顧みられない。ところで独断論は諸原理の探究を目指す。それゆえ独断論に対して諸カテゴリーが実在的なものとして現れる。独断論もまた一段と高い段階へと押し上げられることもあり得るのである。

＊　独断論はしばしば観念論と衝突するため、観念論は常に独断論との戦闘状態のうちにある。独断論者たちのうちでその体系の代表者と見なすことのできるのがヤコービとカントである。(27)

独断論にとっては諸原理が最高のものであるから、独断論はこれらの諸原理を合一し、それらを最高にして究極のものとして一つの原理たらしめることもできるが、しかし独断論はまた首尾一貫して幾つかの原理を第一原理として想定することもできるのであって、そこにわれわれは独断論が神秘主義と境を接しているのを見るのである。というのも神秘主義は幾つかの原理を根源的な原理として自分に啓示されていると信じるからである。しかし幾つかの原理を前提することによってすべての方法が抹殺されてしまうのは、容易に見て取れることである。

独断論の両要素は、経験論と利己主義である。

二元論は経験に関わる。実在論は理論へと向かう。両者は精神と文字との関係にある。*

＊　二元論　╳　実在論
　　経験論　　　理論

ところで二元論と理論とを結合すると、諸現象からではなく諸要素から出発する一つの学問が成立することになるだろう。これが数学である。数学はいわばア・プリオリの二元論である。(28)

数学は諸要素から出発すべきものである。そしてそこからして残りのすべてのものが産出されねばならない。幾何学のための要素は点と直線ということになろう。算術のための要素は一と零であるだろう。

しかし実在論と経験とを結合すると、そこから成立する学問は、数学から最も遠く隔たった学問でなければならない。歴史学がそれだろう。歴史学は経験的実在論である。しかし実在論はここでは超越的であるから、この歴史学は絶対的に経験的なものだけを扱うことになるだろう。それが関わってゆくのはオントス・オンタのみである。(29)

二元論は諸要素を目指す。実在論は実体を目指す。二元論の性格は二重性である。実在論の性格は同一性である。*

* 諸要素 ╲╱ 実体
　 二元性 ╱╲ 同一性

ところで諸要素と同一性とが再度結合されて、その結果、この両活動性〔二元論と実在論・訳者〕が同一のものとされ、一なるもののうちへと包み込まれていなければならなくなったとき、ここに圏域と呼ばれるものが成立する。

しかし実体と二重性とが結合されると、個体が成立する。

実在論は実体、ないしは固執性へと向かう。二元論は諸要素、ないしは可変性へと向かう。ところで圏域を固執性と結合させると、図式として理解されているものが成立する。可変性と結合された個体は、形成ないしは生成を与える。*諸図式は数学の所産である。形成はすべての歴史（Geschichite）の内容である。歴史学（Historie）の条件は理想である。歴史学が関わるものこそが理想である。(30)

* 圏域 ╲╱ 個体
　 可変性 ╱╲ 固執性

数学の条件は象徴である。（あの数学の四要素は象徴である。）

ところで数学と歴史学もまた、物理学がその無差別点となる二つの要素と見なすことができる。

物理学は数学と歴史学の間に位置する。それゆえわれわれが数学と歴史学のうちに見出すものは、物理学のうちにも確認することができるだろう。

数学の標識は図式であり、その諸条件は――象徴である。数学が扱うところのものは圏域であり、その方法は――構成である。

歴史学

その標識は形成、

その条件は理想、

それが扱うところのものは個体、

その方法は特性描写である。

ところで図式と個体とを結合すると、現象が成立する。しかし形成と圏域とが結合されると、時期(周期)が与えられる。

さらに理想と構成とを結合すると、近似的構成、ないしは近似的実験が得られる。

そしてさらに象徴と特性描写とを結合させたものが解釈である。*

＊
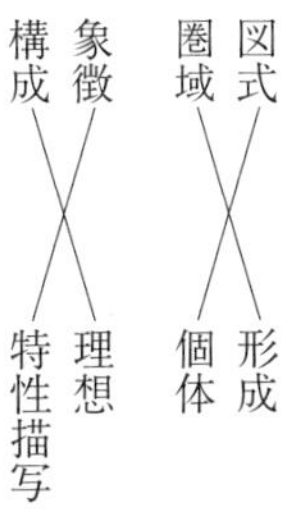

ところでこれらの諸概念のすべては物理学に適合する。

このことから容易に見て取れるのは、物理学は数学と歴史学との無差別点であるからして諸学問中の最高の学問であるということである。これは観念論が二元論と実在論との無差別点のうちに位置し、そして数学と歴史学が二元論と実在論とから導出されるのと同断である。このことからもすでに、われわれが先に述べたこと、すなわち物理学が諸学問中の第一の学問であることが帰結される。なぜならすべての学問は自然学だからである。[31]

われわれはわれわれが導出したこのような諸学問の階梯を芸術にも適用しようとするわけだが、われわれをそのように促すのは以下のことであると言えるだろう。すなわち、われわれは哲学を構成すべきである、しかしこれはわれわれが人間の意識を展開させることによって可能となる、しかるに諸芸術もまた当然のことながら意識に属している、ということである。[32]

しかしこのような適用問題は、ここではあまりに広範なものになりすぎるだろう。われわれはただ、二元論に対応するのが造形芸術であり、実在論に対応するのが音楽であると言うにとどめておこう。

造形芸術の二重性とは、彫刻と絵画である。*

＊ 誤謬の全時期を、例えば感性の名のもとに総括し、それらを観念論（あるいは真理の最高の総和）と綜合させると、詩文学の概念（フィヒテはこの概念をそのように提示している）が得られる。

これまでに述べてきたことから人は観念論のエネルギーを目の当たりにすることができる。観念論は真理の最高の総和としてすべてのものの先頭に立ち、すべてのものの上へ伸び広がる。すべてのものが観念論によって制約されている。[33]

諸学問は観念論の諸要素から導出された。観念論と物理学とは時を同じくして成立するように見える。[34] そこにどんな相違があるのだろう。すべての実在性は意識（純粋形式としての）と無限なるものとの結果であるのだから、意識は実在性のネガティヴなもの、ないしは極小と見なすことができ、これに対して無限なるものは実在性のポジティヴなもの、ないしは極大である。

意識は無限なるものへの根源的な反省であるが、しかしこの反省は無意識的である。

宇宙（極大）の根源的な根としての極小を知覚することが知的直観である。[35]

ところで観念論と物理学との相違はこうである。すなわち哲学者（観念論）は極小と極大とを扱うが、物理学は、実在性と諸要素との間にあって比例関係を成して無限に進展する有限的な個々の構成部分を扱うということである。

われわれは意識と無限なるものとから出発した。次いでわれわれは無限なるものの意識に到達するために必要となる主観的諸条件を探した。これらの諸条件をわれわれは構成しなければならなかった。こうしてわれわれは人間的悟性の歴史にたどり着いた。そしてそこから観念論批判が生じ、ここにおいてわれわれは諸学問のエンツィクロペディー[36]へと導かれたのである。

方法について

方法は体系とどのように異なるのか。方法は精神であり、体系は文字である。

体系は哲学の有機的形成であり、方法はその内的生命力である。

哲学は意識の数学であり、宇宙の歴史学であり、悟性の物理学（これを論理学と呼ぶこともできるだろう）である。方法と体系とは悟性の物理学に関わってゆく。

体系。それは自己のうちで完成しているある学問的全体であるとしか言い得ないものである。それは質料と形式に基づく。哲学の質料は諸原理と諸理念であり、その形式は統一性であって、この統一性のネガティヴなファクターが調和、ポジティヴなファクターが首尾一貫性である。

ところで質料のネガティヴなファクター（諸理念）と形式のネガティヴなファクター（調和）とを結合しても、そこには体系のいかなる標識も生じない。そこでポジティヴな両ファクター、諸原理と首尾一貫性とを結合してみても、結果はまったく同じである。しかし一方のポジティヴなファクターと他方のネガティヴなファクターとを結合すると――例えば首尾一貫性と理念とを結合するとシンメトリーとして理解されているところのものが得られる。理念は全体を把握し、首尾一貫性は一つの目的を指向するからである。また、調和が諸原理と結合されると、連続性が与えられる。それゆえ諸原理の連続性と諸理念のシンメトリーが体系の性格である。

全体の諸部分への関係、および諸部分の全体への関係を表現する原理は、芸術のうちに求められねばならない。それは建築的なものである。というのは造形芸術(ネガティヴな要素)と音楽(ポジティヴな要素)との間に位置するのが、ほかならぬ建築[37]だからである。

体系とは哲学の全体を表示すべきものである。方法とはこの全体を生み出すべきものである。

われわれはこの全体を生み出すためにもまた四つの要素を持っている。すなわち哲学は懐疑と熱狂とをもって始まる。さらに哲学の傾向は絶対的なものと実在性とを目指す。懐疑、熱狂、絶対的なもの、実在性がこの四要素であり、ここから哲学の方法がわれわれにもたらされる。すなわち懐疑と実在性とを結合するとき、われわれはまさに実験という表現のもとに理解されているところのものを手にするのである。

哲学の方法は、それゆえまず第一に一つの実験である。しかしいかなる方向に向かってのそれであるのか。それはわれわれが熱狂と絶対的なものという他の両要素を結合してみれば分かる。

そこから帰結されることは、一言で表現できるようなものではない。方法の方向は循環的であるということである。すなわちその方向は中心から出てゆき、そして再び中心へと関わってくるというものである[38]。

さらにわれわれは方法の諸要素として——

分析、綜合、捨象を見出した。

ところで捨象を分析へと移行させると、われわれは論証的なもの(理性的判断)の概念を得る。逆に分析を捨象へと移行させると、われわれは直覚的の概念を得る。さらにこの両概念を仲介概念(綜合)と結合してみよう。すなわち論証的の概念を綜合と結合すると、反省が与えられる。そして直覚的の概念を綜合と結合すると、思弁が与えられる。さらに反省と思弁とを結合すると、アレゴリー[39]が得られる。*

*

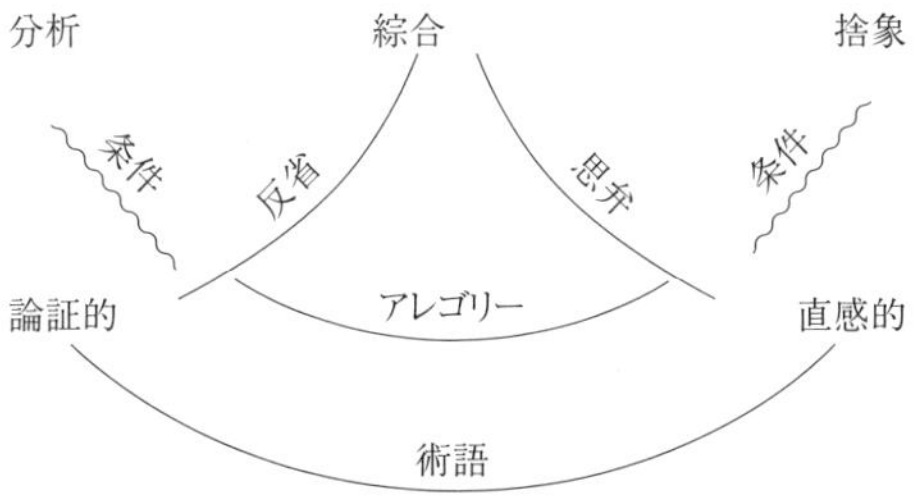

分析は反省の条件、捨象は思弁の条件。

すべての思弁の質料は理想である。反省は一つの現象を前提とする。アレゴリーはある理想の顕現である。

反省と思弁はすべての思考の形式であり、それゆえ思考を通して現れ出てくるのはもっぱらアレゴリーのみである。

さらに論証的と直覚的とを結合すると、術語が得られる。論証的なものを具象化することがここでの課題である。（しかしここで言う術語を、通常この言葉のもとに理解されているものと考えてはならない。ここではいわば一つの矛盾を含んでいるような概念の表現を言う。たとえば知的直観、超越論的見地、客観的恣意などがそれである。）

ここで再び捨象に注目してみると、その性格の一つは産出することである。これと対立するもう一つの性格は検証することである。このことをわれわれが先に得たものと再度結び合わせてみよう（**補足**を見よ〔校訂者註・訳者〕）。そうするとわれわれは無限なるものについて一つの定義を、意識について一つの演繹を与えたことになる。

〔「補足」とは、本書の原本の綴じ間違いのために数頁前の本文中に紛れ込んでいた長い一節を指す。校訂者ケルナーは、「先に11頁で言及しておいたこの補足の本来の場所はここであると思われる」と註している。従ってこの「補足」は講義の本文であって原註（講義者ないしは筆記者の）ではない。校訂本では原註と同じポイントに落として組まれているが、本訳書では本文扱いとする。訳者〕

これより補足〔訳者〕

哲学の両要素、意識と無限なるものへの補註*。

* 無限なるものはポジティヴな要素、意識はネガティヴな要素である。

意識と無限なるものという両要素をわれわれはさらにそれぞれの要素に分解することができる。われわれはわれわれに与えられているもの、すなわち一方のポジティヴなファクターを想定し、対立を介してネガティヴなファクターを求める。無限なるものについては、それが無規定的なものであるということ以上のことはわれわれに知られていない。——この無規定的なものがそれゆえ無限なるもののポジティヴな要素である。その対立物が被規定的なものであって、これが無限なるもののネガティヴな要素である。このことを表す定式が無限なるものの定義となり得るだろう*。すなわち無限なるものは無規定的なものと被規定的なものとの一つの所産である。このための証明は不要だが、説明は必要である。無規定的なものが現実的になるべきであるならば、それは自己自身のうちから出て、自己を規定しなければならない。（このことを適用すれば、神性は自己自身を表示するために世界を形成したのであると言えるだろう。[40]）

＊　ポジティヴな要素としての無限なるものは定義されねばならない。それは演繹され得ない。演繹するということは常に何かを前提しているからである。

ネガティヴな要素、すなわち意識もまた、二つの要素、すなわち自我と非我とから成り立っている。

ここではわれわれが与えることのできるのは定義ではなく演繹である。演繹とはすなわち、被規定的なものがますます自己を規定し続け、ついには無規定的なものに到るまでに自己を規定してゆくことができるということであり、かくして自我は成立するのである。人間の規定は従ってこう表現することもできるだろう。人間は自己を無規定的なものと化するまでに、そして無規定的なものへと到るまでに規定すべきであると。[41]

（意識のさまざまな段階は無規定的なもののうちへの回帰の諸時期である。）

演繹のうちに存在している意識の概念は客観的である。この概念が演繹の外にあるような意識をもわれわれに理解可能なものにするのである。

ところでこの両根源要素の仲介項である実在性をこれらの派生的諸要素と結合すると、次のような帰結が得られる。すなわち実在的であるのは自我における被規定的なものと、非我における無規定的なものである。言葉を変えて言えば、実在的であるのは自然の自由と人間における必然性である、ということになる。

上記のことを定式化すれば、自我＝非我　そしてａ＝ｘ、となり、かくして綜合はａ＝自我である。（ｘ＝非我は、あらゆる非哲学の定式である。＊）

＊　これらの両極の交換のためには綜合が最良の表現である。ここでの綜合は、無限なるもの以外にはいかなる非我も存在せず、また、無限なるものに対しては意識以外にいかなる被規定的なものも存在しない、ということである。反省にとっての定式は、自我＝非我、である。思弁にとってのそれは、ａ＝ｘ、である。[42]

この綜合から、自然の自由は人間における必然性に等しいということが帰結される。

われわれが意識に無限なるものという述語を付与するか、あるいは意識を無限なるものと結合すると、われわれが思考と呼ぶところのものが成立する。

この思考に実在性を、次いでこの思考を意識と結合させると、知が得られる。これが意識を具えた現実的な思考である。これに対して無限なるものが意識と結合されると、神性の純粋概念が与えられる。これをさらに実在性と結合すると、そこに成立するのが――自然である。それゆえ思考には神性が、そして知には自然が向かい合う。ここから次の命題が出てくる。すなわち、人は神性を思考することができるのみであって、知ることはできない。人は自然以外の何ものも知ることができない。*

＊ 唯一の学問は、従って自然学である。

自然は実在性と神性との仲介項である。その無限の課題は神性を実現することである。

補足終わり〔訳者〕

産出を演繹と組み合わせるとき、構成が仲介概念となる。(これが数学の方法である。)

これに対して検証と定義とを組み合わせるときには、特性描写が仲介概念となる。(これが歴史学の方法[43]である。)

物理学の方法は実験である。(これは懐疑と実在性の組み合わせによって成立する)。こうしてわれわれはわれわれが出発したところに戻る。ということは目的地にたどり着いたわけである。

綜合的方法の性格は、この方法が中心点を志向するということである。

観念論の方法は結合術的実験[44]であり、その方向は求心的か遠心的か、すなわち中心へ向かうか中心から出てゆくかのいずれかである。

（註釈。哲学を超越論的哲学と呼ぶよりも、実験的哲学ないしは中心的哲学と呼ぶほうが適切だろう。なぜならこのほうが同時に方法への顧慮がなされているからであり、そもそも超越論的哲学という表現が類語反復的だからである。真の哲学はすべて超越論的哲学である。(45)）

方法は哲学のネガティヴな要素であり、体系はポジティヴな要素である。* 体系の条件は連続性とシンメトリーである。方法は実験であり、そして方向は求心的か遠心的かである。

＊　哲学の質料は方法のうちに見出される。その形式、すなわち統一性は、体系の標識、すなわち連続性とシンメトリーのうちに見出される。

いずれの仲介項もこの両要素への無限の進展と見なすことができる。それゆえ常に極小と極大とが生じる。ところでわれわれは分析と捨象とを、綜合がその仲介項となる二つの要素として得ている。そこでわれわれがこの綜合の極小を求めると、それは還元（幾つかの現象が一つの現象に帰せられる場合には）である。われわれが極大へ到る道はただ無限接近による以外にはない。すなわち極大とは近似値でしかないということである。

ポジティヴな要素としての体系とネガティヴな要素としての方法との間には、仲介項として三段論法が位置する。ここで言う意味での三段論法とは、ある全体的なもの、それ自身のうちで完成しているところのものの表現である。それは悟性の諸機能の全体である。しかし可能な限り小さな全体である。体系もまた一つの全体だが、これはもろもろの三段論法の全複合体を包含することのできるそれである。（三段論法はいわば小さな体系であり、体系は大きな三段論法である。）

三段論法は体系と方法との仲介項であるから、その極小と極大もまた見出されねばならない。すなわち、（一）極小は、われわれが哲学の傾向と哲学の質料とを結合して実在的な諸原理と絶対的な諸理念とを得るときに見出される。このような諸原理と諸理念とが合っして超越論的見地を与えるのであって、これが三段論法の極小、あるいはその必須条件である。(二)これに対して極大は、われわれが哲学の出発点となるところのものを哲学の形式と結合させるとき、すなわち懐疑と熱狂と、そして首尾一貫性と調和とを結合させるときに見出される。――首尾一貫性と熱狂とが、調和と懐疑とが結合されると、それらは合っして純粋悟性を与える。これが極大である。こうして――

体系、三段論法、方法が成立する。

極小は超越論的見地、極大は純粋悟性である。(46)

一般的所見。概念は証明されねばならない。いかなる概念もその実在性が見出されるまでは使用に耐えないか、暫定的にしか使用できない。証明するとはある事柄の実在性を明らかにすることである。従っていかなる証明も歴史的である。論理的な証明などというものは存在しない。(47) なぜなら合理的な論証からは実在的なものは何ひとつ出てこないからである。ところで概念が証明を必要とするものとすれば、命題が必要とするのは説明であって証明ではない。命題が二つの概念から成り立っているとき、これらの概念が証明されているならば、命題は証明を必要としないが、この二つの概念が結合されていることの説明は必要となるだろう。概念はしばしば一つ以上の仕方で見出されるから、概念の証明もまた一つ以上の仕方で行われることになる。(このことは、通常言われていること、すなわち真理は唯一であるということと抵触する。)スピノザもフィヒテもしばしばそれをやっている。それはきわめて自然なことであって、あの実験的方法の概念からしてもすでにこれは当然の帰結である。例えば無限なるものについては無限に多くの証明が存在しなくてはならないのである。

(一) 客観的恣意。

われわれは哲学のうちに三つの契機を持っている。

（二）知的直観。
（三）超越論的見地。

客観的恣意と知的直観が両要素であり、超越論的見地が無差別点である。客観的恣意*は、哲学の必須条件である。ここから成立するのが知的直観であり、そして両者を継続させることによって超越論的見地が成立する。

＊　客観的恣意は根源的捨象の行為である(48)

われわれが問題二〔すべての原理とすべての理念との共通の中心点を求めること・訳者〕の解決に到達したのはもっぱら無限接近、すなわち捨象によってである。

根源的捨象は恣意の仕事だが、しかしこの恣意は端的に客観的である。なぜならそれはあらゆる客観的なものの条件となるところの一切に関わるからである。最高の統一性が求められ、主観的なものはすべて遠ざけられるのである。

哲学の中心点となり得ないものはすべて捨象されるべきである。ところで哲学は絶対的なものと実在性とを目指すのだから、相対的な実在性はすべて捨象されるべきである。これはわれわれが絶対的実在性を定立することによって行われる。しかしわれわれが絶対的実在性を定立しても、われわれはわれわれ自身を依然として残存させている。そこでわれわれは再度この個体的な意識を捨象することもできるし、また、捨象しなければならないのだが、しかし意識の根源的な形式を捨象することはわれわれにはできない。それゆえわれわれには無限なるもののほかになお全意識を包含する意識が残されていることになる。

根源的捨象の成果。実在性の絶対的な要素は意識（経験的には把握されず、かえって経験的意識をはじめて可能ならしめる意識）と無限なるものである。すべての要素は不可視であり、それゆえ絶対的な要素はそれだけいっそう不可視である。根源的意識が意識に達するとき、すなわち根源的意識が直観し、理解するに到るとき、このような根源的意識全体を総括するのが知的直観である。

あらゆる哲学の絶対的定立は証明され得ない。それを超えるものは端的に存在しない。それはその証明を自己自身のうちに含んでいる。しかしだからといって哲学の最初にして最後のものは、通常考えられているように信仰などではなく、端的に一つの知である。むろんそれは一つのまったく固有の知、一つの無限の知である。

信仰はすべてある不確かなものを含んでいる。この逆もやはり可能ということになるだろう。しかしこういうことは哲学の絶対的定立においてはまったく生じない。それは内的に絶対的であり、その確実性が増やされたり減らされたりすることはあり得ない。ひとたび真理を見た者は、二度と再びそれを見失うことはあり得ない。

しかし真理のこの内的直観は、いわば習得できるものとして外側から叙述されるようなことはあり得ない。それは証明できないか、無限に証明できるかである。哲学者はただ自己自身への信仰を持っているだけである。しかしこれは要請などではない。自己自身を信じるとは、自己の理想を信じることである。自己自身の理想をみずから形成し、これを自己の生の中心点たらしめる者が自己自身を信じるのである。

信仰は知と知に対立するものとの仲介項である。信じるの極小は思念する（Meinen）であるだろう。極大は認識する（Erkennen）であるだろう。認識が最高のものである。人はただ一つのことしか認識できない。考えることと知ることとはここでは一つである。人が考えることは、人もまたそれを知り、人の知ることは、人もまたそれを考えるのである。認識することは、知ることと考えることとの最高の位階である。

無限なるものの実在性はただ認識され得るのみであって、証明され得ない。

捨象によってわれわれは問題二の解決に近づいた。

捨象の行為は客観的恣意である。これは必須条件、形式的なもの、ネガティヴなものである。ポジティヴなもの、質料的なものは、知的直観である。それは無限なるものの意識についての意識である。悟性と直観とは知的直観のうちに含まれている。両者、すなわち客観的恣意と知的直観との仲介点が超越論的見地である。これがわれわれをすべての個体的なものを越えて高める地点である。われわれがわれわれをこの地点にまで高めるとき、われわれはわれわれ自身から出てゆくのである。

（われわれの自己（Selbst）は無限なるものの反映である。）

知的直観によってわれわれは意識と無限なるものとが捨象され得ないことを見出した。それゆえわれわれが超越論的見地に立って実験の対象とすることのできるのは、ほかならぬこの両要素である。この実験は、このような見地に立ってのみ可能であるがゆえに超越論的実験とも呼ぶことができるだろう。この実験の傾向は徹頭徹尾綜合的である。

われわれが実験の対象とする諸要素はそれゆえ、

意識、実在性、無限なるもの、である。

意識はいわば＋a －a …生成してゆく零と消滅してゆく零である。

無限なるものは、全方位的に際限なく累乗されてゆく1である。これらの諸要素が現実においても諸要素であるならば、一方の要素から他方の諸要素へ移行できるものでなければならない[49]。

無限なるものが無限に有限化されるとき、無限なるものから意識が成立する。そして自我と非我の意識のうちで、両者の合一が達成されるとき、無限なるものが成立する。この最初の両概念から新しい諸概念を得ようとする第一の試みは、一方を他方へ移行させるというものである。すなわち無限なるものを移行させて、意識にまでもってゆくと、われわれは一つの新しい概念、すなわち一つの無限の意識、ないしは思考という概念を得る。しかし意識を無限なるものへと移行させ、それと重ね合わせると、われわれはある意識された無限なるもの*を得ることになる。これが神性の概念である。

ところでわれわれがこれらの新概念を最初の仲介概念である実在性と結合させるとき、すなわち（一）思考を根源要素の一つである意識の条件のもとに実在性と結合させるとき、われわれは意識を具えた実在的な思考、ないしは一つの知を得る。(二)神性を実在性と結合させ、そしてこの結合を無限なるものを介して中心に据えるとき、われわれは無限性を具えた実在的な神性、あるいは同じことだが、自然[**]を得る。この概念を一つの命題として表せば、神性を実現することが自然の無限の課題である、ということになろう。

＊

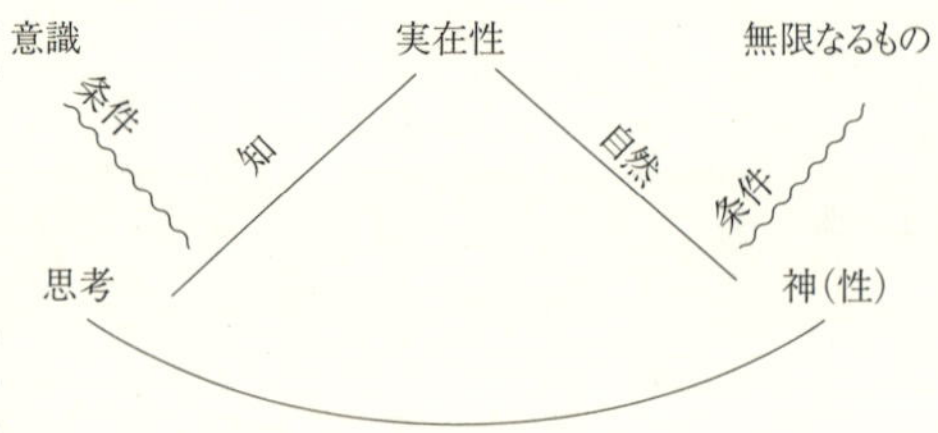

＊＊　自然とはいわば現実的となった神性である。

こうした組み合わせから、人は神性以外の何ものも思考し得ないことが帰結される。神性を思考することからは、それ以上のいかなる概念も導出され得ない。このことを一語で表示しようとすれば、予見(Divination)[50]以上に相応しい言葉はないだろう。

さらにこれらの概念の結合の導出から、人は自然以外の何ものも知り得ないことが帰結される。従っていかなる学問も自然学であり、そして自然学は目に見えないかたちで予見をもって始まり、予見をもって終わるのである。

予見の概念はさらにまた二つの別の概念とも関わる。すなわち意識と自然とを互いに結合させて、知を中心に据えると、われわれは反省の概念を得ることになる。さらに知を無限なるものと結合させて、自然を中心に据えると（すなわち自然が条件となっているか、自然によってのみ可能となるような場合がそれだが）、われわれは思弁の概念を得る。

反省と思弁は相対立しているが、この両者の間にあってその仲介点として、そして自然学の始まりと終わりとして、予見が位置しているのである。

われわれがこの仲介点を捨てて、両者のいずれか一方に依拠しようとすれば、われわれは反省の見地か、思弁の見地かのいずれかを、すなわちフィヒテの体系かスピノザの体系かを得ることになるだろう。

さてわれわれは新しい諸概念を得るために、方法へと戻らねばならない。第一のものは分析だった。（それは現象をその諸要素に分解することである。）それゆえわれわれはまた二つの現象、すなわち無限なるものと意識とをそれぞれの諸要素に解体しなければならない。

無限なるものの既知の要素は無規定的なものであり、ここから対立を介して第二の要素である被規定的なものが帰結される。それゆえ無限なるものは無規定的なものと被規定的なものから成り立っていることになる。無規定的なものは自己自身から出て、自己を規定する。これが無限なるもの[51]の定義*である。われわれがそれを定義しなければならないのは、それがポジティヴなものだからである。定義は発生論的である。

＊　定義には諸原理の理念が含まれている。

ネガティヴなものとしての意識については、われわれはそれを演繹しなければならないだろう。意識の両要素は自我と非我である。

演繹。*被規定的なものはますます自己を規定し続け、ついには無規定的なものに到り、そして無規定的なものと化するまでに自己を規定してゆくということ、言葉を変えて言えば、意識とは、人間的思慮、すなわち悟性の最高の頂に到るまでの有機的形成の歴史である、ということである。

＊ 演繹には諸理念の原理が含まれている。

実在性をわれわれは定義すべきだろうか、それとも演繹すべきだろうか。われわれは実在性を定義することも演繹することもできない。われわれが求めなければならないのは一つの仲介項である。この仲介項は基準と名づけることのできるものだろう。それは定義ではないものについての一つの定義であり、そして演繹を成り立たしめているものについての一つの演繹、あるいは演繹がなされるもとになっているものについての一つの提示である。ところで実在的な諸概念を得るためには、われわれは意識の諸要素を無限なるものの諸要素と結合させねばならないが、ただし一方のもののポジティヴな要素を他方のもののネガティヴな要素と結合させるというかたちのものでなければならない。すなわち無規定的なものを非我と、被規定的なものを自我と結合させなければならないのである。このことから実在的であるのは自然における自由なるものと、人間における必然性である（すなわち人間における必然的なものは人間における固執的なものであり、自然における自由なるものは自然における生命的なものである）ということが帰結される。これは独断論と真っ向から対立するものである。(52)

知は理論と経験に分かれる。理論はもっぱら諸理念にのみ向かう。ここには諸原理が欠けている。ただし理論は一つの原理に従って働かねばならない。経験は諸原理に向かう。ここには諸理念が欠けている。しかし経験が現実的に経験であるべきであるなら、それは一つの理念に従って働かねばならない。

ところでわれわれが超越論的実験によって理論に関して得た成果は、第一にして根源的な概念は意識と無限なるものであるということ——それらはア・プリオリの概念であるということである。* この両概念からすべてが導出されねばならない。この両概念の結合は、ポジティヴなものとネガティヴなものとは一つのものであるという命題によって表現することができる。これは同一性の命題であって、この命題をわれわれは究極の真理と呼ぶ。

＊　これが理論の目指す理念である。経験は二元論から出発するが、しかしその最終成果は同一性である。

この命題がこのように無規定的に表現されているのは、それが意味するところのものが多義的だからである。すなわち——われわれはこれら両概念を結合すべきであり（ここではこの命題が規則となる）、次いで、これらの両概念は結合されており、すべての分離は相対的であり、錯覚であって、それらは互いに結合し合わねばならず、その結合を完成しなければならないということである。これが観念論の内容である。

（独断論にとっての第一概念は量と質であり、最高の原則は因果性である。これに対して観念論にとっての第一概念は意識と無限なるものであり、最高の原則は同一性の命題である。）

仲介項である実在性の極小は反省（意識と無限なるものとの一つの共同作用）である。反省が意識と区別されるのは、それが一つの現実的な意識であることによってである。これに対して意識は単に形式にすぎない。

実在性の極大は宇宙である。無限なるものは単に形式にすぎない。それが実在性を獲得できるのは、ただ意識を伴うことによってである。われわれはこれら四つの概念を捨象することで、一つの新たな仲介項——悟性（古代人の表現を借りれば、ヌース）を得る。

悟性は、一つの無限の意識、一つの意識された無限なるもの、一つの反省された宇宙、一つの宇宙的な反省である。

哲学は人間的認識の諸限界についての教説と呼ぶことができる。同一性の命題が究極の真理であり、無限なるものと意識が第一概念である。

この第一概念からすべての理論は出発し、究極の真理をもってすべての経験は終わる。理論は諸理念の処理と描出である。それは二つの概念(それらは基礎理念と呼ぶことができるだろう)を持ち、この両概念からすべてを導出する。この両概念が諸理念の原理であり、究極の真理が諸原理の理念である。

すべての経験は諸原理を目指すから、そこに通常欠けているのは導きの理念である。この導きの星となり得るのが同一性の原則であるが、それはこの原則があらゆる経験論者に向かって、彼らの探究の結果がいかなるものになりゆくかを告げてくれるからである。

以上のことから哲学のために次のような成果が帰結される。すなわち――

すべての概念が超越的(transcendent)で、すべての命題が同一的(identisch)であるとき、哲学は完成されているというのがそれである。(ただしこのことはけっして達成されることのない哲学の理想であるにすぎない。)

超越的とはすなわち、あの諸概念を把握するためには、人は単に自己自身から出てゆくばかりでなく、すべての経験からも出てゆかねばならないからである。無限なるものの概念は超越的である。

無限なるものは無規定的なものと被規定的なものとの両要素から成り立っている。無規定的なものは自己自身から出て、自己を規定する。それは自己を規定する傾向を持っている。無規定的なものに反立されたものとしての被規定的なものは、それゆえまた無規定的なものとは反対の傾向を持っていなければならない。すなわち、被規定的なものは無規定的なもののうちへと回帰しようとする傾向を持っているのである。この傾向は、被規定的なものの規定可能性ということによってしか表現され得ない。しかしこの規定可能性そのものもまた再び無規定的なものたらざるを得ない。なぜなら被規定的なものは、無規定的なもののうちへと回帰しようとする傾向、すなわち自己を規定して無規定的なものたろうとする傾向を持っているからである。すべての被規定的なものの性格は、それゆえ無規定的規定可能性である。自己をますます規定し続け、無規定的なもののうちへと回帰しようとする被規定的なもののこのような傾向から、意識の本質である自己規定は生じるのである。[53]

有限的なものの実在性は錯覚であるということが証明されているとすれば、その逆の場合の主観的諸条件への問いが生じてくる。すなわち人間がその根源的な状態に移し置かれるためには、何が除去されねばならないかということである。われわれは哲学以外のところでは健全なる悟性などというものを想定することはできない。通常の健全なる悟性と言われているものは、ただ単に有限的なものへ、それゆえ錯覚へ、誤謬へ、あらゆる偏見中の偏見へと向かうだけである。そのような悟性はそれゆえ健全ではなく、徹頭徹尾病的で、堕落している。それは哲学とはまったく相容れない。それは哲学とはいかなる接点も持っていない。健全なる悟性の陳述と称されるところのものは、たかだかその時代の精神の平均値でしかない。そこでさまざまな国の、あるいはさまざまな時代のこの種の精神を比較してみれば、この精神はしばしば真っ向から矛盾撞着し合っている。そんなものが健全なる理性〔ママ・訳者〕の陳述であるなどとどうして言えるだろう。健全なる悟性が誤謬から出発し、従って健全ではなく、病的で、堕落していることは、意識の歴史においても証明されるのである。[54]

しかし人間の感性は健全になることができる。とはいえそれは悟性の道においてではなく、ある別の道においてである。すなわち芸術の道においてである。感性の最高度の力の発現は芸術である。そして観念論と芸術との合致は完璧である。[55]無限なるものを意識にもたらすためにであれ、意識を無限なるもののうちへ引き移すためにであれ、この両概念が究極の原則として提示されていないようなところでは、いかなる芸術作品も出現し得ないのである。

（独断論に従うかぎり、芸術家にその本来の価値を発揮させることなど到底できるものではないのである。）

これをもって自己完結的な一つの全体を成しているということになろう。そこでここからは体系そのものの詳論に移ることにしよう。しかしわれわれは序論において掲げられた方法に従って反省の哲学と思弁の哲学とを結合しなければならないのだから、そしてフィヒテとスピノザとがこの両哲学体系を提示しているのだから、まえもってこの両哲学者についてなお幾つかのことを述べておかねばならない。われわれはわれわれの探究において時には一方の、時には他方の見地に立つことになるだろう。しかし両者の間にはそのようなシンメトリー*と平行関係があるのだから、われわれはしばしばこの両見地を併せ考えることもできる。このシンメトリーは両者の発言の仕方においてさえも確認されるものである。

＊　両哲学者のシンメトリーは天才のシンメトリーであって、それは両者の自立性を侵害するものではない。

両哲学者は、たとえ彼らがいかに自立的で独創的であろうとも、やはりそれぞれの先行者を持っている。フィヒテはカントを、スピノザはデカルトをである。

ところで彼らの体系において純粋に理論的なもの、それゆえ妥当であると認められるもの、すなわちそこに精神を含んでいるものは、おおよそ次のような命題によって言い表すことができる。

フィヒテの体系の精神は、客観は創造的構想力の所産であり、意識におけるすべてのものはさまざまな位階における意識なき反省であるということである。

スピノザの体系の精神は、無限なるものと、無限なるものの二つの圏域である属性と様態、すなわち外延と思考についての教説のうちに含まれている。

これらの体系において個人的にして主観的であるもの、あるいは文字であるところのもの、とはいえむろんこの上なく精神に満ち溢れた文字であるところのもの、要するに体系の本質には属していないもの、それはスピノザにあっては愛の見地であり、フィヒテにあっては自立性の見地である。(56)

これらは共に体系の精神から生まれ、最も厳密に体系と結びついている。人間の最高の状態は静謐であるとする体系にあっては、愛以上に高いものがあるだろうか。

活動性が最高のものであるとする体系にあっては、自立性以上に高いものがあるだろうか。フィヒテの見地に従えば、自立性の本質は自己規定の度合いのうちにある。人間とは人間がそれに向かって自己自身を規定してゆく目標であるにすぎない。

哲学の歴史のための資料を提供してくれるのは、古代人のもとではプラトンとアリストテレスのみであり、近代人のもとではスピノザとフィヒテのみである。*プラトンはヘラクレイトスをパルメニデスと合一させようとした。先にわれわれがこれらの諸体系を挙げた際に述べた通り、ヘラクレイトスは二元論を、パルメニデスは実在論を信奉した。しかしプラトンは実在論のほうにより好意的だった。実践的な面においては、彼はソクラテスの体系をピュタゴラスへ転用しようとした。(57)
＊　スピノザとフィヒテの中間にライプニッツが、いわば両者に軽く触れ合うかたちで位置している。(58) こうして見ると、哲学の歴史もその方法も〔諸対立の綜合のうちに〕成り立っていることが分かる。
ある哲学が他の哲学と密接に結びつきながら、にもかかわらず徹頭徹尾独創的であることは可能なのであって、例えばプラトンの場合がそうである。

スピノザとフィヒテの著作について。(59)

『エティカ』はきわめて明確かつ平明に書かれている。この書は彼の死後ようやく彼の友人の一人によって出版された。しかし彼はこの書を彼の死ぬ数年前にすでに完成していたのである。彼のその他の著作のうちでなお言及すべき唯一のものは、『悟性の方法と改善について』である。これは未完に終わっているとはいえ、入門書として有益である。

『エティカ』はすでにその第一章において本質的なものを完成させている。あとの四章は意識の歴史と見ることができる。彼の体系からすれば、彼が質料から出発するのは当然のことであって、そのため序論が、すなわちほかならぬ意識の歴史が後回しになったのである。彼の体系は無限なるものの知である。序論はまた個人的なもの、主観的なもの、すなわち神性への愛を含んでいる。

序論終了

体系詳論

われわれの哲学体系は、スピノザの体系とフィヒテの体系との共通の体系たるべきものである。従ってわれわれはただ両体系の中間に依拠することができるだけである。

哲学の両要素は意識と無限なるものであり、両者の中間に実在性が位置する。反省の体系（フィヒテ）は意識へと向かい、思弁の体系（スピノザ）は無限なるものへと向かう。われわれの体系はその中間にあるもの、すなわち実在性へと向かわねばならない。[1]

われわれは序論において無限なるものを定義し、意識を演繹した。その中間項、すなわち実在性もまた、われわれはただ定義と演繹との中間項を介してのみ規定することができた。この中間項が基準である——あるいは定義ではない一つの定義、演繹を成り立たせることのできる一つの演繹である。

さてわれわれの体系においては、われわれは実在性から出発する。

実在的な諸概念を得るために、われわれは実在性を無限なるものと意識という両要素と結合させた。すなわち、それぞれ一方のポジティヴなものと他方のネガティヴなものとを結合させたのである。こうして得られたのが、無規定的なものは非我に等しく、被規定的なものは自我に等しいということ、言葉を変えて言えば、実在的であるのは、自然の自由と人間における必然性であるということである。

それではこの両命題から出発してわれわれはわれわれの体系をさらに展開させてゆくことにしよう。

われわれはこの両命題によって二つの部門を得る。第一部は第一命題、すなわち実在的であるのは、自然における自由であるという命題に向かう。第二部は第二命題、すなわち実在的であるのは、人間における必然性であるという命題へ向かう。従って——

第一部

自然の理論について(2)

第二部

人間の理論について

各部はここでもそれぞれ三つの部分から成る。すなわちわれわれの方法は実験することにあるのだから、われわれが常に考察してゆかねばならないのは、

(一)　ポジティヴな要素、

(二)　ネガティヴな要素、そして

(三)　両要素の結合、ないしは共通の中心点、である。

自然の理論においてわれわれがネガティヴな要素を起点とするのは、ネガティヴな要素から出発することによって人はポジティヴな要素へと駆り立てられるからである。

自然の理論において反省と思弁の両哲学がわれわれに役立つのは次のような場合に限ってのことである。すなわちすべての意識は意識なき反省であること、客観は創造的構想力の所産であることという反省の哲学の二つの帰結がわれわれを卑俗な認識における質料の幻影から解放してくれる場合であり、そしてまた有限的なものは無限なるものの様態でしかないこと——そして無限なるものは思考と延長という両述語を持っていることという思弁の哲学の二つの帰結が、われわれ

に形式というものをある新たな光に当てて見せ、形式に一層高次の規定を、すなわち、いかなる形式も無限であり、そのどれもが無限なるものの刻印であり形成であるという規定を与えてくれる場合である。そしてこのことがわれわれに自然の有機的形成というさらに高次の見地への道を切り拓いてくれることになるだろう。その中間概念*はエネルギーの概念として現れることになるが、この概念は悟性の概念のうちに解消されるか(3)、さもなければすべての存在者はそれらが具えている感性と同じだけの力しか持たず、また、世界においては生命あるもの以外のいかなるものも実在的でないという帰結のうちに解消されることになるだろう。

＊　すなわち質料と形式との仲介概念

実在性の第二命題、すなわち実在的であるのは、人間における必然的なものであるという命題から、人間の理論がわれわれに生じてくる。われわれがここで人間のと言い、精神のと言わないのは、この理論が全的人間に関わるものだからである。われわれは人間の理論においては世界の理論におけるようにネガティヴなものから出発せずに、綜合から出発することを最善とするだろう。人間の理論におけるポジティヴなものは家族であり、ネガティヴなものは共和制であり、綜合は位階制であるだろう(4)。

かくしてわれわれはわれわれの図式的な両部門のためにわれわれがさらに展開させてゆかねばならない諸概念、すなわち世界の理論においては質料、形式、エネルギーの、人間の理論においては家族、共和制、位階制の諸概念を得たと言えるだろう。

すべては序論に基づいている。

われわれは悟性の歴史を、そして知と認識の限界を見出した。限界点は意識と無限なるものという二つの概念と、それに絶対的同一性の命題である。われわれの方法に従ってわれわれは両要素の中間に位置するものへと向かう。意識と無限なるものとの中間に実在性は位置するからである。われわれが関わりを持つのはこの実在性である。実在的であるのは、非我における無規定的なものであり、自我における被規定的なものであるということをわれわれは見出した。このことから世界と人間がわれわれの問題として現れてくる。世界はわれわれの外にあるすべての無規定的なものを表示する。そしてここでは被規定的なものが人間である。われわれはこうして人間をその充実した全容において把握するのである。

世界は当然のことながら二つの要素、ネガティヴな要素とポジティヴな要素とに分かたれる。すべての非我のうちにも二つの要素、すなわち質料と形式が存在する。そこでわれわれが質料と形式の本性を解明すれば、われわれは世界の本性を解明することになる。

世界に関わってゆくのが二元論と実在論である。この両体系は純粋に理論的であり、すべての実践的なものを、それゆえ人間を度外視する。二元論に従えば諸要素以外に実在的なものはなく、実在論に従えば実体、すなわち一性、固執性以外には実在的なものはない。

諸要素の性格は二重性と可変性であり、実体の性格は同一性と固執性である。この両見地は観念論のうちで合一されるべきである。それゆえわれわれはこれらの諸概念を結合させねばならない。ところでわれわれが実体を二重性と結合させる場合、実体は端的に一なるものであるべきなのだから、この結合が可能となるのは、実体が可変性によって自己自身のうちに二重性を手に入れながら、なお一つの実体であり続けるというかたちにおいてしかない。こうしてわれわれは個体の概念を得る。これは最も重要な概念の一つである。われわれは実体と個体性とを手に入れたことになる。前者はポジティヴな要素であり、後者はネガティヴな要素である。実体と個体性というこの両概念は、無限なるものの両要素である無規定的なものと被規定的なものと完全に同義である。

ところでこの両概念、すなわち実体と個体性を改めて結合すると、われわれは形式を獲得する。形式とはそれゆえ諸個体における実体的なものである。

そこでこれとは別に諸要素を同一性と固執性に結合すると、われわれはカオス(5)という言葉で表示することのできる概念を得る。ここでは諸要素が相互の間で中和され、混合されるというかたちで諸要素が廃棄されると考えられる。そこで再びこのカオスと諸要素とを結合すると、そこから質料が生じる。質料とは諸要素のカオスである。

こうしてわれわれは世界の両要素である質料と形式とを導出した。そこでわれわれはわれわれの究極の原則、すなわちポジティヴなものとネガティヴなものとは一つであるという原則に従って、質料と形式との間の区別そのものを廃棄しようと努め、この区別が相対的でしかないことを示さねばならない。

従ってわれわれの世界の理論は、定立（Thesis）、反立（Antithesis）、綜合（Synthesis）から成る。定立は質料に、反立は形式に、そして綜合は両者の合一に向かう。ところでわれわれはこの両者の合一を表示する一つの概念を求めなければならない。質料と形式とをわれわれは実在性に関わらせなければならない。こうしてわれわれは自己自身に形式を与える質料と、自己自身に質料を生み出させる形式とを得るのであって――これが有機体である。しかしわれわれがここで真先にエネルギーを口にするのは、それが生きた内的力を意味するからであり、それが有機的形成の原理だからである。この有機的形成がそれゆえ質料と形式との仲介概念であり、綜合なのである。

われわれがこれから論じようとするわれわれの体系的な両部門は、序論の最も重要な部分の継続であり発展である。この序論の最も重要な部分とは、

（一）哲学の内容を規定するところの問題二を解決するための結合術的試み。
（二）人間的知と認識の諸限界の表現、ないしは表示。
（三）哲学のための主観的諸条件、崇高なるものの感情、理想への志向、無限なるものへの憧憬。
（四）そこから哲学そのものの基本構造が明らかとなったこと。その帰結として
（五）意識の特性描写。

（六）　観念論批判。
（七）　諸学問のエンツィクロペディー。
（八）　哲学的方法の構成。
以上の八つの理論中、以下の論述の内容と形式を含む二つの理論が際立って重要である。この二つの理論は共に無限の継続的適用に耐える能力を秘めている。これが最初と最後の理論――結合術的試みと方法の構成である。[6]

われわれはまず、妥当でないような何かを取り込んだりしないために、方法はすべて度外視した。われわれが行おうとしたのは一つの試みにすぎなかったが、そこでわれわれが手に入れたのが実験だった。

方法そのものは哲学的形式のネガティヴなものとしか見なされ得ない。ポジティヴなもの（体系）と綜合（三段論法）についてはいずれもっと知ることになろう。

われわれが行った三通りの哲学的処理は、分析、捨象、綜合だった。分析からは哲学の二次的処理としての定義と演繹が派生する。これによってわれわれは諸概念が証明され、諸命題が説明されるのを知った。そしてこの四つの概念、すなわち定義、演繹、証明、説明が方法の場に登場する。ところでわれわれの体系的な二つの部門は、結合術的試みと質料の構成とから成り立っているべきである。われわれはこの試みをさらに追跡してみなければならない。

この体系的な両部門の境界が定まるのは、われわれが定立を、すなわち質料を意識のうちに解体させ、そして反立を、すべての形式は無限であり、すべての形式は有機的であり、無機的なものは存在しないというかたちで〔証明した〕ときである。そして綜合においてすべてのエネルギーは悟性であり、すべての存在者はそれらが具えている感性と同じだけの力しか持たないことが証明されるときである。

これをもって二つの部門は閉じられる。そしてこの両部門から引き続き生じてくる更なる問題は、新たな一部門に属するが、この部門は《展望》という表題を持つことになるだろう。すなわちそこから二つの成果――これが宗教の両要素である――が帰結されるのである。

（一）　ただ一つの世界が存在するのみであること。それゆえ無限なるものへの回帰以外の何ごともあるべきではない[7]。

（二）　実在性を持つのはただ形成のみであって、それゆえ諸力の作用ではないこと。死のうちにのみ真の生はあること[8]。

これらの命題が宗教の要素であることは、その仲介概念がすべてのポジティヴな宗教の核心を成していることからしてすでに見て取ることができる。この仲介概念は犠牲の概念である。犠牲とはすなわち、絶対的統一性のうちへと回帰し、生がその自己否定的な行為の中で解体されてしまうほどに生を拡張してゆくという目的を持つものなのである[9]。

体系的な両部門の境界は、それゆえ宗教のこの二点である。

第一部　世界の理論

世界は無規定的なものと非我とから生起する。

世界の概念は、われわれの外なる事物などと呼ばれているものと同一のものではけっしてない。われわれの外なる事物などというものは存在しないのである。それゆえもしそうしたものがわれわれの外なる事物として想定されることになれば、われわれの外にはいかなる客観的世界も存在しないことになる。しかしそのようなことはまったく論外である。われわれがわれわれの外なる客観的世界なるものについて語るときでも、われわれは反省の哲学と矛盾することにはならない。違いは想定そのもののうちにあるのではなく、想定の仕方のうちにある。客観的世界は精神的存在者のもたらす結果以外の何ものでもないのである。

われわれの外なる世界の要素は質料と形式である。われわれはいかなる質料と形式が実在性を持つかを問題にしなければならない。

形式は統一性の原理であり、統一性は形式の性格である。それでは統一性の根拠はどこにあるのか。

実在的な統一性は端的にただ実体のうちにのみ見出される。ただ一つの実体があるのみである。形式の源泉はそれゆえ実体である。それでは質料の源泉は何だろうか。実体の対立物、すなわち諸要素である。実体の形式は同一性(固執性)であり、諸要素の形式は二重性(可変性)である。ところでわれわれが実体を二重性ないし可変性と結合させると、われわれが得るのは——個体である。形式とは個体における実体的なものである。

他方、われわれがこれらの要素を同一性と結合させながら、しかもこれら両要素がともに存続し、廃棄されないようにすれば、これによってわれわれには中和化の概念が与えられる。これがわれわれをカオスへと導く。われわれはこうして質料の一つの定義を見出したことになるだろう。すなわち、質料とは諸要素のカオスである。

われわれは質料から始めよう。なぜなら質料はネガティヴなものであり、そこからポジティヴなものが生じるからである。

質料の定義から以下のような諸定理が得られる。

定理一　質料は意識の対象ではない。この命題は、客観は創造的構想力の所産であるという命題と同一である。すなわち、そこには区別され得る何ものもないということがカオスの標識なのであって、区別されていないものは何一つとして意識に入って来ることはできないのである。経験的意識に入って来るのはただ形式のみである。われわれが質料と見なしているものは形式である。質料は没無形式であるとされる。

しかし質料の概念は空虚ではなかろうか。もし形式のみが意識に入って来るのだとすれば。だがそうではない。われわれは形式を全面的に完成させることはけっしてできない。われわれはすべてを形式に転化させ尽くすことはできない。たとえわれわれが質料と見なしているものの一切がわれわれにとって形式と化してしまうとしても、それでもやはりわれわれはある根源的な質料を前提としている。質料は形式の条件なのであって、それゆえ諸要素のカオスがそれに先立って存在していないようなところには、いかなる形式も存在し得ないのである。

通俗哲学に従えば、質料は与えられていて、形式は心情のうちに成立する。しかしわれわれの見地に従えば、事はまったく逆である。形式が与えられていて、質料はわれわれのうちに生起せしめられるのである。第二部を参照されたい。

われわれが質料、あるいは諸要素のカオスを物理学から説明しようとすれば、次のような帰結を得るだろう。すなわち、われわれは宇宙の質料を扱うことになるという帰結を。――だがわれわれは宇宙のどこにカオスに類似する何かを見出すだろうか。

われわれは物理学に基づいて、太陽と地球とは化学的相互作用の関係にあるものと仮定しよう。そうすると両者、すなわち太陽と地球の両要素が互いに中和し合う点はどこにあるのだろうか。この無差別点は一方の天体にも他方の天体にもあり得ない。それは両天体の中間、すなわちわれわれがエーテルを想定するところになければならない。エーテルとは従って普遍的な世界霊、自然の生命である。中心的エーテルが質料そのものである。ここから質料は不可視であることが洞察される。[1]

諸天体は形式の仕事場である。ここに形成が生じる。ところでいかなる質料も没形式ではなく、しかも形式は有機的であるのだから、いかなる質料も無機的ではない。

質料と形式の性格は活動性と二重性であり、その傾向はいずれも同一的な静止のうちに身を置こうとすることである。一方の活動性は他方の活動性を廃棄しようとする。われわれがそこにカオスを想定している宇宙における中和化された地点となるのは、諸天体ではなく、われわれが諸天体の間にそれらの源泉として――結果としてではなく――想定しなければならない自由な諸力である。

中心的エーテルは遍在的である。形式は与えられるが、諸要素がそれに対応して存在しなくてはならないようなものとしてではない。形式は個体のうちに端的に与えられる。もし形式が産出されるということになれば、個体性は廃棄されてしまうだろう。そんなことになれば、認識されるものは認識するものの単なる様態でなければならないということになるだろう。

定理二　いかなる形式も無限である。その証明はすでに形式の演繹のうちに含まれている。なぜなら形式の源泉は実体だからである。けだし実体は一にして永遠にして無限である。形式は、実体が自己を個体化することによって生じる。個体はそれゆえ形式の表現である。個体の本来の性格は、その本質の無限の可分性であって、この可分性が形式なのである。形式とは諸部分の全体への関係である。個体は実体としては一つの全体であり、その諸部分は二重性から成り立っている。個体はただエネルギーのもとにおいてしか考えられ得ない(エネルギーとはいかなる限界も持たない一つの内的活動性である)。

哲学に向かってなされ、その答えにすべてが懸かっている問いがある。すなわち――なぜ無限なるものは自己のうちから出てゆき、自己を有限化したのか――言葉を変えて言えば、なぜ諸個体があるのか、あるいはまた、なぜ自然の作用は一瞬にして経過してしまい、それゆえ何ものも存在しなくなってしまうというものではないのか。[2] この問いへの答えはただ、われわれがある一つの概念を差し挟むことによってのみ可能となる。すなわち、われわれは唯一無限の実体と――そして諸個体という概念を持っている。われわれが一方の概念から他方の概念への移行を説明しようとすれば、それはわれわれが両概念の間になお一つの概念を差し挟むことによってしか可能ではない。この概念がすなわち形象ないしは表出、アレゴリー（エイコン）の概念である。個体はそれゆえ唯一無限の実体の一つの形象である。*

＊『アテネーウム』誌所載の『イデーエン』参照。例えば、「聖職者とは、不可視なもののうちに生き、可視的なものが一つのアレゴリーの真実でしかないような人である。[3]」

（このことを、神は自己自身を表出するために世界を創造したと表現することもできるだろう。）

無限の実体はすべての形式の源泉と考えることができる。それゆえそれはまた意識とも精神とも考えることができる。アレゴリーの概念によって明らかとなるのは、形式は無限であるということである。諸個体は全体を表出するために存在する。それゆえ個体もまた無限なるものを表出すべきものであるがゆえに無限である。

〔定理三　すべてのエネルギーは悟性である。[4]〕ところでわれわれはエネルギーについても、形式と質料についてと同様の解明を求めなければならない。エネルギーとは自己合意であり、脱形成である。

個体性の概念は唯一無限の実体から導出される。哲学者にとって無限なるものは最も平易な謎であり、有限的なものは大きな謎である。[5] 有限的なものからは無限なるものへのいかなる理性的移行も悟性的移行も存在しない。しかしアレゴリーを差し挟むことによってその逆の移行は可能となる。

宇宙は一つの芸術作品――一匹の動物――一本の植物である。[6]

アレゴリー（世界の現存在についての説明）から帰結されるのは、いかなる個体のうちにもこの個体が具えている感性、意味、精神に相当するだけの実在性しかないということである。他方、われわれに対して諸要素と同一性とからカオスが生じて来たのだった。このカオスをわれわれはもっぱらエーテルのうちにのみ想定することができた。そしてわれわれを導いた方法によって、われわれはエーテルに有機体と意識とを付与することができたのだった。

ところで以上の諸命題、すなわち、われわれの意識に対置される一つの意識が現に存在すること――世界はアレゴリーにすぎないこと、そしていかなる存在者も、それが具えている感性、意味、精神に相当するだけの実在性しか持っていないこと――を総括すると、悟性のエネルギー以外にいかなる他のエネルギーも存在しないという結論が得られる。

ここから次の諸公理が帰結される。

公理一　形成の高さが力の尺度である。けだしアレゴリーは形成以外の何ものでもないのである。しかし諸個体はその形成を阻止されても力は保持しているという異論が出るかもしれない。――だがある個体が自己を規定しつつ最高の高みに達するまでは、われわれはこの個体の力の尺度について確信を持つことはできない。

公理二　ただ一つの世界が存在するのみである。すべての意識あるものと意識なきものとはただ相対的に対立しているにすぎない。相対的にとは、すなわち全体に対してということである。この全体を持たない限りにおいてのみ、両者の区別は存在するのである。卑俗な見解にとってこの区別は絶対的である。従ってそうした見解にとっては可視的世界と不可視の世界、この世とあの世は存在するのである。

公理三　真の生はただ死のうちにのみある。すなわち死とは、生がみずからを中和化するとき、対立がみずからを廃棄するときに現れるところのものである。卑俗な生(対立のうちにある)は、それゆえ真の生ではない。真の生を現出させようとするならば、卑俗な生は根絶されねばならない。ここにおいてわれわれは一つの新しい理論――宗教の――の核心に触れたことになる。この核心とは、ただ一つの世界が存在するのみであり、そして真の生は死のうちにのみあるということである。(7)

世界の理論の展望

世界の理論は質料の理論と形式の理論とに分かれる。われわれは、質料は意識のいかなる対象でもないことを見出した。質料はネガティヴなものである。それはしかしポジティヴなもののうちへ回帰しようとする傾向を持っている。このことから得られた成果が同化の概念であって、これがすべての有機体の核であり、魂である。

われわれは第二に、いかなる形式も無限であることを見出した。それはこうも言えるだろう、すべての形式は調和するということである。内面において完全な調和があるのだから、諸形式の相違は相対的である。われわれはそれゆえこう主張する、根源的に精神と身体とは一つのものであると、しかも一つの根源的な調和があると。根源的調和と言うほうが、予定調和と言うよりも適切である⑻。

エーテルの概念に対立するのが集塊の概念である。われわれはこの集塊を諸個体の複合体と見なすことができる。どの個体もそれ自身のうちに更なる諸個体を含んでいる。

第三の概念は、一性〔統一性・訳者〕と多性〔多様性・訳者〕との間の仲介概念であるアレゴリーの概念だった。多性には単に表出の実在性が付与されるにすぎない。アレゴリーは有機的存在者と芸術作品の〔それ〕とに完璧に照応する。このような模写の歴史が宗教の理論である⑼。

質料と形式の理論からの最も重要な帰結の一つが、すべての運動は本能であるということである*。外的運動と呼ばれるものは、幾つかの内的運動の結果にすぎない。――可変性の全域にわたってわれわれはしばしば事柄の本性を誤認しがちなものだが、それはわれわれが、未熟のままの姿でわれわれの前に現れるものをただちに一つの個体の全体と見なすからであって、そのようなものはしばしばこの全体の一片にすぎない。個体の全体のみが因果性を持つのである。

＊　本能とは、それによって個体が絶対的な実体のうちへと回帰しようとする個体の特殊な様態である[10]。

それゆえ全体の展望が得られたときにのみ、諸事物は理解されるのである[11]。

従って自由は実践の要請ではなく、理論の成果である。自由は内的因果性にすぎない。それは自発性から生まれるものである。

われわれの理論のもう一つの帰結は空間と時間についてのまったく別種の見解である。

われわれは、実体はただ一つであり、実体のほかには諸個体以外の何ものも存在しないと主張しなければならない。二重性があるところ、個体性がある。従って空間と時間とはただ一つの有機体から自己自身を生み出す最初の個体と考えられねばならない。――時間は意識に、空間は実体に照応する。それゆえこれは一つの二元論である[12]。

われわれはここで再び宗教の理論と境を接することになる。

時間は宗教のネガティヴな要素であり、空間はポジティヴな要素である。宗教哲学は時間を悪しき原理と見なさねばならない。

さらにもう一つの帰結は――

世界はいまなお未完成であるということである。ここでいう世界とは、すなわち〔すべての〕個体の総体としてのそれである。もしわれわれが無限なるものという純粋概念を想定しないならば、われわれは最高の個体の概念、ないしは相対的に無限なるものの概念を得ることになる。個体とは不断の生成である。それゆえ世界が一つの個体である限りにおいて、世界は未完成である。世界はいまなお未完成であるというこの命題は、すべてにわたってきわめて重要である。もしわれわれが世界を完成されていると考えるなら、われわれの行為のすべては無である。しかしわれわれが世界は未完成であるということを知っていれば、世界の完成のために共に尽力することがわれわれの使命となるだろう。このことによって経験に無限の活動空間が与えられることになる。もし世界が完成されているとしたら、そこにはただ世界の知が存在するばかりであって、いかなる行為も存在しないだろう。

宗教に関して言えば、〔世界は未完成であるということによって・訳者〕われわれは人間と神々との間の最も良き関係を得ることになる。もしかりに世界が完成されているとしたら、人間は神々を恐れるか――さもなければ軽蔑するだろう。しかし世界が未完成であれば、人間は神々の助力者である。(13)

世界は未完成であるという命題は、世界は一つの個体であるという命題から出て来る。空間と時間は、有機的に産出された最初の両個体である。

われわれの哲学は熱狂のために無限の活動範囲を切り開いた。そして懐疑には、他のいかなる哲学におけるよりも遥かに多くの権利が付与された。ただし懐疑が哲学の出発点である限りにおいて、さらには懐疑が独断論と同類の体系的論述に対抗するものである限りにおいてである。

プラトンは懐疑をきわめて完璧に描き出した。彼は言う、諸形象についてはただ形象的にしか語り得ないと。(14) ところですべての個体は形象なのである。

ここでの理論と独断論との比較

われわれの世界の理論によって独断論の核心、すなわちその因果性の原理は論破されてしまっている。いかなる運動も個体的であり力動的である。いかなる運動も本能であり、そして本能とは、それによって個体が絶対的な実体のうちへと回帰しようとする個体の特殊な様態である。

われわれは客観について独断論とは異なる見解をもっている。人は全体の展望を持つときにのみ、諸事物を理解することができる。質料と形式の演繹から帰結される幾つかの成果は、まったく同一の成果の異なる諸相にすぎない。

（一）　ただ一つの世界が存在するのみであり、従って精神と身体についての通常の見解は徹頭徹尾相対的である。世界はすべての個体の総体だが、しかしこの世界そのものが個体と考えられる。
（二）　形成の高さが力の尺度である。すべての形成はエネルギーである。
（三）　悟性以外のいかなるエネルギーも存在しない。すべての力は、感性、精神、意味から出発し、再びそこへ戻ってゆく。この命題は自然や人間にも適用することができる。この命題に反するものは誤謬である。未熟のままの力（見かけの）はそれゆえ悟性より強力ではあり得ない。

第一の体系的部門に従えば、質料は産出される（それは創造的構想力の所産である）。これに対して形式は与えられている。それぞれの形式に対してそれぞれ一つの特別な感性が対応している。それゆえいかなる形式も与えられたものである。

質料と形式の理論からの最も重要な諸成果——
（一）　すべての現存在は有機的であること。それゆえ人間においてもまた然りだが、これが通常の見解(15)と真っ向から対立するものなのである。

その帰結として、
（二）　ただ一つの世界が存在するのみであること、そして
（三）　世界はいまなお未完成であること。この最後の命題は通常の見解とわれわれの見解との相違をとりわけ明白に言い表している。

第二部　人間の理論

人間の理論は、世界の理論と同様、実在性という基準に結びついている。その基準とはすなわち、実在的であるのは、自然における無規定的なものと人間における被規定的なもの、あるいは非我における自由と自我における必然性であるというものだった。われわれがいま人間の理論について語ろうとするとき、それは人が通常この標題のもとに総括していることと、すなわち反省的思考を始めつつある人間が知りたいと望んでいるすべてのことを網羅するものではない。われわれの理論が向かうところは人間の規定である。しかしわれわれのこの理論に従えば、人間の一般的規定などというものは存在しない。なぜなら人間は各自その固有の理想を持っているからである。そしてこの自分の理想への志向だけがその人間を道徳的にするだろう。

これと対立するもの、すなわち一般性などというものは単に形式的でしかなく、人間を道徳の点で進歩させるものではないだろう。

人間の規定は全体というものの中で提示されるべきである。そしてこの規定を見出すことができるのも、各人がそれぞれにまたこの全体を表示しているからである。人間は人間社会として、あるいは人間と人間との関係として考察されるべきである。人間の理論のための普遍的図式は、すべての人間社会は家族、位階制、共和制に還元されるということである。[1]予備的注意。ここでは通常の自然法の理論[2]を期待してはならない。家族と共和制の概念は法の諸概念から導出することはできない。それらは遙に高次のものである。共和制の概念は、目的それ自体であるところのもの、すなわち人間の規定を人間の完成した姿において表示するところのもの——ただし人間の規定が万人の合意に基づく場合ではあるが——を含んでいる。共和制は人間の規定から、そして人間の規定は万人の社会と共同体の中にあってこそ達成されるということから導出される。

われわれはそもそも自然法が学問であることを疑っている。* 自然法の第一原則——権利と平等の概念——は、学問的では［ない］。それはア・プリオリのものである。それは人間社会の概念から導出される。そしてこの人間社会は人間の規定の負う課題によって構成される。しかしこのことからいかなる学問も導出されない。もしかりに自然法を学問にまで高めようなどと思えば、人間たちの間で起こるかもしれない個々の状況のすべてを知らなければならなくなるだろう。自然法は――哲学的に手を加えられた実定法を越えるものではまったくない。それは体系的には成り立ち得ないものである。

＊　自然法はむしろ理性法と呼ばれるべきだろう。その基礎は平等にある。

われわれの諸概念を構成するに際して、われわれは経験をことごとく捨象せねばならない。このことは家族、共和制等の三概念のすべてについても当てはまる。というのもわれわれはこれらの概念を構成すべきだからである。しかしまた他方われわれの意図は、諸理想を、例えばある国家の理想を提示することでもない。ある完全な国家を作るための諸規則を与えようとすれば、それによって人は実践の領域に踏み込むことになるが、そうなると理想は空疎となり、適用不可能なものとなってしまう。

先に三つの概念を構成するに当たってその共通の中心点となるのが人間社会であり、この人間社会というものが人間の規定を特性描写するという課題に繋がっているのである。なぜなら人間の規定は人間社会を介してのみ達成され得るからであって、この人間社会の条件に人間は人間として結びつけられており、このことからやがて道徳が生まれ、そしてこのことが人間の本来の性格と合理性とを規定するからである。

ところでしかし人間の本質は、人間の規定とこれを達成する可能性とのうちにある。

それゆえ人間社会の根本諸概念を把握した者は、人間を全的に知る。その者は人間をその外的な状態と関係とに従って知るのである。その者の知識は客観的であり、それゆえ普遍的である。

人間の内的諸能力の理論は、単に主観的なものでしかない。それはいわば自己自身に関わるさまざまな試みの表現であって、まさにそのゆえに主観的なのである。しかし本来の人間知は、人間たち相互の外的関係の的確な知識のうちに存する。

内的諸能力の理論は、理論的にはわれわれを意識の特性描写へ導く。この理論はまた、それが単に可能的なものでしかない力としての内的形成をある一般的な図式論によって描出するという目的をもつ場合には、実践的にも考察される。しかしこれとても単に主観的なものでしかない。それゆえ図式論には何の利点もないのである。そこに客観的なものがあるとすれば、それはただある種の図式論が成り立つというだけのことである。意識の歴史は確かに必要不可欠ではある。しかしそれだけではまだ人間知とは言えない。なぜなら唯一の高次の力が寸断されてしまうからである。人間を全的に知ろうとする者は、人間を社会の中で考察しなければならない。なぜなら人間は社会にあってこそ全力を尽くして行為するからである。

われわれは社会のカテゴリーを探し出さねばならない(3)。

社会の概念にはそれと直結するかたちで共同体の概念と自由の概念が含まれている。

社会とは多性における一性であり、一性における多性である。しかしもし自由が絶対的であるならば、いかなる共同体もあり得ないだろうし、逆モマタ然リ、である。従ってわれわれはこの両概念を結合し、かつそれらを可能ならしめるところの仲介概念を求めねばならない。それが平等の概念であって、理性法の基礎である。ただしここで問題になるのは自然的平等ではなく、道徳的平等である。

われわれのあの三概念は、人間は人間たちの間にあってのみ一個の人間たり得るという人間の規定の命題から帰結される。

共同体、自由、平等というこれら社会のカテゴリーはあの三つの社会のすべてに適用され得るのか、それともそれぞれただ一つの社会にしか適用され得ないのかという問いは重要である。

この問いへの解答と共にわれわれには、統治の諸形式とこの諸形式の根源的な社会との関係について一条の光が与えられる。家族と位階制との間の対立は、前者がまったく自然的関係であるのに対して、後者が精神的なものであるということによってきわめて明白である。ある精神的な目的以外にいかなる目的も持っていない人間的結合はすべて、国家の性格とは質的に異なる性格を帯びている。そこにわれわれは位階制の概念を具えた共同体を見出すことになるだろう。（実定法に対する政治哲学者の関係はおおよそ次のようなもの、すなわち哲学者は最終審における法律顧問官たるべしといったところである。）

教会は一つの徹頭徹尾精神的な共同体であるべきである。しかし一つの徹頭徹尾精神的な共同体に基礎を持つ社会はすべて、およそいかなる固定的な法律も憲法も受け入れる余地がない。このような社会は絶対的自由に基づき、無限に進展的である。*

＊　ここでレッシングの著書『フリーメイソンについての会話』に言及しておこう。レッシングは哲学への途上にあった。このことは彼の貴重な著作『人類の教育について』が証明している。彼がせめてあと十二年ほど生きていてくれなかったことが悔やまれる。必ずや彼は哲学にとって、詩文学にとってのゲーテのごとき存在になっていただろう。[4]

あの三つの根源的な政治的根本概念の構成は、人間の規定についての問いに対する本来的な解答である。そしてこの人間の規定を知ることが人間知なのである。

最高善の理論は人間の理論と完全に一体的である。[5] 最高善は存在すべきであり、そしてそれがすべての目的中の目的を規定すべきである。* 主観的には、最高善なるものへの問いに対して確たる解答はあり得ないだろう。答えるとすれば、人間は自己自身となろうと努力すべきであるとしか言い得ないだろう。とすれば各人は各自固有の最高善を持つことになって、客観性を欠くことになるだろう。

＊　政治学は最高善についての学問である。

これに対して最高善への問いのために何らかの客観的な規定が可能となるのは、われわれがこの問いをあの三つの根本概念に関係づけるときである。最高善が超感性的なものへ適用されることは許されない。最高善は有用性、正当性の源泉であり、道徳性に対応するものである。しかし超感性的なものはこうしたすべてのものを越えて崇高である。最高善とは共同体と自由である。それゆえ共同体と自由とを促進する者は、人類のために貢献するのである。

われわれの諸概念はすべての経験から徹頭徹尾切り離されねばならない。

共和制と言っても、ここでは現在あるような、あるいは過去にあったような国家体制を念頭に置いては絶対にならない。すべての国家が革命をこうむるのはあり得ることだが、これに対してすでに起こってしまった革命はまったく無に等しい。すべての国家は金銭を土台にしている。しかし金銭は偶然によってもたらされたものである。それゆえそれは再び奪い去られてしまうこともあり得るし、そうなれば国家はその基盤を失ってしまうことになるだろう。そして現在のすべての国家は瓦解するだろう。

位階制と言っても、教皇権は度外視されねばならない[6]。位階制が貴族主義的であったり、世俗的権力を持っていたりする場合には、そのような位階制はその真の概念と真っ向から対立する。それゆえすべての経験的事象は捨象されねばならない。

家族の場合にも、経験的事象は捨象して考えねばならない。これが最も困難であるかに見える。しかし経験のうちに与えられているようなこうした関係もまた、その概念を汲み尽くしてはいない。それゆえもう一つの新たな関係がそこに存在することができなければならない。家族の現状では共和制はまったく成り立ち得ない。もし家族関係に変化が起こり得るとすれば、それは立法当局が相続法を逆転させて、娘たちが動産を相続し、息子たちが婚資を与えられるようにする場合かもしれない[7]。現在の家族関係においては全般的な道徳性は抑圧され、それはただ個々別々におおよそ成り立ち得ているにすぎない。

それゆえわれわれの三概念にあっては経験的事象は完全に捨象されねばならない。この三概念はもっぱら社会の図式論としてのみ考えられねばならない。この三概念のア・プリオリの構成をもってこれらの概念のための探究は閉じられることになる。

〔道徳の諸原理〕

論述全体を明確なものにするために、われわれはここで道徳の諸原理を先行させておかねばならない。

道徳の概念には生への関係が含まれている。道徳は生の哲学である。しかし道徳が生の哲学のすべてであるとは言えないだろう。生のうちにはむろん道徳が関わりを持たないものも見出される。それは実践とまったく異なるものである。実践は外的人間に関わるが、このものは人間の内面に関わっている。われわれは内的人間の高次の生を外的諸関係ないしは実践、つまりは日常生活から、かなり的確に区別することができる。道徳が生の哲学と呼ばれるときには、この日常生活が考えられている。――内的人間の哲学とは宗教、あるいは宗教哲学である。

生の哲学、あるいは道徳の諸原理は無限に多くの対象に適用されるということを、当面の仮説としてだけでも通用させようとするならば、われわれは、われわれがそこを起点として果てしなく外へ出てゆき、再びそこへと回帰してくる中心点を見出さなければならない。

ここでわれわれに提供されるのが哲学そのものとのアナロギーである。

哲学の構築に当たってわれわれは二つの根本概念と一つの最終命題とを携え、それによって哲学そのものを構成したのだった。

道徳の諸原理の構築に当たってもわれわれはまったく同様の手続きを踏むことになるだろう。

道徳性の二つの根本概念は形成と名誉である。（ここで言う形成とは外面的な洗練ではない。それは自立性の展開である。）――

道徳性の最終命題、すなわち原則とはどのようなものであるのか。

倫理性の一般的定式はわれわれの助けにはなり得ない。カントは道徳性の原則を普遍性のうちに定立する。しかしわれわれの原則はこの普遍性と真っ向から対立するものとならざるを得ない。なぜならそれは形成と名誉の概念から生じるからである。それゆえそれは固有性、独創性ということになるだろう(8)。

名誉だけが人間に道徳性を与える。* 名誉だけが人間を進歩させる。内的首尾一貫性がわれわれの得ようと努める唯一の首尾一貫性である。

＊　名誉の諸原則と諸感情は客観的である。

論理的連続性は、誤謬を論駁しようとするとき以外には実質的内容も価値も持たない。なぜなら誤謬はただ論理的連続性によってのみ論破され得るからである。しかし真理の伝達のためにはこの連続性はまったく役に立たない。

全体の発生論的叙述

われわれは哲学を、哲学は全的人間の学問たるべしという要求をもって開始した。そこで哲学はみずからを自己自身のうちから生み出し、次いで自己自身のうちから外へ出てゆかねばならなかった。こうして生の哲学が成立する。しかしここではただ幾つかの基本線を、最初の諸原理を与えることができるだけである。なぜならその適用可能性は無限だからである。生の哲学は完成されることはあり得ず、これらの諸原理の適用は無限であるということ、まさにこのことが哲学を強制して再び自己自身のうちへと回帰させる動機となるのである。第五章を参照されたい(9)。

人間の理論は、全的人間において何が実在的であるかを教えるべきものである。ここで期待されたのは内的人間の理論ではなくして、人間の規定についての問いに対する解答である。この解答によってわれわれが得た成果は社会ということである。われわれはまた社会のための一つの図式論を見出したが、この図式論において社会の根本諸概念が社会の関係とその諸カテゴリーに従って提示されたのだった。これらの根本概念は、政治が一つの学問であるべきであるならば、政治の諸原理と呼ぶこともできるだろう。これらの根本諸概念のうちにわれわれは、理性によって法が導出されるに当たって唯一の源泉となり得る根本諸概念を見出すことになるだろう。

ここではそれゆえ政治論が基礎的なものとされ、法理論は応用的なもの、派生的なものとされる。それは主要な諸概念がまさにそのような関係を成しているからである。すなわち、たとえいかなる法も存在しないようなところであっても、法を越えて崇高であるような社会は存在し得るのである。

法理論の場合にも、同様にただ根本諸概念、第一諸原理のみが導出されるだけである。すなわち政治的根本諸概念から導出されるだけである。しかしその後の応用可能性は無限である。このことは他の分野、例えば道徳論等におけるよりも法理論において一層顕著である。

政治――道徳――法理論――そして宗教の諸原理は一つの直接的な連関を成し、互いに影響を与え合っている。それゆえわれわれは、完璧を期するためには、先取りするかたちでこれらのすべてに触れておかなくてはならないだろう。

しかしここに二つの概念がわれわれの行く手を遮っているので、われわれがこれらの諸原理を明確に理解しようと思うなら、この二つの概念についてあらかじめ完全に決着をつけておかねばならない。意志の自由と自然の諸法則の概念がそれである。問題は、これらの概念が正しく捉えられているかということである。すべての混乱の発生源となっているのがこの点であることは異論の余地がない[10]。

これらの概念の根底に真なるものは何ひとつ潜んでいないなどと言うつもりはない。むろんこれらの概念の根底には真理が潜んでいる。しかしこれらの概念を包んでいる形式が正しくないのである。ここをわれわれは叩こうとするだけである。

道徳のためには要請が必要である。しかし道徳を保証するためには不死性[11]だけですでに充分である。道徳が求めているものは、まさに不死性にほかならないからである。意志の自由はここでは混乱を引き起こすだけである。

この混乱は、意志の自由が提唱されることから生じる。すなわちこの言葉から人間における自己自身を規定する能力についての主張が成立する。そしてこれによって世界の繋がりが、そしてまた内的人間の繋がりも引き裂かれることになるのである。

そもそも意志の自由の概念は、真理とは何であるか、そしてそこで何が語られるべきかという点についてはさして多くを語るものではない。むしろその反対である。ある特権的な存在者がそのような絶対的因果性という驚くべき能力を具えており、そしてその他のすべてのものがある一つのメカニズムのもとに従属していると想定するとき、すべての繋がりは一挙に引き裂かれてしまう。もし自然を一つのメカニズムと考えるならば、残るは、このメカニズムから抜け出してゆくある絶対的な能力以外にないことは言うまでもない。

しかしただ一つの世界が存在するのみであること、すべての現存在は有機的であることが、われわれの哲学の唯一の内容である。このことによって意志の自由のもとに考えられる絶対的因果性の能力は廃棄されてしまう。自然の諸法則と見なされているものは、諸事実以外の何ものでもない。ここではいわば高次の諸事実が低次の諸事実のための格律と見なされるのである。しかるに二元性と同一性以外にいかなる高次の諸事実も存在しない。このことによって他のすべての自然法則は消滅する。そもそも意志の自由と自然の諸法則とは一蓮托生なのである(12)。

意志の自由において排斥されねばならないのは、本来は法に属しているはずの個々の行為が道徳へ転化される場合の責任の概念である。

カントの道徳論への一瞥

カントの道徳論の成立はまったく個人的なものとして説明されねばならない*。カントがただ歴史的にしか理解されないのは、彼が、例えばフィヒテやスピノザのように一つの中心点に関わっていないからである。カントの道徳論は、倫理的世界のためにあたかも自然的世界におけるニュートンの万有引力のごとく普遍的であるような法則を見出したいという願望に発している。(13) それと共にカントの道徳論のもう一つの発生源となっている第二の点は、すべての行為は利己主義から生じるという当時のフランスの流行道徳論である。以上のことから、そして彼の理論哲学から、彼の道徳論は成立するのである。

＊ カントの道徳論において客観的であるもの、どんな人にも訴え掛けるものがあるとすれば、それは名誉の概念に還元されるものと言えるだろう。名誉の諸原則と諸感情は客観的である。

しかし個々の行為から普遍的な道徳性を導き出すことはけっしてできない。個々の行為がわれわれにある人間の倫理性を否認する正当性を与えることは確かにあり得る。——例えばその人間が不名誉な行為に及んだような場合である。しかしこれはネガティヴな判断にすぎない。個々の行為についてのポジティヴな判断は、それが〔人格的・訳者〕形成に関わるものである限り、確かにきわめて現実的ではあり得るが、しかしそれとても完成されたものではない。なぜならこの形成は完成されるものではないからである。

そこで二つの概念が一般的な考え方の基盤となるわけである。意志の自由と自然の合法則性がそれである。さらに第三の概念、すなわち——理性の普遍妥当的な基礎理論(14)の概念がいわばその一部として加わる。これらの概念の根底には真理が潜んでいなければならず、それについて答えることができなければならない。

そこに含まれている欺瞞的なもの、混乱を引き起こす原因となっているものは、相容れない二つの原理の混合である。二つの原理とは、無限なるものへの憧憬と有限的なものへの固執、執着である。（後者が独断論の真の本質である。）

自然の諸法則はある必然的なメカニズムとして説明されると言うのであれば、これに対してわれわれはこう反論しなければならない。全体なるものは一つのメカニズムとしてではなく、われわれが内的直観によって知覚することのできる一つの事実として考えられ得るものなのだと。

われわれは、それをもってすべてが始まった根源事実——二元性の事実——と、それをもってすべてが終わるであろう第二の究極的事実とを、知的直観のうちで知覚することができる。なぜならわれわれ自身が前者の根源事実のうちに共に捉えられているからであり、われわれはいわば一つの流出だからであり——われわれが意識を持っているからである。意識もまた共にこの事実の一部を成しているのであって、無限なのである。(15)

宗教の諸原理

われわれはここでも哲学と道徳の場合と同様の手続きを踏む。すなわち二つの根本概念と一つの原則を求める。われわれはこれらの概念を外的生という対立物によって最も容易に見出すだろう。実際、われわれが求めているのは内的生の哲学の諸原理にほかならないのだから。この内的生へとわれわれが移行してゆくのは、外的生が常にただ個別的でしかなく、それゆえわれわれを満足させるものではないからである。

内的人間の高次の生は全体なるものへ関わっていなければならない。これが宗教の基準である。その根本概念の一つが——自然である。この概念は徹頭徹尾客観的である。

そこでわれわれはこれと対立する根本概念を求めなければならない。それゆえそれは徹頭徹尾主観的でありながら、やはり全体なるものへ関わっているものである。これが愛である。

宗教の格律もまたわれわれは道徳との対立のうちに求めなければならない。なぜならわれわれは一般にわれわれの諸概念をその対立物から導出するからである。道徳においての原則は、固有性、根源性、あるいは自立性、あるいは独創性である。

ここ宗教における原則はその対立物――すなわち普遍性である。個人的な見解は廃棄されるべきである。

全体なるもの、無限なるものへの関わりを持たないものはすべて、われわれの見地と相容れない。それゆえ意志の自由の概念も、それが人間におけるその他の諸能力とは別の、一つの絶対的開始、一つの新たな因果系列の一特殊能力を意味するもの(16)である限りにおいては同様に相容れないのである。

（この特殊能力がカントの意志の自由の概念である。）

同様にまたわれわれは、ヤコービのうちに見出されるこれとは別の自由の概念にも賛同できない。

カントの場合にも、確かに自由はメカニズムの対立物ではある。
しかしヤコービはある遥かに高次のメカニズムを想定する。(17) しかもそれが現存在のメカニズムであるか、意識のメカニズムであるかはどうでもよいことだとヤコービは言う（この点ではわれわれは彼と一致する）。

しかし対立物という表現が正しくない。
メカニズムはむろん哲学および実在性における悪しき原理である。（なぜならメカニズムのうちには有限性が絶対的に定立されているからである。）しかしそれに対して善き原理の反立をもって自由の定義としようとするならば、この反立の仕方は正しく性格づけられたものとは言えない。というのはこの場合、自由はメカニズムの否定でしかないということになるからである。それにまたこの自由が人間にのみ付与されるのも正しくない。

全体なるものの因果性は、上記の人々が漠然と予感していたようなかたちでしか考えることはできない。ただしある絶対的因果性というわれわれの意識のメカニズムをもってしては考えられないということである。

この絶対的因果性の能力を人間に付与することができるのは、ひとり愛の因果性のみである。世界はいまなお未完成である。ゆえにそれを完成させるためには常に一つの開始がなされねばならない。それゆえ全体なるもののうちには因果性がなければならないが、この因果性が全体なるものと連関していることは言うまでもない。これが愛の因果性にほかならない。愛によってすべてが始まったのだから、愛によってすべては完成を見るだろう。この原理を自己のうちに認識した者、そのことによって創造者となった者は、あの根源事実を理解できるようになるだろう(18)。

愛はわれわれのうちなる無差別点、核心である。

二つの最も重要なポジティヴな宗教が、ギリシャ人およびローマ人の神話とキリスト教である。この両宗教をわれわれの宗教の諸概念に関係づけようとすれば、古代の神話的宗教は自然に、キリスト教は愛に対応する。

われわれの哲学の諸原則から、われわれは宗教における擬人論を承認しなければならないということが帰結される。われわれが不死性について、要請された自由などとは反対に、われわれはそれを知っている、まさしく本来的に知っていると言うように、われわれは自然必然性の主張に対してもまったく同様にこう反論する、われわれは神的なるものの現存在を直接的に知っている、内的感覚によって、知的直観によって知っていると。

二元性と同一性という両根源事実を、人は愛の精神のうちにおいてのみ考えることが許される。そのとき人は神を考えたことになる。こうしてわれわれは神性を知るのである、しかも直接的に、端的に。——われわれはそれを信じる、のではない。

宗教は内的人間の哲学たるべきものである。それゆえ宗教は概念の単なる修正に限定され続けるようなものではあり得ない。宗教はこの概念に対応するわれわれのうちなる素質を生き生きと展開させるべきなのである。

宗教はそれゆえ、もしわれわれが宗教をわれわれのうちに復興させようと思うならば、必然的に限定されたもの、すなわちわれわれに、われわれの生に必然的に限定されたものでなければならない。宗教はそれゆえ常に擬人的になるだろう。宗教はわれわれの姿を借りるだろう。宗教は、平等であるすべての人々の象徴となるだろう。

擬人論の本質は、われわれが戦わねばならないメカニズムと対立している点にある。

宗教と呼ばれてきたものは、全体なるものが、道徳性との関係において原因と結果とが必然的に連結している一体系として考えられる場合のそれである。ここに違いがある。なぜならここで言う宗教の本質は、このようなメカニズムに対抗するところにこそあるのだから。

われわれが神性の現存在を直接的に知っているのは、それがすべての知の源泉だからである。あの両根源事実を翻訳しようとすれば、神性はただ生成のうちにおいてのみ考えられ得るということになろう。そしてこのことのうちに擬人論を正当化する本来の根拠がある。生成ということに着目すれば、神についてよりは神々について語るほうが適切だからである[19]。通常神に付与されるもろもろの完全性はここでは適用不可能である。それが適用され得るのは後者の事実〔同一性・訳者〕に対してである。

われわれはすべての存在者のうちの究極の存在者である最も完全な存在者と間接的に接触している。

神々と人間たちとの関係は、ある古代ギリシャの詩人の表現を借りるなら、こう言い表すことができるだろう。人間たちと神々とは同じ一人の母親から生まれ、共に同じ空気を吸っているのだと。

われわれは世界と自然とを区別する[20]。世界とはメカニズムの体系として考えられた全体である。自然は生成する神性の形象である。全体なるものは個体として考えられる。それだけですでに自然の概念は、メカニズムにのみ関わるものでしかない学問の埒外にある。

生成の概念のうちには抵抗という条件が含まれている。――そうでなければ存在するのは神性か、無かのいずれかになってしまうだろう[21]。

抵抗は自然における悪しき原理である。それが存在することを人は知っているが、それが何であるかは知っていない。それを知るところまで行き着いたとき、人は自然を認識したことになる。なぜなら善なるものを悪しきものから区別するすべを知るに到ってはじめて、人は何ごとかを認識するものだからである。

自然とまったく同様に、愛もまた神性との関わりを持っている。自然が生成する神性の形象であるとすれば、愛はいまだ顕現していない神性の予感である。それゆえすべての現存在を愛から導き出している神話にわれわれは賛同するのである。

（哲学の諸限界は、宗教、政治、そして道徳の諸概念が図式化されているところに存在するものである。）

宗教の格律である《普遍性》についての所見

この普遍性が偽物でないことは、本能に尋ねてみれば分かることである。この本能は、ある者にある独自の新しい自然観が生まれたときにはどこにでも発現する。そしてある内的な力がこの本能を強いてこの自然観を伝達させようとするのである。

この普遍性は、宗教の諸原理と政治の諸原理とを結びつけている紐帯を最も容易に示してくれるものだろう。宗教は道徳から完全に切り離されている。両者は互いに対立し合っている。しかしこの対立はより高次の綜合のうちで再び合一されるものでなければならない。なぜなら名誉と愛のない人生は惨めだからである。

道徳の諸原理が家族と連関しているとすれば、宗教の格律は位階制と連関している。

宗教と道徳とは政治とも連関するが、これはネガティヴな諸要素を介してである。愛は最高善と関わっている。そして名誉もまたそうである。

（名誉の階梯はおおむね誰かが勇気を持つときに始まる。誰かが虚言を恥じるのは、より高い段階である。ここではすでに政治的な諸概念との関わりが顕著である。――名誉の基準は、誰かが粗野を恥じるかどうかということである。）

結合は一つの要素を介するだけで達成される。人間形成においては人類のために何らかの功績を積むようにと人間を駆り立てることのできるものは何一つない。そこに潜んでいるのはむしろ孤立への誘因である。

結合の原理は対立する要素のうちに存在する。名誉の諸原則と諸感情は客観性を内包しており、人間を再び全人類に結びつけるのである。

この概念、すなわち名誉の概念が最高善へと関係づけられ、そしてこの最高善が人生において最高の調和として現れる仕方へと関係づけられることによって——この概念は新たな性格を帯びる。この概念はポジティヴなものになる。それを人は功名心と呼ぶことができる。それゆえこれは名誉とは異なる。名誉はネガティヴなものでしかない。

われわれが道徳の問題で歴史に眼を向けるとき、われわれは常にこの二つの概念が重きを成してきたことを発見するだろう。

哲学には見取り図を描くことしかできないということは、宗教や政治に関してと同様、道徳に関しても妥当する。われわれはそれゆえ体系を打ち立てようとするモラリストたちに対しても異議を表明しなければならない。常にせいぜい一定数の概念や原則しか借用できないのだから、道徳を一つの体系に纏め上げることなどできるわけがないのである。*

＊　最良の道徳はスパルタとローマの年代記に見出される。タキトゥスとトゥキュディデスは最も偉大なモラリストである。[22] 諸原理を明確に理解していれば、体系的なモラリストたちからよりも遥かに多くのことをこれらの人々から学ぶことができる。

道徳についてなされたすべての教説のうちでストア主義がわれわれの諸原理と最もよく合致する。——キリスト教の道徳のほうがより純粋だと主張する者があるなら、われわれはこう答えよう、キリストは愛のみを説いたのであると。キリストはいかなる道徳も提示しようとしなかった。

ストア主義においては名誉の原理が見事に説き明かされている。そして倫理的形成という点では、ソクラテス以上に偉大だった者はたぶん存在しない。[23] 彼については、彼は倫理的形成の技法を案出したと言うことができるだろう。彼は自身最高度に形成された人間だっただけではない。彼はまた他の人々をもなし得るかぎり形成するすべを心得ていたのである。

道徳と政治との分離が廃棄されるのはまさに名誉によってであるように、外的人間が内的人間と——すなわち道徳が宗教と結合されるのはこの倫理的形成によってである。

ところでこの結合は一つの事実と一つの準則において表現される。

その事実とは、倫理的形成は愛をもって始まるということである。（愛はここでは最高度の捨象の結果としてではなく、単にその主観的な成り立ちからして、普遍的な愛への最初の一歩と見なされる。）

これは最も重要な事実である。準則は自然から借用されている。すなわち、自然に従えということである。倫理的形成のためのこれは唯一の準則である。

（自然の最高概念は、全体なるもの、自由なもの、生きたもの、有機的なもの、個体として理解される。）

自然に従えとは、それゆえ、自然がみずからを有機的に形成するように、君も君自身を有機的に形成せよということである。

これをどのようにして達成すべきかは、この言葉が語る通りである。しかしそれは各人それぞれが自得してゆくほかないのである。

政治の諸原理もまた道徳と宗教とに依存している。自己形成してゆく人間は自分を孤立させることになるだろうが、しかしそれは家族を作るというかたちにおいてである。位階制は人間の内的力の——それゆえ宗教の活動と錬磨なしには考えられない。政治の諸原理が道徳や宗教の諸原理と同様に証明されているのかという問いが生じるかもしれない。むろん証明されている。すなわち、両根本概念は家族と位階制である。根本格律は共和制である。両根本概念は正確に規定され得るものである。それらは完全に絶対的である。それらの概念にあっては無限接近などは問題にならない。

ある社会が内的人間へ関わってくるとき——この場合、この社会にはある特定の鋳型が嵌められることになる——、この社会はそれが本来あるべき姿のものではなくなる。社会は実際にそれが本来あるべき姿のものであるか、でなければまったくそうでないものであるかのいずれかである。家族についてもまったく同様である。

しかし格律——すなわち共和制の場合には逆のことが起こる。ここでは無限接近が生じる。共和制はあらゆる社会の原理であり、このことから無限接近ということが生じるのである。低い段階の国家においてさえ共和制へ接近しようとする傾向は歴然としている。たとえ国家形態がそれに逆行しているような場合であってもである。あらゆる国家の最初の傾向は常に共和主義的だったと言えるだろう。(24)

ところで政治の諸原理が道徳と宗教とに依存しているように、道徳と宗教もまた政治なくしてはまったくあり得ないだろう。政治の諸原理が全体を結びつけるのである。というのも道徳、政治、宗教の諸原理は切り離されることが必要であり——なぜなら切り離されていなかったことからこれら諸原理によってあらゆる混乱が生じてきたとも言えるのだから——、同様にまたこれらの諸概念が再合一されることも必要なのである。

こんな異論が出るかもしれない。われわれが自然について取っている見地、すなわち、自然はメカニズムの全体として捉えられている世界に対立するものであり、従って自然は本来が自由なもの、生きているものであって、人間はただ自然の象徴であるがゆえにこそ自由である——というのは個々のものは全体から説明されねばならないのだから——とするわれわれの見地に従えば、自然学は廃棄され、狂信に門戸が開かれることになり、自然の事実はことごとく奇蹟ということになってしまうではないかという異論が。

しかしこの異論の外面とその本質とは区別されねばならない。

奇蹟という表現は外面的なものである。自然の諸事実を奇蹟と呼ぼうというのであれば、われわれもそれを認めるにやぶさかではない。だがそれによって自然学が廃棄されるようなことはない。なぜなら無限に多くの奇蹟を想定することも、それを一つとして想定しないことも、自然学を損なわないという点ではまったく同じだからである。自然を一つの有機体、一つの個体として見るわれわれの自然観は、唯一可能なものとして実証される一種の合法則性、すなわち、形成と有機体の法則へとわれわれを導くのである。

独断論においては人間と世界とは完全に分断される。いかにして、なにゆえに、が示されぬままにである。しかしわれわれの見地においてはこの両者は結合され、そして一つのものとして考えられている。従って自由は全体なるものとしての自然に付与され、そして人間には合法則性が付与される。最高の人間観においては、一切がそれへと関係づけられねばならない概念が形成の概念である。——それゆえ政治に関しては形成のための法則以外のいかなる法則も存在してはならない。そうでない法則はこの名にまったく値しない。政治的諸関係のための格律は共和制であり、すべての法則はそれへと関係づけられねばならない。そして人類の共和制への必然的な歩みに対応する諸法則は効力を持ち、その良き成果を約束することができるのである。

自然学はそれゆえ廃棄されることはない。それどころか自然学は、それが出発する地点とその最終的な結果となる地点とにおいて描き出されるのである。むろん自然学は通常とは異なる様相を帯びたものになるだろう。全体なるものへの洞察を持つ者だけが、自然学なるものをおのれの誇りとすることができるだろう。全体なるものはその有機的組織のうちにあってこそ自由である。全体なるものは生成する神性の形象、というよりはむしろその歴史である。このことはしかし象徴としてではなく、本来の姿において理解されるべきである。自然とは、二元性と同一性という両根源事実の間に現れる生成と生なのである。[25]

すべての生成は一つの抵抗を前提とする。さもないといかなる生成もなく、あるのは一つの絶対的存在ということになるだろうからである。ところでしかし自然の作用は一瞬にして経過し去るものではない。それは一つの生成であり、それゆえ一つの抵抗が自然のうちへ定立されねばならないのである。この抵抗は、自然の圏域においては悪しき原理である。[26]

われわれが個々のものに対する全体の関係しか考えられていないメカニズムとしての全体観と、全体をそれ自体として捉える全体観とを区別するならば、意識においてもメカニズムとメカニズムに対立するものとが区別されることになる。意識のメカニズムは理性である。理性は思考におけるメカニズムの原理である。これはネガティヴな要素である。理性は徹頭徹尾ネガティヴである。* 理性に対立するポジティヴな要素は感性、想像力である。

＊　すべての理性は超越的であると言うことができるだろう。

知は通常、理性に由来するもの、そして理性に関わるものと考えられている。しかしそういうものは知ではない。理性からだけではいかなる知も生まれて来ない。知は理性と感性とから生まれる。知はこのようにしてしか生まれて来ないのである。知への能力は悟性であり、その成果が真理である。[27]

（書簡『ヤコービよりフィヒテへ』を参照されたい。この著書で人は知および理解とは何であるかを知ることができる。ヤコービは、フィヒテの体系を意識のメカニズムの完成された叙述として描き出すことによってフィヒテを理解したと信じている。しかし彼はフィヒテをまったく理解していなかった。フィヒテの体系はいかなるメカニズムをも自壊させようとするものである。[28]）

いかなる事実も自然の力の直接的な行使である。だからこそ奇蹟を承認することもできるのである。

諸学問のためにはわれわれの側に立つほうが絶対に有利である。なぜなら相手方の見地は全体を分割してしまうものだからである。われわれは自然の概念のもとに全体を、すなわち意識と現存在とを捉える。自然学は形成の諸法則にあくまでも従属している。ただしここで言う形成の諸法則とはあの諸事実のことである。理論と経験は合一され、結合されており、メカニズム〔としての世界・訳者〕――ここではメカニズムがア・プリオリに経験から区別されている――におけるように分断されてはいない。あの哲学は理論と経験とを完全に切り離す。われわれの哲学は両者を結び合わせる。というのはわれわれの哲学は二元性から生じて来ないような、あるいは同じことだが、諸原理を目指さないようなものは何一つ経験とは認めないからである。

理論と経験、理性と感性とのきわめて緊密な結合のうちにのみ知は存在し、悟性と真理は存在する。*

＊　この三つの概念が至高のものを表現している。

いかにしてア・プリオリの綜合的判断は可能かというカントの問い*に対してわれわれはこう答えるだろう、ア・プリオリの綜合的直観によってと。[29] この高次の直観によって知覚されるのが、二元性と同一性という両根源事実なのである。

＊　カントは彼の哲学をこの問いをもって開始している。

信仰の概念は、それが知の対立物であるべきだとされる限り、哲学から完全に放逐されねばならない。[30] この概念はもともと宗教の圏域に由来するものだが、この宗教においてさえもこの概念が知の対立物と見なされることはまったく許されない。この信仰の概念はまた、全体なるものの分断が起こらなければ、すなわち、知が理性と感性とから生まれるものであるならば、消え去ってしまうのである。

意識と結びついている実在的な思考はすべて知であって、それがネガティヴかポジティヴか、感性的か理性的かということには関わりない。しかし通常、知は理性、すなわち思考のメカニズムにのみ関係づけられ、信仰は知と対立するものであるべきだとされる。従って信仰は構想力、感性に関わらねばならないということになる。しかしそうなれば信仰はきわめて不適切な表現ということになるだろう。信仰という言葉は、そもそも何が起こり得るのか、起こるべきなのか、次いでどこから知は生じるのかということについてわれわれがいまだ明確な知見に達していないがために、依然としていかなる知でもないような未完成のものを表現することにならざるを得ないだろう。信仰という言葉で言い表さなければならないのはそうしたものになってしまうだろう。しかしこの言葉が言い表しているのは実はそんなことではまったくなくて、確信の大いなる堅固さなのである。それならいっそ予言、予感などの表現のほうが遥かに適切だろう。感性は予言する、のだから。しかしこんなところにいつまでも留っているわけにはゆかない。*要するにこの概念はそっくり不要だということである。

＊　感性のみによる認識は未完成のものであって、それは誤解を招く誘因を与えかねないだろう。

そこで完全な確信としての信仰が考えられるとすれば、それはただ懐疑との対立においてであって、知との対立においてではない。懐疑の源泉はしかし理性のうちにあり、感性のうちにはない。しかし信仰の含意するところに従えば、真っ先に疑いを差し挟んでくるのはほかならぬ感性のほうだということになるはずである。信仰という言葉が持つことのできる唯一の意味は、この言葉が信用、信頼、すなわち知、認識、悟性というあの高次の諸概念への信用、信頼と同義のものとして捉えられる場合においての意味である。とすれば信仰とは、私が感性によって当初ぼんやりと予感しているものが私にとって確信にまでなるという意味での信用、信頼であると言えるだろう。信仰とは従って一つの特性、すなわち自己と自然への信頼という特性、しかも愛すべき特性である。なぜならここでは希望と、信頼がまだ未完成であるところから生じる謙譲とが結びついているからである。

そもそも信じなければならないとされるようなものは本来まったく存在しないし、その質料となるようなものも存在しない。しかし倫理的人間といえども自分と自然への信頼、ないし信仰なくしては、このことを知るに到るまでにはなり得ないだろう。

それゆえ何よりもまず信仰の客体であるところのものが、知の客体となるべきなのである。宗教、道徳、政治の諸原理と自然学との比較から得られた第一の成果は、理論と経験との分離は廃棄されているということ、そして通常の意味で考えられている信仰は放逐されるべきであるということである。第二の成果は単にある未来的なもの――いまだ存在していない自然学の理想に関わるだけのものである。すなわち人々が自然における悪しき原理を知るに到るか、あるいは一般に善と悪とを区別するに到ったあかつきには、完全な自然学を手にするだろうということである。[31]

このような洞察の理想、このような悟性、知、真理の基準は道徳にも適用することができる。道徳の最高原則は個人性である。各人は各人の本来あるところのものたろうと努力すべきである。しかしここ倫理的人間の形成の場においてもまた、現実的な抵抗が存在する。われわれは何らかの自己形成への能力を持つ人間のうちにもある種の悪しき原理を想定せざるを得ない。単にこのような人間の個人性を顧慮するだけでもそうせざるを得ないのである。しかしわれわれにできるのはここでもまた、この悪しき原理が現に存在することの必然性を立証することだけである。

悪しき原理を自己のうちに認識するに到った者——こういう例は多分ないわけではないだろうが——は、自己知識を手に入れたのである。

悟性が善と悪とを区別するとき、これが叡知の概念である。叡知もまたそれゆえむろん自己知識に関わっている。しかし賢者と呼ぶことのできるのは、自分を内からも外からも知った者だけだろう。それゆえ賢者は単に自己自身を知らねばならないだけでなく、全体なるものをも理解しなければならないのである。自然の知識もまた、自然における善と悪とを区別するところにまで達していなければならないだろう。しかしこの知識はいまだにそこまで高まってはいない。自己知識はしかしすでにしばしば達成されている。

われわれはいままさに信仰という言葉を放逐し、そしてこう述べた。もしこの事柄のために一つの表現がなくてはならないというのであれば、予言、予感という言葉を使うほうが適切であると。すなわち感性の認識は不完全なものだということである。例えば、現在完全に理解しているある対象や自然の作品ないし芸術の作品を思い浮かべ、その上でわれわれがそれをまだ理解していなかった時期を振り返ってみよう。するとわれわれは、そうしたものがその頃すでに生き生きとした印象をわれわれに与えていたことを発見するのだが、しかしその頃のわれわれはまだそうしたものについて確たる洞察をまったく持ち合わせていなかったのである。そこでわれわれがこうした作品を完全に理解しているわれわれの現在の状態をあのかつての頃の状態と比較してみると、われわれはわれわれが現在はっきりと認識している質料があのかつての時期にもすでに内在していたことに気付く。しかしわれわれはそれをまだ明確に捉えることができなかったのである。

信仰とは、予感を確信たらしめるための自己および自然への信用、信頼である。この信頼は自己を倫理的に形成してゆく人間にとっても、自然研究者にとってとまったく同様に必要である。もしこの信頼が哲学において欠落すると、論争でさえ興ざめたものになるだろう。なぜならわれわれに向かい合ういかなる事柄も、われわれがその本質を完全に見極める限りにおいてのみわれわれの関心を引くものとなるからであって、論争においても、論敵の精神の中へ突入してこそわれわれの関心をそそるものとなるのである。

われわれは生の哲学をその三つの根本概念に図式化したことによって、哲学の限界に立つことになる。すなわち道徳、政治、宗教がこの根本概念である。道徳と宗教とが両極であり、政治がこの両者を結合するものである。

質料からすれば、詩文学と芸術は宗教と道徳以外のいかなる対象も持たない。この圏域の中に詩文学の質料は尽くされている。すべての芸術感覚は愛と自然に、従って宗教に関わってゆくだろう。しかし特殊なもの、すなわち芸術が描く性格、情熱、感情等は、道徳に関わってゆく。――人間的情熱における特殊な個々の発現はすべて、あらゆる偉大にして神的なるものと同様、名誉と愛から導出することができる。

芸術は音、色、ないしは言葉における質料的詩文学である。

哲学は、自己自身のうちから出てゆき、そして生の哲学となることによって、詩文学と和合する。その質料は芸術と学問との別なく同質である。しかし形式が異なっている。哲学者は知ろうとするが、芸術家は描こうとする。このことによってすでに詩文学と哲学とは袂を分かつ。すなわち前者は描こうとし、これに対して後者は知ろうとするのであり、何事かが実際にどのようになされるかについて説明したり、そのための準則を与えたりするのである。(32)

しかしわれわれはこの両者の本質のもっと深いところに横たわっているこれとは別種の差異を見出すだろう。圏域の差異がそれだが、この差異は実質的である。すなわち愛、自然、個々人、名誉、そして形成があらゆる芸術と実践哲学の内容を成しているということである。ところでわれわれは哲学において実践哲学の三つの根本概念、すなわち道徳——政治——宗教の中間項から出発した。もっとも両端項から始めることも可能だったかもしれないが。そしてわれわれは道徳と宗教が政治のうちでどのように合一されるかを示した。しかしこのことはもっぱら哲学においてのみ起こることであって、芸術においても起こるというものではない。芸術は政治とまったく関わりを持たない。芸術は完全に政治の圏域の埒外にある。哲学は実践的生および内的人間の諸原理、あるいはこの内的人間の全体なるものへの回帰の諸原理を結合することができるもの、そしてまた結合すべきものである。この生があくまでも実践的であり続けるためにもそうあるべきなのである。

詩文学もまた一つの仲介項によって両端項である道徳と宗教とを結合するが、この仲介項はしかし哲学におけるように政治ではない。それは神話である。

どんな神話にも自然と愛が象徴的に表現されている。そこには個人的なもの、人間的なものが特に顕著である。そのすべてにわたって人間性が表現されているのである。

詩文学の仲介項はそれゆえ神話である。哲学においては政治がそれである。両者は共に道徳と宗教とを結合する。ところでわれわれは、一方の場合にあっては一つの要素が、他方の場合にあってはもう一つの要素が優勢であることに注目しなければならない。神話においては宗教が、政治においては道徳が優勢である。前者の優勢は、神話が実践的生から完全に遠ざけられているという点に現れている。

この優勢的な要素が、すなわち神話においては宗教が、政治においては道徳が、われわれにとって常に主導的原理でなくてはならない。そして古代人が言っているように、哲学が神的なるものと人間的なものとの学問であるとするなら、人間的なものが優勢でなければならないが、だからといってその際、神的なるものが忘却されるようなことがあってはならない。神的なるものと人間的なものとの知を自己知識および自然の知識と結合させるとき、人は叡知のための全要素を余すところなく得たことになる[33]。

哲学が自己のうちから出て、生の哲学となるとき、歴史も教えているように、哲学はその方法の厳密さを多かれ少なかれ減じるのが常である。これもまた非難されるべきことではない。われわれにとってもそれは取り立てて言うほどのことではない。なぜならわれわれが問題にしているのは全体なるもの、あらゆるものがそれぞれ互いに説明し合う関係にあるあの全体なるものだからである。何といってもわれわれは方法の本質的な点を常に堅持しているのであって、この本質的な点とはあの三重性[34]のほかに、諸概念の限界は厳密に仕切られたものだということである。

われわれが提示した諸原理そのものは、証明をまったく必要としない。生の哲学を持とうとすることのうちにすでにその証明は存するのである。

われわれはどの根本概念の場合にも、この概念の要素である二つのカテゴリーと一つの理想ないし最高原則とを提示した。しかしこれによって何か新しいことが言われたわけではまったくない。すべてはもっぱら、表現の選択が当を得たものだったか、そして諸限界の仕切り方が適切なものだったかに懸かっているのである。

この理論全体の目的は、その見取り図を鮮明かつ模範的に仕上げて、人々が絶えずそれを念頭に置けるようにすること以外にはない。そうした見取り図に人々が精通するとき、その真価が立証されることになる。

道徳と宗教の諸原理についての若干の所見

信仰は、それが連れ出された圏域のうちへ再び連れ戻される。宗教的概念が哲学のうちへ取り込まれたのだから、この両圏域を合一させることが望まれたのである。

知は理性と感性とから生まれる。感性はポジティヴなものであり、それだけを取り上げれば、感性は予感を介して表現できるようなものを与える。ネガティヴな要素である理性が与えるところのもののためにも、やはり一つの表現が可能であるだろう。理性は個々のものを全体へと関係づける機関である。ところで必然性をそれ自体において含んでいるすべての命題が個別的であることはよく知られた事実である。人はこれらの命題がどこからやって来てどこへ向かってゆくかは分かっていないが、しかしそれらが必然的であることは確信している。ところでこの種の公理がまだ個別的なものであるうちは、それはまだ単に理性認識であるにすぎない。その命題はそれ自体として唯一無二である。しかしそれは必然性の確信をそれ自体に含んでいる。このような孤立した理性認識のためには啓示という言葉がきわめて適切である。(35) この概念は理性と感性との分離に基づいている。

宗教は、果して宗教的圏域に固有のものであるかどうかを疑うこともできるほど普遍的であるような諸概念に基礎づけられている。こうしたことは、これらの諸概念が宗教の本質をそっくり含んでおり、定式の類は一切含んでいないところから来ている。しかもそれらが宗教の本質を含んでいることは、歴史的に跡づけることさえできたのである。これらの諸概念は象徴的な描出以外のいかなる描出にも適しておらず、このことがわれわれを神話へと導いたのである。普遍性の原則はわれわれをポジティヴなものへと導く。なぜならこのポジティヴなものの本質はこれらの諸概念が共有しているもののうちに存するからである。宗教はそれゆえこの共有的なものから構成されるのであって、われわれはその上さらに信仰、奇蹟、啓示等の諸概念を必要とはしないのである。それに宗教のすべては象徴的でしかないのだから、これらの概念もまたやはり象徴的でしかないだろう。信仰、奇蹟、啓示の諸概念の批判は、確かに哲学的な仕事ではあり得ても、宗教哲学へと導くものではない。宗教の圏域の外ではこれらの諸概念はまったく曖昧である。ここ宗教の圏域においてもそれらは従属的な概念でしかない。それらはあの第一の根本諸概念の複製以外の何ものでもない。従ってそれらを宗教の本質と取り違えるようなことがあってはならない。それらは外面的な仮象でしかないのである。*

＊　ここで著者が自分の名を明かさなかった著書『宗教についての会話』[36]を参照されたい。

われわれが宗教を問題にするに当たって堅持すべき公正無私の態度を、世界と自己に対する反省の最初の果実が妨害する。――その果実とは、われわれが教え込まされてきた宗教の全面的転覆である。これは宗教の日常的な劣悪さからして納得できることである。それどころかそうした束縛を脱した者が問題の本質について論じる者をまったく理解しないという事態さえも起こりかねないほどなのである。

道徳的な諸対象についてのわれわれの判断に関しても、事情はしばしば同じである。

しかし反省する者の性格のうちにはさらにもう一つの理由が潜んでいる。哲学はその最内奥の本質において徹頭徹尾論争的であるというのがそれである。哲学は悪を善から切り離そうとする。それゆえ哲学は論敵を作り出さずにはおかないのである。

ここまで述べてきたことについての一般的な註

われわれの課題は、人間の規定を特性描写することだった。留意すべき点は、人間の規定を把握できるのは全体のうちにおいてであって、個々人のうちにおいてではないということである。われわれは人間社会という概念を見出した。そしてこの人間社会を、その二つのカテゴリーと一つの理想とを提示することによって構成した。しかしこの理想に向かってわれわれは規則に則って接近してゆくべきであり、そうすることによって理想は格律となるのである。

ところでこの全体はただ個々のものからしか構成することができない。こうしてわれわれは全体を構成するに当たって宗教と道徳の諸原理へと導かれたのだった。実際、このようにしてはじめてわれわれは全体なるもの、そこにのみ人間の本質が存しているところの全体なるものを把握したのである。

詩文学と芸術は、諸要素をあまり鋭くは切り離したりせず、諸要素を一つのカオスのように互いに合流させているということによっても哲学と袂を分かつ。これに対して哲学はそのようなやり方はできない。なぜなら哲学においては外と内とへ向かっての諸要素相互のきわめて厳格な分離こそが最も本質的な点だからである。

根本諸概念の四つの既成徳目への関係

古代人のもとでも近代人のもとでも常に通用してきた四つの徳目は、正義――節度――勇気（勇敢）――分別（怜悧）である。

ところでこれらの徳目は宗教と道徳に関するわれわれの根本諸概念に適用することができる。

名誉への確固たる関係なくしてはいかなる正義も存在しない。われわれはその反対の場合に注目しさえすればよい。不正は虚偽ないし粗暴を抜きにしては考えられない。しかしまた偽りの多い、あるいは粗暴な者はいかなる名誉心も持っていない。名誉と正義とを結びつけるものが率直さ、虚心である。

分別の徳目は、形成に関わる。

形成とは一つの完全に普遍的な概念である。この概念は人間にとって自然との関連の中でしか考えられてはならない。というのも形成とは有機的形成だからである。しかしどんな力も自己自身によってしか自己を有機的に形成することはできない。ところで人間の本来の力は意識、悟性、思慮であって――それゆえすべての形成は悟性の形成である。それゆえ分別は形成へ関わるのである。

ところですべての徳目が合してただ一つの徳目を成すように、人間もまたそのようにおのれの理想に向かって努力すべきである。すなわち人間は彼が本来あるところのものたろうとすべきなのであって、そうすれば正義と怜悧とが切り離されることもあり得ない。怜悧はしかし常に偏狭な悟性である。怜悧はしかし分別でなければならない。ところで怜悧と分別とを結び付けるのが正義なのである。

宗教の諸カテゴリー　それらが外面的に現れ、展開してゆくさま

われわれはこう主張した、あの神的諸力はただ象徴的に描出されることによってのみ働くことができるものであると。それゆえまたこの神的諸力はただ象徴的に顕現せざるを得ない。このことはまず主観的なもの、すなわち愛について当てはまる。どのようなものが愛の外的象徴と見なすことができるだろうか。——歓喜[*]である。

＊　歓喜は二重的性質のものである。ときには動物的欲情であり、ときには神的歓喜である。

ところでどのようなものが歓喜の基準となるだろうか。あの諸概念は宗教的圏域に属しているのだから、歓喜の性格は神的でなければならない。それゆえ基準として提示できるのは、この歓喜はわれわれが敢えて——神的と呼ぶ愛の一つの徴候と見なすことができるというものだろう。

それともう一つの基準は、感情の法則は美であるということである。これによってわれわれは節度を判定する一つの観点を獲得することになるだろう。[*]これらの基準が適正であるなら、すべての感情に限界をもうける必要はない。歓喜が神的であるなら、節度の余地はない。

＊　節度とは単に感性を制御することに尽きるものではない。

節度という言葉はギリシャ語のそれほどには適切でない。なぜならギリシャ語のそれは同時に感情の健康と美とを表現しているからである。節度とはそれゆえ感情の美、内的調和である。節度の源泉は従って愛である。

われわれが歓喜は二重的であることを見出したように、勇気もまた二重的性質のものである。動物もまた勇気を持っている。不道徳な人間でさえも勇気を持つことができる。それゆえわれわれが勇気の源泉へ遡ってみるのは有益だろう。単に自然的でしかない勇気は、動物の場合にも見られるのだから、いかなる徳目でもあり得ない。われわれは真の勇気を内的人間へ関係づけねばならない。するとそれは精神の強さに帰着する。そしてこの精神の強さの源泉をわれわれは、ちょ

うど節度を愛のうちに求めたのと同様、自然の概念のうちに求めねばならないだろう。人間における根源的なものはその内的な力であり、そしてこの本源的な力は意識と悟性の諸概念を介して理解される。これが無限の力の源泉なのであって、どんな人間も、彼がそうする勇気を持っていれば、この源泉の水門を自分のために開けることができるのである。しかしあらゆる力の源泉は熱狂であり、この熱狂の源泉は自然概念の直観である。それゆえわれわれにとって勇気の徳目は、われわれがそれを自然へ関係づけるとき、熱狂へと転化する。節度が調和へと転化したように。

かくしてわれわれはこれら四つの徳目を道徳と宗教に関するわれわれの根本諸概念に関係づけたことになるだろう。しかし留意すべきは、これらの諸徳目は切り離されては発現し得ないということである。それらは常にただ一つの全体を成しているものでなければならない。なぜなら個体性の原則によって根本においてはただ一つの徳目しかあり得ないからである。各人は各自の理想に向かって努力すべきなのである。

愛はすべての感情の核心、本質である。その活動の現れは快楽と結合されていて、歓喜となるだろう。歓喜の意味するものは二重的、すなわち動物的であり神的である。神的歓喜は愛の象徴である。神的歓喜は美に相応する。すべての感情と衝動が美しいところ、そこに調和がある。しかしまた感情と衝動が美しければ、それらはかならず倫理的でもある。倫理性の本質は人間の自己自身との和合のうちに存するからである。倫理性の対抗物、倫理性に対立するもの、すなわち人間のうちなる悪しき原理は、それゆえ感性一般ではない。それは完全に個人的なものであって、各人は調和に対立する各人固有の悪しき原理を抱えているのである。そしてこの原理の克服にこそ倫理性と徳の本質は存するのである。

エピキュロスの原理は高次の神的歓喜である。それゆえ彼は道徳と宗教とを完全に混同した。彼の道徳は失敗した宗教である。彼の体系が道徳体系としては徹底的に排斥されねばならないのはそのためである。ただ詩文学の衣装に包まれていることによってのみ、それは快いものであることができる。例えばルクレティウスが官能の歓びを美の女神に擬人化し、これを歓喜の母として詩にうたうとき、それは詩文学としては大いに結構なことであるかもしれない。しかしその場合、道徳への配慮はすべて消え去ってしまっている。だからそれが道徳体系として提示されるということになれば、あらゆる健全な感性はそれに対して激昂せざるを得ないのである。

エピキュロスがせめてもう一歩だけでも先へ進んでいたならば、彼は詩文学の世界へ移っていただろう。しかし彼は一切の想像力を拒否し、ただ感性しか認めようとしなかったのである。

われわれが条件付きで妥当と見なす古代人たちの二番目の道徳体系は、犬儒派学説である。

個性という要素ないし格律は、この道徳論にあっては徳のすべてと見なされるほどに高く評価された。しかしこの道徳論の独特な点は、人間社会から、そしてその意見や偏見から完全にわが身を引き離し、遠ざけ続けたことだった。

ところで道徳の最も本質的なもの、すなわち自立性は、確かにそうした点に含まれてはいる。しかし人間は社会の中にあってこそ自己を形成することができるのだから、この点でこの道徳論には人間形成ということが考慮されていない。この道徳論にあってはまた政治というものもまったく成り立たないのである。これとまったく異なる関係に立っているのがストア主義である。この体系の最も本質的な点は、人間の神聖性についてのこの上なく崇高な諸概念と外的活動性への強烈無比な傾向にあると言えるだろう。この体系に従えば政治は単にあり得べきものであるばかりではない。それはむしろ端的に要求されるのである。われわれがこの体系を無条件に受け入れるのは、それが道徳に関するわれわれの諸原理と合致するからである。それはまたプラトン主義と本質的に異なるものではない。

道徳は人間の力から生じてくる。この力はしかし人間に固有のものと見なされねばならない。人間は自己の個性を展開させるべきである。この力の展開の最初の起点は、もっぱら人間的なものでなくてはならない。ところで人間における固有のものは意識であり、悟性である。それゆえ力とはすべて悟性の力ということになるだろう。ところで力を発動させるものは熱狂である。すべての力と強さはこの熱狂によってはじめて可能となり、この熱狂の中から発現する。あらゆる真の熱狂は精神の強さを生み出す。しかし活動を介して、力を介して現れ出るほかない熱狂は、平安、調和、そして美に関わることができない。熱狂はその本質において掻き乱された平安であり、従ってその源泉は自然であり、有機体である。

ここから次のような諸基準が帰結される。

勇気の基準は、その最初の源泉が熱狂であったかどうかということである。しかし自分の熱狂を誇っていても、その実、真正の熱狂を持っていない者が数多く存在する。われわれはそこで熱狂のための基準をも求めなければならない。その基準とは、力を介してその真価を発揮する熱狂が本物であり真正であるということである。

古代人の卓越した道徳はいずれもある独自の人生、ないしは生活態度を確立している。これに対して近代のモラリストたちの諸体系、例えば、その道徳を自己愛に基礎づけたエルヴェシュスの体系、あるいは道徳を感傷的な諸感情から導出したイギリスのモラリストたちの諸体系[38]は論破されては消えていった。古代人たちの場合はまったく違う。その道徳論のいずれもが幾世紀にもわたってもちこたえてゆけるだけの内的エネルギーを持っていた。そしていまなおエピキュロス派やストア派がどういうものであるかを誰もが知っているのである。

犬儒派の理論の際立った点は、自己の現状についての反省によって倫理性――自立性――の基盤からいとも簡単に遠ざかってしまったということである。自立的であろうとして、彼らは自分たちをあらゆる人間社会から切り離したのである。しかし真の自立性はただ社会の中にあってこそ、そして結びつきの中にあってこそ可能なのである。なぜなら社会の中で各自の本性と諸原則とに忠実であり続けること、これこそが自立性だからである。戦いに加わり、敵たちと渡り合うことなくしては、いかなる自立のすべもないと言ってよいだろう。

一般に倫理性の諸格律は以下の諸命題に還元することができる。

（一） 汝自身を知れ――すなわち汝の理想と、この理想への努力を妨げる個人的障害とを究明せよ。

（二） 自然に則して生きよ、あるいは自然に従え。これはしかし一般に理解されてきたように、技術を遠ざけよ、を意味するものではない。そうではない。技術は自然と一体なのである。

しかしこのような格律よりもっと重要なのは、すでに提示された諸原則における諸基準である。それらは諸原理を実地に適用させ、そうすることで基準そのものの正しさをも実証するのである。

そのような諸基準とは、

（一） 名誉のためのそれであり――誰かが粗暴を恥じるかどうかということである。真の名誉は倫理的なそれである。

（二） 諸感情と諸衝動のためのそれであり――それらが美しければということ、すなわち、それらは調和へと関係づけられねばならず、そしてこの調和から説明されねばならないということである。

諸感情、諸衝動に基づくすべての徳目、例えば慈善、謙譲、悔悟等は愛に関係づけられねばならない。それらの価値の条件は美である。美しい悔悟、美しい謙譲は、称賛に値する。このことによってのみ謙譲と卑下とは区別されるのである。

哲学者は宗教と道徳との境界を正確に規定しなければならない。しかし哲学者は境界の混乱を必ずしも常に防止できるとはかぎらない。例えば愛と名誉の場合がそうである。その顕著な実例は次のようなものである。キリストは一つの道徳を教えたのだと主張されてきた。しかもキリストは、汝の敵たちを愛すべしと説くことによってストア派のそれよりも純粋な道徳を教えたのであると。これに対してソクラテス派の哲学者たちは、汝の友人たちには可能な限りの善をなし、汝の敵たちには可能な限りの害をなせと教えていると。

この二つの教えはどちらも、ただしそれぞれの圏域内に限ってではあるが、大いに是認できるものではある。しかも両者は互いに協調し合うこともできるのである。

汝の敵たちに害をなすように努めよというソクラテス的・ストア的道徳は、古代人たちが理解させたいと望んだように理解されるならば、むげに否認するわけにはゆかない。それはこのように理解することができる。すなわち人はどんな仕事を選ぶにせよ、常に対抗者たち、敵対者たちを見出すだろう。そしてこうした対抗者たちや敵対者たちを立ちどころに指し示してくれるのは、悟性であって反感ではないだろう。ところで私が実現しようとしている目的、私が成し遂げようと思っている仕事が完全に合法的なものであるならば——というのもこの目的はそのようなものでなければならないのだから——、友人たち、すなわち私の目的の達成のために私に協力してくれるような友人たちに善をなし、私の合法的な仕事を妨げようとする敵対者たちには可能な限り、というのはすなわち私と私の目的を妨害しようとする彼らの企みの範囲内でということだが、害をなせという原則もまた正当である。また、例えば賛否いずれにも決し難い政治問題を考えてみよう。ある党派は君主制を、別の党派は共和制を望んでいるとする。ここにおいて自分の敵対者たちに害をなすことが道徳的であり得るという場合が生じる。しかしむろんその際にもこの対抗者を憎むべきではない。すなわちこの者が人間であり、必ずしも根っからの敵対者でない限りにおいては憎むべきではないのである。

それではこのことと汝の敵たちを愛せよというキリストの言葉はどのように調和するのだろうか。——人はここにまったく異なる二つの圏域があることに留意しなければならない。

人はこのイエスの言葉を常にまったく実践的なものとして説明してきた。しかしそれは間違っている。イエスはただ愛のみを教えたのである。しかも一切の解釈を抜きにした愛を。ところでしかし愛を命じることはできない。それゆえイエスの言葉は掟ではなく、呼び掛けである。一切の格律、一切の怜悧さはそれと共に破棄され、熱狂の炎と化してしまうべきなのである。

それゆえ両者の協調が達成されるのは、実践的、道徳的圏域においては自分の敵対者たちに害をなし、宗教的圏域においてはあの呼び掛けに従って生きるということによってであると言えるだろう。宗教的な人間にとってはどんな人間も一つの新たな啓示、自然の象徴、愛の聖域である。彼はどんな人間のうちにもいわば自然がそれぞれ違ったかたちで表示され、自己を展開させてゆくのを見るのである。たとえ彼が実践の場においてそうした人間に害をなそうとするようなことはあっても、彼はその人間を愛するだろう。宗教的圏域においては全体なるものの見地の中で実践は完全に消滅してしまうのである。

すでに提示された基準の一つとしてわれわれは勇気のための基準をも見出した。すなわち真の勇気はあらゆる動物的な勇気を排除しなければならないというのがそれである。勇気は、神的なるものに関与している限りにおいて人間に固有のものでなければならない。そこでこの基準はこうなるだろう。すなわち、力とはその最初の源泉が熱狂であるような、あるいは、熱狂であり得るような――なぜならわれわれにはそれを知ることができないのだから――徳性である。そして〔真の〕熱狂とは力を介してその真価を発揮する熱狂である。

熱狂は古代の宗教の、そして総じて古代の生活の本来の原理、魂、精神である。古代の生活はその異常な力によって現在の諸時期と異なっている。自然を一つの有機体と見るあのような見地こそ、疑いもなくこの力が噴出してくる源泉なのである。(39)

神的なるものはただ二つの姿をとって意識に現れる。

（一）　完全に主観的には愛の姿をとって、

（二）　完全に客観的には有機体としての自然の姿をとって。

愛の現存在を証明するための基準。すべての感情と衝動は、従ってすべての共感的な徳目は、それらが美しければ、愛を予示することができるものであるはずである。しかし愛を自分自身の功に帰せしめてよいのか、他人の功に帰せしめてよいのか、それともそのどちらでもないのかを、人は何によって知ることができるのだろうか。それは友情の能力を具えているかどうかによってである。(40)

道徳と宗教は愛と結びついている。愛とはすなわち、宗教が政治と結合しているところにある。愛は従って政治のあの三つの概念に適用され得るものでなければならない。そして事実そうなのである。共和制は祖国愛を抜きにしては考えられない。家族と言えば、そこに愛が存在しなければならないことは自明の理である。そして位階制は愛以外のいかなる他の質料も持っていない。

共感的諸徳目は*、そのすべてが愛に関わるべきものであり、それゆえ義務の徳目ではなく、従ってまた名誉に関わるあの諸徳目よりも自由で無規定的な性格を帯びているものでもあるが、この共感的諸徳目のための基準もすでに見出されている。すなわち、それらが倫理的であるのは、それらが美しいときであるというのがそれである。われわれが先に真の熱狂のための基準を挙げねばならなかったように、愛の場合にも同様のことがなされねばならないだろう。真の愛は行動によってもその真価を実証しなければならない。従って真の愛のための基準として提示することができるのは、誰かが友情への能力を具えているかどうかということである。友情におけるほど愛の原理が純粋に現れることのできるところはないのである。

* これらの徳目は特に近代のモラリストたちに顕著である。

ところでわれわれは、むしろ誠実さに近いと言えるような若干の概念についても検討しなければならない。善意、純粋な良心、そして義務への尊敬からなされる義務の遂行などがそれである。

善意に関して言えば、それは愛が優勢であるような情調に相応している。これに対して義務の遂行は、ある人間が一切を名誉に関係づけるような情調に固有のものである。

（これは単に恣意の遊戯[41]にすぎないものだが、全体としては非難されるべきものではない。一切を名誉に関係づけるような人間は、一切を自分に課せられた義務と見なし、彼が犯すごく些細な法律の不履行でさえも不名誉と心得るのである。しかしこうした義務感も、そのような人間がそのために往々にして自分の目的の達成を逸してしまうような場合には、往々にしてただの心配性に退化してしまうこともあり得るのである。）

二番目の概念、すなわち純粋な良心に関して言えば、これは自分の義務を遂行し終え、しかも自分はそれなりの善意を持っていると自覚している人間の意識である。

カントの道徳論においてはこれらの概念がしばしば語られている。しかしそれらはそこでは宗教と結びつけられるのである。

カントの意図は、経験と理性とを分断することである。ここからして彼の理論哲学と実践哲学の本質的な部分のすべてが導出されたのである。この不自然な分断を行なったがために、彼はこう推論した。理性は論理学におけると同様、単に形式的なものでしかない。だからもし理性が質料的であろうとすれば、理性は神の現存在の証明におけると同様に、空虚で不充分であると。それゆえ彼は、理論的には純粋理性などというものはまったく存在せず、それはただ実践理性のうちにのみ存在するものでなければならないと主張したのである。

ところでカントは道徳的世界のために、ニュートンが重力に関して提示したのと同様の普遍的な法則を提示しようとしたのだった。彼はある客観的なものを確立しようと欲したのであって、こうして彼の道徳論は内的人間の法律学となったのである。宗教は彼にとって単に道徳の発端でしかない[42]。

上記の諸概念がカントにあってはなぜあれほどの重要性を持っているのかという点について、もう一つ主観的な理由を指摘することができる。すなわち、彼は大衆的人気を得ようと大いに努力したということである。そして実際、彼は彼の著書『道徳形而上学の基礎理論』によって上首尾の成功をおさめたのである。彼が彼の道徳論を最初に打ち立てたのはこの著書においてである。彼の『実践理性批判』はその改作にすぎない。というのは自分の哲学が大いに普及したため、彼はそれをより一層体系化しようとしたのである。(43)

われわれは先にすでに意志の自由に関する通常の概念に対して異議を表明したのだったが、しかしそれはこの概念そのものが全面的に廃棄されるべきだと主張したものではない。かえってこの概念において求められているもの、すなわち真なるものは、われわれの見地のうちに完全な充足を、しかもわれわれと対立する体系におけるよりも遙かに高次の充足を見出すのである。この概念に関してここで求められているのは——悟性の因果性と絶対的因果性、あるいはメカニズムからの救出、予定調和からの救出である。(44)

ところでわれわれは通常の自由概念に異議を表明したわけだが、われわれの意図はメカニズムを擁護することではなく、かえってこれを徹底的に破壊することだった。

われわれが意志の自由を論駁する理由は、それによって世界の統一性が引き裂かれるからである。すなわち世界がメカニズムとして考えられ、そして人間が絶対的因果性として考えられるとなると、世界は引き裂かれ、それと共に理性もまた引き裂かれる。そのことによって生じる亀裂もまた救い難いものとなり、いかなる実践的要請をもってしてもそれを覆い隠すことはできない。

自由のうちに求められる絶対的因果性に関して言えば、われわれの理論は言うまでもなく、いかなるメカニズムも存在しないことを説くものである。自由以外には何ものも存在しない。万物は絶対的に自由である。そして人間は、自然の最高の表現であるがゆえに自由である。人間は、自然が自由であるように自由である。ただし自然は無条件に自由であるが、人間は条件付きで、すなわち自然が自由である限りにおいて自由である。従ってある人間は彼みずからの自然が自由であればあるほど他の人間よりも自由であると言うこともできるだろう。

メカニズムの理論が人間の欲求を満足させ得ないもう一つの点は、この理論では予定調和が防げないということである。世界をひと続きの必然的法則の連なりと考えるとき、予定調和は避けられない。世界は一つの有機体、一つの自然であるとするわれわれの理論に従えば、様相はまったく違ってくる。われわれが主張するのは、われわれの行為にはある結果が伴うということ、そこから何かが生じて来るということ、だがすべてはそれで完結してしまうのではないということだからである。しかしこのことがメカニズムの体系においては欠落してしまう。われわれの見地からは瞬間の重要性、一般に現在の重要性もまた明らかとなる。(45)

有限的なものと無限なるものとの間の亀裂は見渡し難い。しかもそのいずれか一方を端的に定立する決心のつかない者は、一方から他方へのいかなる通路も見出さないだろう。ところで同じこの亀裂は観念論と独断論との間にも横たわる。というのは観念論は無限なるものの哲学であり、独断論は有限的なものの哲学だからである。

観念論は従って本質的な点については独断論と争うことはまったくできない。*とはいえ独断論との戦いは永遠に続き、独断論の側から文字、つまり有限的なものが増強されてゆけばゆくほど、いよいよこの戦いは徹底したものとなるだろう。あらゆる文字は常に未完成なものたらざるを得ない。独断論は文字として登場するのである。(46)

＊　有名な格言によれば、原理ヲ否定スル者ニ対シテ論争スルコトナカレ、である。

観念論が独断論と接触して、独断論を論駁しようと試みることのできる唯一の方法は、歴史的なそれ、もしくは描出によるそれ以外にはない。諸原理に従って独断論を論駁することは不可能である。独断論がその一部なりとも完成されている場合には、それとの論争はまったく不可能である。弁証法的論法も独断論にはまったく通じない。これに反してこの論法は友好的な論争の場合にはきわめて有効である。すなわち本質的な点で精神の一致を見ており、ただ文字に関してのみ争うような場合には、弁証法的論法はまさに打って付けなのである。

独断論を論駁しようと思うならば、すでに述べたように、歴史的方法によって立ち向かうか、あるいはまた可能ならば、描出によって行わねばならない。描出とはすなわち、独断論の体系を最も広範にわたって描き出すこと、しかもその際、最もすぐれた独断論者たちを利用しながら、この独断論者たち自身よりも遙かに完璧にその全容を描き出すことである。[47] このようにして独断論者たちを残らず一纏めに括ってしまわなくてはならないだろう。そうしておいてこの哲学を信奉するか、それともこれと対立する哲学を信奉するかは各人に任せればよいのである。

観念論の論争の唯一の動機は、独断論と完全に手を切ろうとする努力であり、そして文字をますます完成させてゆき、そうすることで個々人における哲学の展開のためにも尽力しようとする努力である。

意志の自由の一般的傾向は、(一)概念ないし悟性の因果性、(二)絶対的因果性、である。

われわれがこれを最も決定的なかたちで表現するとすれば、それは、勇気と決意と、そして熱意とをもって行為するためには、われわれはわれわれの行為が一つの結果を持つこと、すべてはいまだ未決定であることを要求する、となるだろう。ところでこの要求はわれわれの見地に従えば完全に充足されるのである。

われわれの理論から帰結されるのは、悟性は意識の最高のポテンツであるということ、従って悟性は因果性を持つということである。すべての力は悟性の力にほかならず、そして精神の強さ以外にいかなる強さも存在しないのである。

意識から現存在へ移行することは常に最大の難問と見なされてきた。しかしこの難問はわれわれの見地に従えばまったく生じない。意識と現存在とはここでは一つの全体なるものの結合された両構成要素として現れるからである。

意志の自由の概念に求められる第二のもの、すなわち絶対的因果性に関してわれわれの理論が述べるところはこうである。すなわち全体なるものは無条件的、絶対的に自由であり、諸部分は条件付きで自由である。ここで最も重要となるのが瞬間である。瞬間は過去と未来との所産である。瞬間がここでは全能である。それゆえ条件付きで人間に全能を付与することもできるだろう。というのも人間の力である悟性はすべてを圧して広がることができるからである[48]。

そこで意志の自由の概念の代わりにわれわれは、徳は全能である、という命題を掲げる。――すなわち自然全体の形成に関わる活動は全能であるということである。徳とは人間が自己の本質の全力をもって全体の善のために尽くそうと決意する状態なのである。

神の現存在と不死性の両概念は、古来、あらゆる哲学の分岐点だったという主張は正しくない。この主張はスコラ哲学者たちまでしか遡れない。彼らはこの両概念を証明しようとし、しかもその際、教会信仰に順応しようとしたのである。彼ら以前の哲学においてはこの両概念についてのいかなる論争も懐疑もまったく起こらなかった。少なくとも彼らのもとでのようなかたちでは起こらなかった。デカルトはこの点で依然としてスコラ哲学者に属している。いかなる権威も認めないとして彼らに対抗しながら、彼は再三彼らの論争と懐疑へと舞い戻った。神の現存在の証明に際してのデカルトの小心翼々たるさまはこの人の哲学を特徴づけている。デカルトに連なる最初の人がスピノザである。この人は正しい道を歩んだ。彼はこの両概念にある別の形態を与えた。彼はそれらをより高次の概念へと解消させた。もし彼が理解されていたならば、全体は決定的なものになり得ただろう。彼は、例えば自由の概念を純粋悟性における人間の神聖性の概念へと解消したのだった。しかしスピノザは顧みられることなく終った。ライプニッツにおいてもカントにおいても事態はまったく変わらなかった。人々はこの両概念について常に変わらぬ見解を保持し続けた。そしてようやくフィヒテが登場するに及んで、これらの概念を再び高次の概念へと解消させたのである[49]。

この論争の根拠はただ、あの真の両概念は全体なるもの、世界、そして理性を分断するものとして表現されるのか、それとも全体なるもの、自然、そして理性を合一し、結合するものとして表現されるのかという点に基づいているにすぎない。

この両概念は、通常の捉え方では、全体なるものを、自然を、そしてまた理性をも分断する。通常の神の概念にあっては自由は空虚な言葉である。

神の現存在と不死性の概念における真実は、全体なるものは唯一なる自然であるとするわれわれの見地に従えば、すべての証明に代えて次のように言い表せるだろう、現実的なものはすべて神的であり、善なるものはすべて不死であると[50]。

神の現存在、不死性、自由の三概念についての通常の、そしていまなお変わらぬ考え方は、理性と特殊な知としての信仰との分断に基づいている。すなわち理論的理性はこれらの概念についていかなる解明も与えないということであり、そのため人は道徳的信仰なるものへ逃げ込むことになる。これらの概念は通常の見解によれば知ることができないがゆえに、人はそれらを信じるというわけなのである[51]。

そこでこれらの概念は厳しい批判に晒されねばならない。なぜならこれらの概念についての論争や、理性と信仰との分断はいまだに廃棄されていないからである。

二人の最も勇敢な思想家、スピノザとフィヒテがこれらの概念をより高次の概念へと解消させた。スピノザは、例えば自由を悟性を通じて人間の神聖性へと解消させ、フィヒテは神の現存在の概念をより高次の概念へと解消させたのである。われわれはこれらの概念に代えて、これらの概念のうちに求められる真実を遥かに適切かつ完全に表現する命題を立てた。われわれは自由の概念に代えて、徳は全能であるという命題を立てる。ここにおいて自由とは何であるか、それはどこまで真の概念であるのかということが明確に表現される。人間の徳は、全体なるものへと広がり、全体なるもののうちへ介入し、そして全体なるものの形成に働きかける力を持っている。しかしこの全体なるもののうちへ介入することは人間にとっていかにして可能であるか。人間の悟性が全体なるものへと広がってゆくことによってである。人間の力とは悟性の力であり、だからこそわれわれはわれわれのうちにおいて、そしてわれわれを介して行うことのすべてが全体なるものへと関わってゆくのを期待することが許されるのである。そしてこの期待がわれわれを第二の概念である不死性へと導くのである。

この概念は、他の諸概念と同様、教会信仰に起因するある種の混乱に悩まされている。この教会信仰はすべての人々にとってのすべてでなければならなかった。そこで人間たちが道徳的、宗教的な点で感じていた欲求不満を取り除くために、これらの概念もこれに沿うかたちで規定され、その結果、真なるものと誤てるものとの紛糾がもたらされたのである。

不死性の要求に潜んでいる最も一般的な願望は、経験的な現存在の無規定的な継続である。われわれはこのような願望が高次の注目に値するものであるとは到底認めることができない。この単なる願望と対立するのが、不死性を魂の本性から説明しようとする思弁である。しかしこの説明がまずまずの成功をおさめたとしても、それは人間たちを満足させはしなかっただろう。なぜならそれは個人性の継続のためにはまったく役に立つものではなかったからである。この問題が人々を絶えず手こずらせてきた理由はここにある。

われわれの哲学に従えば、個人性の継続についての見解はこうである。すなわち個人性の継続は無条件に承認されることも、端的に排斥されることもないということである。個人性の継続への願望はそれはそれで非常に惨めなものになるかもしれない。そもそもある悲惨な人生の継続がわれわれにどれほどの救いになるというのだろうか。

それゆえわれわれは個人性の継続ということをどう理解すべきであるかをわれわれに教える基準を探さねばならない。ここで問題となるのは、個人性の継続が単に条件付きで、相対的に願望されているのか、それとも絶対的、無条件的に願望されているのかということである。後者は絶対的な無宗教の要求である。なぜならわれわれが未来永劫にわたってわれわれの個人性を保持するということになれば、それによってすべての宗教は不可能とされてしまうだろうからである。けだし宗教の本質は全体なるものとの合一にあり、その最終目的は神性、あるいは、そこにおいてすべての個人性が消滅するところの絶対的同一性だからである。[*]宗教とはいわば死への憧憬である。(52) しかしこの個人性の継続が条件付きで相対的なものであるならば、事情はまったく違ってくる。この場合にはこの継続は純粋に道徳的であって、人間が抱く自己形成への関心から生じるものである。なぜならもし人間が自己の本質は一挙に消滅してしまうだろうと信じているならば、どうして人間は自己を理想化しようなどと努力できるだろうか。それゆえ人間は自己の理想に向かって努力すべきであるということが、人間に、自分は自分の個性の力と形成とによって条件付きで、その意味で個人として継続してゆくだろうとの希望を与えるのである。このような願望にはわれわれの哲学も完全に相応している。しかしこれと対立する先の見解はわれわれの哲学と相容れないのである。

＊　宗教は、人間がその個体性を喪失し、そして自己自身を越えて高まってゆく限りにおいてのみ存在することができる。

われわれは従って不死性の概念を、この概念の真実が明確に表現されている次のような命題、すなわち、善なるものはすべて不死であるという命題として言い表す。そしてここでの理論的な真実は本来、実在的なものは実在的であるということである。ここ道徳的圏域においては、この実在的なものが善と呼ばれるのである。このことはしかし、全体なるものが実在的であり、個々のものは全体なるもののうちにあってのみ実在的であるとする哲学においてしか妥当しない。

それゆえ一切のものは一なるものであり、そしてこの一なるものが自由にして生命あるものであることが確実であるのと同様、どんな人間も、自己のうちにおいて実在的であるものは不滅でもあるということを期待することができ、かつまた知ることができるのである。

通常の概念においては個人性の継続は天から授かる幸運として期待され、それゆえここでの人間の態度は受け身である。それに対してわれわれの見地に従えば、人間が先ずもって自己を不死たらしめねばならない。自己の力と活動とによって人間は自己の継続を確信するのである。人間はそれを贈り物として受け取るのではない。

このような願望はそれゆえ、理想的なものの継続、すなわち実在的であるところのものに限定される。しかしこの実在的なものはもっぱら全体なるもの、および人間固有のもののうちにのみ定立され得るのだから、ここで期待されるのは、美にして善にして真であるものは継続してゆくということである。ただしそれはただ条件付きで、すなわち全体なるものとの関わりにおいてである。

神の現存在という第三の概念についても事情は変わらない。われわれはこの概念の真実を再び次の命題、すなわち現実的なものはすべて神的であるという命題によって表現する。ただ自然のみがあり、一切のものは一なるものであり、そしてこの一なるもの、全体なるものは自由であり、生きてあり、有機的である。個々のものは条件付きで自由である。有限的なものはまったく存在しない。それはただ全体なるものとの関わりにおいてのみ存在するにすぎない。そしてこの全体なるものは絶対的叡知、あるいは神性の思想と同一である。ここでは神と言うよりは神的なるものと言うほうが適切である。なぜなら神的なるものだけが象徴的に描出できるからである。それゆえ擬人論もまた不可欠である。それは宗教のための不可欠の手段である。神はそれだけですでにある特定の象徴を表示するものだから、哲学の限界内において問題となり得るのは、もっぱら神的なるものだけである。象徴的描出の批判が決定すべき点は、われわれは神と言うべきか、それとも神々と言うべきかということである(53)。

全体なるものに関わるものは現実的であり、そして全体なるものに関わるものが神的である。しかしそうでないもの、それゆえまた現実的でもないものを神的と見なすこともあり得る。そこから生じる見解は、出来事を運命（メカニズムとして考えられたそれではなく、あるまったく無規定的な恣意性としてのそれ）へと関係づけようとする見解以外の何ものでもないだろう。人はある無規定的な高次の意図を人生のうちに見ることもあるだろうし、あるいはまた運命を特定の象徴に関係づけたりもするだろうが、しかし運命というものはどんな象徴とも折り合ってゆくものでもあれば、象徴など一切なくともやってゆけるものでもある。

出来事を運命へ関係づけることは、すべてをある無規定的なもの、神的なるものに関係づけることだが――これを宿命論と名づけようとするなら、それは自由とも全能ともかなりよく折り合えるものだろう。例えばストア派の場合が多分そうである。（メカニズムの見解に従う宿命論はここでは論外である。）こうして人は過去を宗教的に考察することができるのである。すなわち現実的だったものはすべて神的でもあったのだとして。しかしここから生まれるこのような宗教的情調も、もし未来への希望が、あるいは起こるべき事柄と神的なるものとの関係がこれに加わらなければ、一面的なものになってしまうだろう。

　われわれは善なるものが常に優勢を保持するだろうことを期待してよいだろう。なぜなら善き原理が世界において優勢を保持するだろうということは、現実的なものは神的であるという命題と同義だからである。

　哲学は三つの時期に分かたれる。第一期は哲学が自己自身を構成する時期である。ここでは哲学はその方法に厳密に従って振る舞わねばならない。図式は正しく把握されねばならず、文字は正確に区別されねばならない。しかし真の哲学者ならば誰しも哲学の構成に当たっては常に多かれ少なかれそれぞれの固有性を具現しているだろう。

　第二期は、哲学が自己自身のうちから出て、生の哲学となる時期である。[*] ここでは哲学はその方法の厳密さを放棄するが、ここはまた観念論と独断論とが接触するところでもある。両者を引き合わせる仲介項は通俗的思考である。[54] 論述はここでは、力を励起し、先入観を揺さぶることを通じて生気あるものとならねばならない。第一期においては哲学がそれ自体として妥当しさえすればよいが、しかしここ第二期においては決定を下すのは生である。生がここでは決定権を持っていなければならないのである。

＊　生の哲学は、一人の哲学者の哲学の所産であり、かつ彼の人生の所産である。

　第三期は、哲学の自己自身への回帰である。

　このような分類は以前から哲学においては行われてきた。

われわれはここまでは第二期、すなわち生の哲学と取り組んできた。われわれは最後に自由、神性、不死性の概念を修正した。不死性の概念は純粋に道徳的なものである。なぜならこの概念は宗教的であることからかけ離れており、もしそれが宗教によって規制されなければ、宗教そのものを破滅させてしまうだろうからである。

われわれがこれらの諸概念を規定してきたやり方、そこには能動性へのこの上なく強い要求が潜んでいる。これに反して通常の見解はただ受動性へ導くことしかできない。——徳性のもとにおいて表現されているのは、恣意をもってしては心の平安は得られないということである。現実的なものはすべて神的であるという命題のうちには、能動性への最高の要求が潜んでいる。すなわちわれわれは宗教が成立し得る条件を、現実的なもの、ないしは神的なるものを非現実的なものから区別し、そして自己の個体性を放棄して自己自身を精神的に無化することによって提示することができるのである。自己自身および一切のものを放棄すること以上に高いものをこの力から要求することはできない[55]。

自然は生成する神性である。この見地からわれわれが神性と結ぶ交わりが生じてくる。これに反して通常そうであるように神性が現存在として考えられる場合には、神性との一切の結びつきは錯誤となる。観念論はこのような通常の概念に異議を表明しなければならない。なぜならこの概念によって自然と理性とは切り離されてしまうだろうからである。

あの両根源事実、すなわち二重性と同一性は、それ自体が神である。この両根源事実をただ純粋に理論的に考えるだけでなく、想像力と愛とをもって、そして生との関わりにおいても考えるなら、それは神を考えることになる。このことをあらゆる民族は彼らの宗教によって描き出そうとした。古代の神話のうちには二重性の根源事実が見出される。神的なるもののあらゆる描出には二つの要素が含まれていた。まったく同様にキリスト教のうちには同一性への傾向が顕著である。それゆえ古代の宗教は過去の宗教であり、キリスト教は未来の宗教であると言うことができるだろう。神的なるものは現実に起こったものと見なされ、それはまた現実に生成しつつあるものと見なされるのである。過去の出来事がメカニズムの所産としてではなく、ある高次のものの摂理として考えられるなら、運命と希望が宗教における最も純粋にして最も客観的な概念となる。なぜならそれらは象徴的表現を最も必要としないからである。このことから宗教の最も自然な情調、すなわち忍従と希望とが導出されるのである(56)。

全体の体系的叙述、特に法理論の諸原理を顧慮しつつ

宗教哲学の主要な諸点から二つの宗教的情調が生じるが、この両情調の対照には充分留意すべきである。すなわち

（一） 忍従――これはさまざまな運命への、希望と合致するような関わり方である。

（二） 希望。

宗教的圏域に現れるこれら二つの属性、あるいは情調、あるいは理念（これらが何と呼ばれるにせよ）の中へ、われわれは宗教の根本諸概念に対応するあの二つの徳目、すなわち節度と勇気とを解消させることができる。真の節度は忍従として性格づけるほうがより適切である。おのれの運命に忍従すること、これが真の節度である。まったく同様に真の勇気は希望に解消される。

このような哲学によって想像力と熱狂に与えられる活動空間が狂信に門戸を開くことになるのではないかという危惧が生じるかもしれない。そこで一言しておきたいことはこうである。これまでただ有限的なものの見地の中でしか生きてこなかった者が突然より高次のもの、無限なるものに気付くとき、それは危険と結びついた第一歩である。しかしそれは、これに立ち向かうことがそこでの最も偉大な動機となるばかりでなく、絶対的な動機ともなるような危険なのである。その際に危惧されるであろう狂信は、自己自身の諸限界を越え出てゆくことではなく＊、諸原理の混同であり、諸圏域の混乱なのである。道徳と宗教とを適切に分離しさえすれば、狂信のすべての危険は回避されることになる。この両圏域の分離にこそ狂信に対抗する基準は存するのである。

＊ この意味においてはいかなる限界もまったく存在しない。

この分離がある平衡感覚によって達成することができるということ。

宗教の最も重要な理念は過去と未来である。ところで両者の仲介項と関わるのが道徳である。現在を道徳的に活用することに専念し、過去と未来に対しては宗教的に思念をこらす、このような人はけっして狂信者とはならないだろう。

熱狂は政治においては孤立的な道徳におけるよりも大幅な活動空間を獲得する。しかしその際、次のような危険が生じることもあり得る。例えばある人が自分の確立しようとする理念を大いなる熱狂をもって抱え込み、そうした一面的な熱狂から、政治の客観的な諸理念に逆行するその理念を貫徹しようとする事態に立ち到ることもあるというのがそれである。政治的熱狂は、この熱狂が達成しようとする事柄が法の平等の規範に従うことをみずからの格律としなければならない。この基準はきわめて単純で、誰にでも納得できるものである。しかしそれはまたしばしば踏み越えられるものでもある。とはいえこのことが諸原理に影響を与えるようなことがあってはならない。宗教的諸原理はあくまでも道徳の領域から完全に排除されているのである。

自由の理論においては概念の因果性は人間の特質として承認された。それは意識のうちに存する人間の本質から導出されたのだった。この因果性はわれわれを導いて実践一般へと向かわせることもできるだろう。（そうした際には一切の倫理性、一切の非倫理性は度外視されねばならない。なぜなら実践一般の諸原理がこの両者のいずれにも適用されることがあり得るからである。）

実践の諸原理はまた宗教的実践とも呼び得るようなものにも関わってゆく。ただし人が宗教的実践なるものを想定しようとする場合においてだが。それゆえ実践の諸原理は、実践が全体に関わるところにおいても、個々人に関わるところとにおいても妥当するのである。

首尾一貫性の概念は、元来は実践的概念である。この概念の本領はもともと実践のうちにある。一つの目的を目指し、持続性をもってこの目的を達成しようとするのが統一性である。それゆえ首尾一貫性の概念には持続性と、そして統一性という一つの無規定的な理念とが含まれているのである。

有益な目的には——動機という表現が相応しい。この動機の根底には、これまたまったく無規定的な概念である関心が潜んでいる。

人が自己の目的を達成しようとする際に従う規則は、実践に関わるもう一つの別の主要概念をわれわれに与える。これが格律である。

すべての目的中の目的、すなわちすべてのものが関係してくる目的、これが理想であって、これをもって全体もまた完結する。

こうしてわれわれは五つの概念のもとにあらゆる実践の根本概念を手に入れたことになる。

動機は実践の根底に潜んでいる。それゆえそれはいわば一面ではまだ実践の外にある。すなわち実践はこの動機をもって始まるということである。他面においてわれわれはまた現実の実践の圏域の外に属する一つの概念、すなわち理想をも持っている。[*] 理想とは、それをもってすべての実践が終わるところのものである。

＊ 動機は実践の極小であり、理想はその極大である。もろもろの格律が無限の中間項を満たすのである。

他の三つの概念はどんな現実の実践にも見出される。

関心が消え去ると、実践はすべて頓挫する。首尾一貫性がないところでは、いかなる実践もない。首尾一貫性は格律を介することなくしては不可能である。首尾一貫したどんな手法にも哲学者は格律を見出すことができなければならない。格律はしかし関心のもとでも見出される。そこにはその仕事を人の関心をそそるものにする何かが潜んでいる。従ってわれわれはわれわれの方法に則って格律を仲介概念と見なし、関心と首尾一貫性とを両端概念と見なすことができる。関心はまったく主観的であるがゆえにポジティヴな要素であり、首尾一貫性は条件を成すものであるがゆえにネガティヴな要素である。関心は実践の質料であり、首尾一貫性はその形式である。首尾一貫性は端的に客観的である。それは常に同じ首尾一貫性であり、常に自己同一的であり続ける。ところでどんな実践のうちにもこれらの両要素は見出される。そしてそれらがないところには、いかなる真の実践もない。これらの諸原理が単に道徳的実践にのみ関わるものでないことは、それらが不道徳的な実践の場合にも働いているということによって納得できよう。とはいえわれわれの諸概念から、ある実践が善であり道徳的であるか否かを判定する一つの基準は容易に見出されるだろう。この基準は実践の両限界概念である動機と理想とのうちに存する。すなわち

（一）何らかの邪まな目的を持つ者は、みずからが達成しようと努めるいかなる理想も持っていない。それゆえにそれは邪まな目的なのであって、その限りにおいてそれはいかなる実在性も持っていない。従っていかなる理想も持たない邪まな実践は、全体にではなく、個々のものに関わっているのである。

（二）何らかの邪まな目的を持つ者は、動機を隠そうとしたり、それどころか偽りの動機を申し立てたりするが、こうなるとそれは必然的に彼の実践に不調和を来すことになる。

ところで実践の諸原理のうちには、道徳と宗教の諸原理の場合と同様に扱われるべき形式が含まれている。

実践哲学の仕事は、生の理想を構成することである。ところで実践哲学、ないしは生の理想を自己のうちで実現しようとする者は、その諸原理を正しく把握し、適切に分離し、そしてそれらを再び一つの仲介項によって結合しなければならない。しかしこのような理想、ないしは理想の構成はいかにして実現可能だろうか。この問いは、そもそも実践なるものはいかにして可能かという一般的な問いを前提としている。実践を生み出す活動性と一つの概念とが前提されているのである。

われわれはすべての実践のカテゴリーを提示してきた。ここで留意すべきは、これらのカテゴリーはあらゆる実践への

適用が可能だということである。

われわれの方法に従えば、実践においても二つの要素と一つの仲介概念が、次いで一つの極小と極大とが提示される。首尾一貫性の際立った標識は、それが徹頭徹尾客観的であるということである。それゆえその対立物はもっぱら主観的であって、これが関心である。これは最高のものにも最低のものにも、至高にして至純の愛にも、最も低劣な利己心にも見出される。

実践とはある先行概念に従う一つの活動性であるべきである。格律の絶えざる遵守が首尾一貫性であり、結果として概念に即応しているものが格律である。格律が尊重されるのは、格律それ自体のためにではなく、達成されるべきもののためにである。この達成されるべきものが理想であり、理想が生まれる第一歩となるのが動機である。

誤った実践はこの動機と理想とから生じる。真の実践を体得している者は、自分の理想を提示することに戸惑いを感じるようなことはけっしてないだろう。たとえその者が自分の動機について明確に釈明できないような場合――これはしばしば良い徴候でもあり得る――であってもである。理想が個人と宇宙との間の仲介概念であるとすれば、すなわち、個人は全体との関係において完成される、あるいは宇宙は個人との関係を介して描出されるのであるとすれば、誤った実践のために理想を見出すことは不可能である。

その実践に当たってもろもろの状況や配慮を引き合いに出す者は、その人生が真の根底に基づいていない者である。真の実践の基準はきわめて単純である。たとえ自分のもろもろの反省をどういう実践に振り向けようとも、人はこの基準が適用可能であることを知るだろう。大抵は実践の限界の外に横たわっているかに見えるもの、すなわち宗教でさえも、実践ということが問題となるやいなや、この基準に服するのである。というより宗教の格律――普遍性――からしてすでになにがしか実践的なものである。この格律があの両端項から生じているように、それは実践的なのである。ところであの諸カテゴリーもここでの適用が可能である。対立する両要素、すなわち道徳的活動と宗教的熱狂との結合のカテゴリーに従えば、結合の問題もまた実践的である。この問題はまったく個人的なものである。というのは各個人は実践の諸条件をもっぱら自己自身のうちにしか発見できず、そしてまた問題を自己自身のうちでしか解決できないからである。哲学者はただ、おおよそそれに従って振る舞えばよいという一般的なカテゴリーを提示することしかできないのである。

これらのカテゴリーがすでに社会のカテゴリーの中で〔論及されて〕きたのは、それらがいかなる社会にも例外なく妥当するからである。われわれの哲学が社会の理想から出発したのは、この哲学が生の理想を構成しようとするものだからである。

通常は法理論がポジティヴなものと見なされ、政治学は従属的なものだが、ここでは関係が逆転する。政治学（すなわち社会の学問としての）がここではポジティヴなものであり、法理論は従属的である。

社会のカテゴリーは自由――平等――共同である。すべての誤解を一掃するために、われわれはこれらのカテゴリーの代わりに語義明確な別の表現を探そうと思う。

実践哲学は人間の規定を問うことをもって始まる。この規定は人間の本質以外のどこにも求めることができない。しかるに人間の本質は悟性と想像力のうちにある。

悟性とはすなわち、全体の個人に対する関係における法則性の標識と結びついた意識の最高のポテンツである。これに対立するのは、すべての法則的なものがそこで途絶してしまう無限なるものの中へ有限的なものを追い立てようとするものであるだろう。これが想像力である。この説明は、誰もが感じていることを言い表しているだろう。[57]

悟性と想像力とが人間性の形式の両要素であると言うことができよう。従ってわれわれはさらにその質料を、あるいは両要素に共通していなければならないものを求めることになるだろう。それは人類のうちにはっきりと見て取れるだろうが、しかし個々人においては悟性と想像力ほどには明確に跡づけられないだろう。それが自由である。しかしそれは意志の自由とか倫理性の自由といったものではなく、われわれが全能と名づけるところのもの、すなわち絶対的自由である。すなわち想像力の第一条件にしての純粋悟性の最終目的としての自由である。悟性とはより高次のものからの有限的なものへの働きかけであり、その目的は仮象、すなわち有限的なものを根絶することである。この目的はいかにして達成されるか、このことがわれわれを自由へと導くのである。

このような自由の概念に従う社会は無政府状態であるだろう――それが神の国と呼ばれるにせよ、黄金時代と呼ばれるにせよ。その本質はあくまでも無政府状態であるだろう(58)。

このような自由が人間の原質であり、万人にとっての最終目的である。それは最高善である。――しかしそれは一つの理想、ただそれに向かって接近してゆくことによってしか見出すことができない理想である。われわれは従ってこの接近の諸条件を探し求めねばならない。ところでこの諸条件はもっぱら対立のうちに、ただし絶対的対立ではなく、相対的対立のうちにのみ見出すことができる。すなわち、自由とは理想であり、われわれは合法則性をもってそれへと接近してゆくということである。

しかしこのことは自由と衝突しないだろうか。この矛盾は、合法則性が自由によって規定され、その結果として相対的自由が成立するということによって解消する。自己自身に対して法則を課する者は、相対的に自由である。そしてこれが絶対的自由への接近の条件なのである。

われわれはここまでは実践哲学の全体を切目のない一連のものとして構成してきた。そのわれわれを導いて、もう一度実践哲学の出発点へと立ち戻らせたのは、実践的諸概念の結合への問いである。この結合のカテゴリーが、自律、同権、調和である。

実践哲学は、哲学が自己自身のうちから出てゆくことによって可能となる。哲学が自己自身を構成している限りは、通常の悟性の発言内容を問題にすることは許されない。哲学はここでは完全に独立的である。実践哲学になると事情がまったく違ってくる。ここでは通常の悟性の哲学への問い掛けが忌むべきものとされるようなことはまったくあり得ない。実践哲学の問題もまた、一般に哲学に向かってなされるもの、すなわち人間の規定についての問いであるだろうからである。だからこそわれわれもまた人間の規定を見出そうという最初の無規定的な課題をもって出発したのだった。この問いはただちに観念論に従って次のように理解されねばならない。すなわちこの問いは人間の本性、本質と一体的なものであると。観念論はこの問をこのようにしか理解できないのである。本質とはすなわち、そこからして一切のものが規定される（ただしメカニズム的にではなく）中心点であり――それゆえ意識が人間の本質である。このことをわれわれは生のさまざまな現れ方を手掛かりに描き出したいと思う。われわれがそのようなさまざまな現れ方を見出すのは、われわれが人間として認めるべきであるとする者から何を要求するのかと問うことによってである。その者は良心と恣意とを持っていなければならない。良心とは善と悪とを区別する感性、資質である。それは特別な能力ではない。それどころか人間とはこれすべて良心なのである。それはただ意識がたどる発展過程の一時期を提示するものでしかない。それは善と悪とを区別することに関わる意識である。

　恣意は、瞬間に無限の力が付与されるところに存在する。通常、恣意は二つの対象のいずれを取るかの選択能力として理解されている。しかしこれはまったく誤っている。なぜならそうした能力は、われわれから見て推論する資質など到底あるとは思えないような個人にも見出せるからである。それどころか実際、絶対的決断など存在しないようなどっちつかずの状態さえあり得るのである。

　恣意とは、無限に多くの規定の中から一つの規定を絶対的に選び取ろうとする絶対的決断である。[59] これには善と悪の絶対的な区別が先行していなければならない。ところで悟性は実践的人間の要素の一つであり、これと対立するもう一つの要素が想像力である。そして両者を仲介するものが、法則も目的もない絶対的自由である。これらが人間の要素であり、これらの諸要素が人間の形式なのである。悟性と想像力の対立のうちには宗教と道徳の対立もまた含まれている。すなわち

宗教は想像力と不可分であり、悟性は道徳の唯一の立法者である。(60)

哲学と実践との仲介項は、人間が人間として行う一切の事柄の内容を決定するものであるだろう。この仲介項が自由であり、悟性の客観的目的であり——制限の破壊である。粗野な実践は仮象以外の何ものでもない。自由は人間の質料である。それは最高善と一体的である。それこそあらゆる目的中の目的とも言うべきものだからである。ところでわれわれは絶対的自由についての一層立ち入った規定を求め、そうすることによって最高善がいかにして構成されるかを見出さねばならない。最高善は自由のうちにこそ含まれていなければならないのである。

この一層立ち入った規定をわれわれは、自由に対立するとはいえ、その対立が絶対的ではないもののうちに求めねばならない。われわれはこうして自律、すなわち相対的自由を見出すのであって、われわれはこの相対的自由が絶対的自由への接近の基盤、その最初の段階であると主張することができる。自律はそれゆえ各人に要求される。その条件が同権である。その仲介概念が調和である。自律にはある生硬な共同体の概念が前提されている。これと対立するのが、全体が各人の自律と万人の同権とによって形成されている場合である。この場合には最高善は調和として説明することもできるだろう。調和は自律と同権とによって構成されるのである。

以上のことから、人間の規定への問いは全体への関係において答えられるということが帰結される。従って第一の問題は、社会の理想を構成するという第二の問題に転じてゆくのである。

哲学は宇宙を、それゆえ統一性を目指す。すべての哲学は統一性を目指す。しかし統一性の性格はさまざまである。われわれの哲学の統一性は調和、あるいは個々のものの全体への関係における統一性である。この哲学は自然の有機的形成の概念に基づいている。この概念は実践哲学の中へも移される。ここでの最初の問題は人間の規定への問いだった。ここでもわれわれはわれわれの方法に従って諸概念を構成したのだった。われわれは人間の規定をただ人間の本質のうちに求めることしかできなかった。そしてそこにわれわれは想像力、悟性、自由の概念を見出したのだった。自由はわれわれの願望、意欲、思念、志向における唯一実在的なものである。最高善とは自由である。あるいは少なくともそれは自由のうちに含まれていなければならない。その際、自己の目的をそれによって検証することのできる最高の目的は何であるかが問われることになる。自由の概念は絶対的な描出を許容するものではない。生きるとはこの概念への接近でしかない。しかしこの純粋概念そのものよりもこの概念への接近の細部のほうがその実際的使用のためには重要である。接近の条件は相対的自由である。この相対的自由は合法則性を介して絶対的自由に対立するものとして見出され、こうして接近の最初の段階としての自律が見出されたのだった。この自律と並び立っているのが同権である。すなわち、自律は普遍的であるべきであり、個々人へではなく全体へ関わるものであって、もしそうでなければ自律は自壊してしまうだろうということである。そしてこの両者の所産が調和であり、これが個々人の全体に対する関係を規定するのである。ここから生じる第一の帰結は、われわれは人間を個々に考察することはできないということである。人間の規定への問いは、それゆえ個人にではなく全人類に関わっている。われわれはこの全人類を一つの有機的全体として構成しなければならない。実践哲学はそれゆえ個々の人間の理想をではなく、全体の、すなわち社会の理想を構成すべきものである。

第二の重要な帰結は、これらの諸概念は個々の人間の内的調和、個々の人間の形成や倫理性に対してもまったく同様に適用可能であるということである。調和は倫理的人間にとって唯一最高の問題である。通常、自律と同権のカテゴリーは常にただ国家との関係においてのみ用いられてきた。しかしそれらは内的人間に対してもまったく同様に適用可能なのである。

この両カテゴリーはさらにまたすべての芸術と学問の有機的連関へも関係づけることができる。芸術と学問にとって自律と同権以外のいかなる規則も存在しない。[61]

人間の規定というわれわれの課題は、それゆえ人間的生を構成するという課題に解消される。なぜなら全体の構成によってのみ真理は見出され得るからである。全体の構成が完成されるに及んで、ようやく個人へと向かう時が来るのであって、ここに到ってはじめて道徳と宗教との隔離が生じるのである。各人誰もがこの両概念を分離しなければならないが、しかしまたそれらを再び合一しなければならない。しかも各自このことを自力で行うほかないのである。ところでこの合一を達成するために応用できるような図式、各自の力の肩代わりにはならないが、その労を軽くするような、あるいはその際の基準として使えるような図式はないだろうかという問いがなされるかもしれない。

この図式は、われわれが不死性、自由、神性の概念に関して提示した諸命題のうちに含まれているのである。

道徳と宗教とを仲介するものが政治である。政治は家族、位階制、共和制によって構成されたのだった。

家族は、自然へ関わるものとして提示された。位階制は完全に無規定的なままにとどめられた。それは家族に対置されている。家族は絶対的な限定性に基づき、位階制は絶対的な広がりに基づくが、しかしこの広がりはいかなる共和制にも見られないものである。共和制は常にただ現在的なもののみを包括する。位階制は過去と未来をも包括すべきものである。このような広がりは、人類が一つの全体であるということに基づいている。

共和制が最高の概念である。いかなる社会も、自律、同権、調和のカテゴリーに基づかねばならないがゆえに、共和制たらざるを得ない。

ところでわれわれが社会(国家)の形式を構成しようと思うなら、われわれは社会において実在的であるところのものへと立ち戻らねばならない。この実在的なものとは、もっぱら社会を介して諸部分が全体へと結合されてゆくところにのみ成立するもの、すなわち一つの力——一つの政治的な力である。この力は、意識へと関わり、かつまた意識から説明されるものとして性格づけられねばならない。われわれは絶対的決断の能力を言い表す一つの概念を求めねばならない。この絶対的決断とは、絶対的決定権を含む政治的な力の一部としての立法的権力である。

同時に宗教と道徳との再合一の諸原理でもある政治の諸原理について

政治の全体は、人間たちが一つになることのできるような形式を包括する。これをさらに敷衍してみても、それは仲介概念を新たな諸構成によって一層明確なものにする以上のことはなし得ない。共和主義が社会の主要概念である。国家の諸形式には民主制、貴族制、君主制が関わっている。これらの諸形式を実りあるものにするためには、われわれはあらかじめこれらの諸形式に対する質料を構成しておかねばならないだろう。そしてこの質料にこれらの諸形式の概念は適合していなければならないのだが、それはこれらの諸形式の概念がこの適合によって理解できるものとなるからである。

われわれが政治的権力を問題にするとき、この政治的権力が政治の質料となる。行政的権力は、絶対的決定、決断の権利を持つ立法的権力なくしては考えられない。しかし後者は前者なくしても考えられるだろう。すなわちわれわれは執行的権力――ただし単にネガティヴなものでしかないが――を兼ね備えているような立法的権力を想定することができるということである。万事はこの権力の承認を得ることによってのみ発効するわけである。

ところでわれわれは立法的権力を政治的権力一般のネガティヴな要素と見なすことができる。そのポジティヴな要素は全体に関わるものでなければならないだろう。それは代表制的権力の概念をもって表現することができるだろう。しかしそれはここでは通常この名で呼ばれているものと厳密に区別されねばならない。というのも世間で代表者と呼ばれているのは、単に派遣された者としか見なされ得ないような人々、全体そのものを体現してはおらず、ただ全体から分遣されたた代議員でしかない人々だからである。全体そのものを体現し、しかもポジティヴであるような権力が代表制的と称することができるのである。なぜならポジティヴであるとは、全体が個々のものへ関わっていることなのだから。

われわれが歴史上知っている幾つかの国家において君主制の原理は、全体が一統治者個人に委ねられるというものだった。しかし個人の統一性などということはさして問題にならないし、ましてやそれが世襲であるというに到っては論外である。

立法的権力、あるいはネガティヴな要素のためには、逆の場合が味方として現れてこなければならないだろう。ここでは民主主義が本質的なものとなるだろう。それは絶対的決断によって表明されるような種類の政治的権力であるべきである。この権力はすべての個人的恣意の総和を統括するものでなければならない。

先の二つの政治的権力の仲介項として現れる第三の概念は、行政的権力に関わるものであるだろう。これもまた随所に観察されるものである。貴族制の本質がそれである。

ここから帰結されるのが、

（一）　いかなる共和制も貴族主義的であること。なぜなら共和制は先の二つの概念から生じるものだからである。真の貴族制は君主制と民主制という両要素の対立を介してのみ成立するのである。

（二）　従って政治的権力の構成の本質は、ポジティヴな権力とネガティヴな権力とに基づいていること、そしてこのネガティヴな権力も、ポジティヴなものが全体へと関係づけられないならば存在しないだろうということである。さもないと通常の立法的権力は完全に消滅してしまう。なぜなら上記の三つの権力はいずれも立法的なものでしかあり得ないからである。

このような図式に従って国家ばかりでなく、あらゆる社会や連合体もまた判定されるのである。

しかし人間の外面ばかりでなくその内面においてもまた分離と再合一が問題として要求される。ところで上記のすべての概念は内的人間に対してもまた完全に適用可能なものである。なぜならこれらの概念は内的人間のうちなる自律と同権とから構成されているからである。

この構成をもって政治の諸原理は完結する。[62]

ここでの本質的な点は、宗教と道徳との分離、そして政治を介しての両者の再合一ということだった。

第三部　哲学の自己自身への回帰、あるいは哲学の哲学

すべての哲学は宇宙の哲学である。[1] われわれの哲学は、相対立する二つの要素の中央に位置する実在性を目指す。この哲学は従って、二元論と実在論という相対立する両要素をその仲介項として合一する観念論[2]である。従属的概念としてわれわれは有機体、アレゴリーの概念を得た。実践哲学においても二元論と実在論が二つの要素としてあり、観念論がその仲介項としてある。

哲学は、それが生の中へと踏み込んでゆく時期、すなわち第二期をもって主観的に開始されると言えるだろう。なぜなら哲学とは、全的人間に関わり、このような人間から流れ出る一種の知だからである。しばしば哲学の最初の衝動もまた理論的な性格よりはむしろ実践的な性格を帯びている。しかしこうしたことも本質的な相違を成すものではない。哲学の衝動はすべて調和へ関わってゆこうとするだろう。しかしまた理論的な哲学も宇宙を目指すことによって調和を目指すのである。

哲学は総じて三部門に分かたれる。

第一部門。理論哲学。これは現存在と意識とを一つのものとして描き出す。すなわち哲学は自己自身を構成するのである。

第二部門。哲学は自己自身のうちから出て、生の中へ入ってゆく。この哲学は宗教、道徳といった生の諸概念を厳密に類別し、しかるのちそれらを再び合一し、そうすることによって生における調和を復興させる。けだし分断の中にあってこそ人間は自己を全体として描出することができるのである。

第三部門。哲学は再び自己自身のうちへと回帰する。哲学は活動的なものとして描かれる。哲学はこうして哲学の哲学となる。哲学はここでは単に方法の理論を対象として持つばかりでなく、理論と経験の結合の諸問題、およびすべての芸術と学問の結合をも対象として持つのである。[3]

歴史はこのような哲学の分類の正しさを裏書きしている。ギリシャ哲学は超越論的自然学をもって始まった。人はこれを理由にギリシャ哲学を非難しようとかかったのだった。しかしわれわれにはそれが当を得た始まりだったとしか思えない。

哲学の第二幕もあの民族の歴史のうちに、天上から叡知をもたらしたと言われているソクラテスとその高弟たちの時代のうちに跡づけることができる。

しかし哲学の第三幕となると、その全体像はもはや歴史の中に跡づけられない。哲学の歴史はこの点でいまだにその地点にまで達していないのである。そもそも哲学の哲学とは全体なるもの、無限なるものへ関わる諸学問の知識を通じてのみ可能であるとすれば、哲学者たちには概してこのような知識が欠落していたのだから、この第三幕が哲学の歴史の中でいまだに穴だらけであることは明白である。[4]

われわれはいまようやく哲学のこの第三幕に取り掛かろうとしている。

われわれは哲学のこの部門も前二部門と同様、一つの問題提起をもって開始するが、その解決はしかし前二部門におけるほど容易ではないだろう。一般向きの平易さへの接近はここではまったく絶たれてしまう。われわれにできるのはもっぱら哲学の哲学の概念を構成することのみである。天才と芸術とをもって哲学する人のもとにおいてもまた、哲学の哲学は確実に見出されるのである。[5]

われわれがここで注目しなければならない第一の命題は、われわれの哲学の第一部門においてすでに帰結されていた命題、すなわち真理は相対的であるということである。

真理とは主観的なものと客観的なものとの一致であるとする通常の説明は、この命題とまったく折り合わない。この命題は観念論に由来するものであり、そして観念論は、主観とも客観とも名づけることのできない実在性と関わっている。仮に真理についての通常の定義が正しいとしても、それは何事も説明しはしない。これに対して実在的なものが中央にあり、それゆえ真理は相対立する二つの誤謬の無差別であるとする観念論においては、この定義は、いかにして真理は成立するかを、そして真理は産出されるものであることをわれわれに教えてくれる。そしてこの定義はまた、われわれがいかにして真理を産出することができるか、すなわちわれわれが誤謬を克服することによってであるということをもわれわれに教示してくれるのである。

さてすべての真理は相対的である――なぜならどんな結合に対してもそれを越える一層高次の結合が見出され、これが無限に続くのだから――という命題から直接次の命題、すべての哲学は無限であるという命題が帰結される。

ところで実在性は絶対的叡知であり、それ以外のいかなるものも実在的ではないのだから、実在的なものの意識を伴うこの実在的なものの思考(これは一つの知である)は、ただ象徴的にしか表示され得ないだろう。従ってわれわれはさらにもう一つの命題――すべての知は象徴的である――をも得るのだが、この命題は哲学の形式に関わるものであって、そこからはまた、哲学の形式は無限であるという命題が帰結されるのである。[6]

真理は、相対立するもろもろの誤謬が中和し合うときに成立する。絶対的真理は容認され得ない[7]。そしてこれが思想と精神の自由のための原典である。もし絶対的真理が見出されるようなことになれば、それと共に精神の仕事は完了してしまい、そして精神は存在することをやめなければならないだろう。なぜなら精神はただ活動性のうちにあってのみ存続するのだから。

しかしすべての真理は相対的なものでしかないのであれば、われわれは勇気と希望をもって思弁に身を委ねることができる。その根底に何らかの実在的なものを持っている一連の試みはどんなものでも真理へと通じている。言えることはそこまでである。われわれが誤謬を根絶しさえすれば、真理はおのずと立ち現れるのである。

三つの命題――すべての真理は相対的であり、すべての知は象徴的であり、哲学は無限である――は、哲学に固有のものである論争的方法[8]の演繹に直結している。この方法の必然性と根拠は、誤謬は根絶されるべきであるということのうちにある。三つの命題はさらに経験と歴史の正当化に通じるものだが、このことへの欲求はこれまでまだ満たされたことがなかった。すべての真理は相対的であるのだから、もし理論がその最終目標として宇宙を目指すというのであれば、理論には歴史に先立つ単なる経験などというものを想定することがもはや許されなくなる。実際、理論は宇宙以外のいかなる目標も知らないのである。そしてこのことによって理論と経験との分断は完全に消滅するのであって、理性は破壊されるべきではないとする以上、そうあらねばならないのである。――哲学の哲学のための観念論の成果は、以下の諸点に還元される。

（一）　哲学は徹頭徹尾歴史的であるべきである。すなわち歴史が仲介概念となって、経験と理論との合一を可能ならしめるということである。われわれの哲学はそれ自体が歴史である[9]。われわれの哲学は自然を扱う。自然はしかし一つの事実である。そして歴史はまさにもろもろの事実に関わってゆくものなのである。

（二）　哲学の仕事は必然的に論争をもって始まる。歴史と哲学とは一つのものである。しかし哲学は全体なるものの概念へみずからを高めること、そして個々のものを捨象することから出発する。これは必然的なことである。哲学は全体なるものを描出しなければならない。しかし哲学はそれを間接的にしかなし得ない。哲学は人間の精神を有限的なものから追い出す。哲学は有限的なものに戦いを挑む。このことの必然性は、哲学とはそもそも間接的に真理を促進し、かつては本能でしかなかったもののために諸原理と諸格律とを導出しようとする傾向を示すものであるということによっても説明できるのである。

哲学の哲学のための定理としてわれわれは哲学は無限であるという命題を得ている。いかなる哲学もそれゆえ真理（すなわち絶対的真理）と見なすことはできない。この絶対的真理が哲学からその支柱を奪うことのないように、そして同時に哲学の哲学の課題を構成するために、哲学の性格を哲学の第一の理論的部門におけるそれとは別の仕方で規定することが必要となる。その際われわれはわれわれの方法に従ってこれまで通りの手順を踏んでゆく。

哲学の第三部門、すなわち哲学の哲学の第一の問題は、すべての学問と芸術の有機体を構成するという課題である。ここでは哲学は全体の一部分にすぎないだろう。そしてこのことによってわれわれは哲学を一層立ち入って規定することになるだろう。一切のものはただ全体を介してのみ、そして全体のうちにおいてのみ理解することができる。このことは、すべての真理は相対的であるという命題の別の表現であるにすぎない。

哲学の哲学は三つの部分を含むことになろう。

（一）　論争の正当化。

（二）　歴史の哲学、あるいは歴史と哲学の合一。

（三）　すべての芸術と学問の有機体という図式の一体系、あるいは、すべての芸術と学問のエンツィクロペディー[10]。

われわれがすべての芸術と学問の有機体を把握するのは、これらの芸術と学問を相互に適切に分離し、しかるのち仲介項によってそれらを再び一つの全体へと統合するときである。この全体とは自然である。すべての芸術と学問はそれゆえ自然をその対象として持たねばならない。そしてこのことによって芸術と学問はあらゆる機械的な作り物から区別されるのである。

上記の三点は、独断論において論理学とされているところのものを含んでいる。しかし論理学の派生的な諸部分の概略だけからでもすでに、論理学とわれわれの哲学の哲学との間に生じる対蹠的関係が推定できるだろう。独断論者は彼の哲学を論理学をもって始めるが、これに対してわれわれは論理学をもって哲学を閉じるのである。その本末転倒のやり口から独断論の特質の大部分が導出される。しかし哲学の哲学は全体を締め括るものであるから、全体を出発点とする場合よりも遙かに力強く、実り豊かであるはずである。後者の場合にはその成果が単に形式的なものでしかあり得ないことは、論理学も証明しているところでもある[11]。

すべての真理は相対的であるという命題は、容易に全面的な懐疑論へと導くかもしれない。例えば、すべての真理が相対的であるならば、すべての真理は相対的であるという命題もまた相対的であるというのがそれである。すべてが正しく理解されているなら、このこともまた認めてよいだろう。だが認めたからといって得るところは皆無である。認めてよいというのは、この命題ばかりでなく、哲学の全体系は相対的であるということをも含めてのことなのだから。

命題や推論の中へ持ち込まれるものはすべて文字にすぎず、それは過ぎ去ってゆくだろうし、また、過ぎ去ってゆくほかはない。そして留まるものは精神のみである。このことがまた、われわれの思考と行為のうちに何かが立ち現れ、何かが実現されてゆくという確信をわれわれに与えるのである。それが創意工夫のパラティウムの丘[12]である。いかなる絶対的真理も存在しない――これが精神を刺激して活動へと駆り立てるのである。

すべての真理は相対的である。この命題に係属するのが、本来いかなる誤謬もまったく存在しないという命題である。われわれの体系に従えば、真理は実在的なものである。ただしこの実在的なものが意識と力とをもって思考される限りにおいてである。通常の説明では、主観的なものと客観的なものとの合致が〔真理・訳者〕である。――よろしい。しかし形式と質料もまた相互に合致する。そしてこれが美と称されるものである。これが美のための精確な表現なのである。意識と実在性とをもって思考された美が真理である。それゆえ真理と美は一つのものである。すべての分離は相対的なものでしかない。（これが観念論の本質である。）

近年の哲学者のうち、真理に関して以下の人々について言及しておく。

マイモン[13]。――彼はカントから経験と理性との分離を受け入れる。彼は、理性の知は存在するが、この知はしかし理論的なものにおいても実践的なものにおいても適用可能ではないと説く。
ラインホルト[14]。――彼が真理へ到る正しい道の途上にあったためしのないことは、彼の哲学の変わり易さがすでに実証している。彼は、先のマイモンと同様、真理に関しては懐疑論者である。そしていまなおそうである。
プラートナー[15]。この人は彼の懐疑を哲学そのものと見なしている。しかしこのことによって哲学は固定化され、その進展的傾向は阻止される。

これらの懐疑論者のうちで最も重要な人物がマイモンである。しかしその懐疑論は観念論と対立している。われわれのもとでは次のような命題が重要となる。すべての知は自然学である。すべては一つの全体であり、そしてこのことは一つの事実である。知は一つの経験であり、かつ理論であるが、しかしその対立は相対的でしかない。この対立は仲介項である歴史（厳密な意味での）によって廃棄される。

批判哲学と対立させてわれわれの哲学を歴史哲学と呼ぶことができるかもしれない。しかし歴史哲学もまた批判的でなければならないのだから、この哲学は批判哲学との対立において歴史的であるのではなく、歴史的であることが批判的であることを包括する高次のものであるがゆえにそうなのである[16]。

哲学を批判的と呼ぶことができるのは、哲学が自己の諸限界を厳密に定め、その方法について自己自身が責任を取るという意味においてである。この諸限界の厳密な規定ということが批判哲学の真の概念にも、そしてその真ならざる概念にも固有のものである。一般の通念では次のように定義され解釈されている。限界規定をもって開始し、その諸力をその使用に先立って測定する哲学、すなわち理性の限界規定をもって開始する哲学が批判的であると。しかしこれは形式からしてすでに欠陥がある。なぜなら右の主張の論拠は、力をまず吟味し、〔しかるのち〕これを使用するという点にあるからである。これは誤っている。力は、それが展開してはじめて知られるものだからである。先の主張が正しくないことのもう一つの理由は、理性にはいかなる限界も与えられ得ないということである。理性の諸限界を否認すること、これが観念論の本質なのである[17]。

われわれはあらゆる哲学の基準として役立ち得る次のような原則を提示することができる。すなわち、いかなる哲学であれ全体なるものから出発しないような哲学は全体なるものへと高まることは困難であるだろうというのがそれである。（この出発は時間的なものではなく、発生論的なものと解されねばならない[18]。）

自己自身を断固としてもろもろの対立的な哲学から切り離す哲学が批判的であり、かつまたそう呼ぶことができるのであって、このことによって観念論は論争的となる。次いで哲学が批判的となるのは、哲学が外部へと向けられ、そして哲学が単にその一環を成しているにすぎない全体、すなわち諸学問と諸芸術の全有機体のうちに自己自身の存在を認識するときである。ここでは哲学の限界規定はただ一つしか挙げることができない。

観念論の最も本質的な点は、実在性を自己のうちに合一しており、われわれには象徴的にしか知ることができないある絶対的叡知を想定することである。

このことはいわゆる神智学者たちのもとでさえもときとして見られることである。（しかし一般にはもっぱら自己の想像力にのみ身を委ねるだけで、この絶対的叡知には見向きもしないような人々までがこの神智学者の名称のもとに一纏めにされている。彼らが批判的に研究されたことはまだ一度もない。彼らの中には、実際、天才と想像力とによって観念論の真実に到達した人々もいる[19]。しかしわれわれはそうした人々をわれわれの当面の課題から切り離すことにしよう。なぜなら彼らには哲学の形式が欠如しているからである。そしてこの形式こそがあらゆる時代の哲学を構成する本質的な要素なのである。）

知の質料に関して言えば、哲学は分解して自然学と歴史学になる。道徳論その他もそこから除外することはできない。意識は誤謬、すなわち有限的なものと共に始まる。ところでただ一つの学問、すなわち自然学しか存在しないのだから、ここに誤謬を根こそぎにするという課題が生じる。――そしてこのことが哲学を構成するのである。哲学とはそれゆえ悟性と思考力の方法的な訓練、有限的なものの根絶であると言えるだろう。

狭義において哲学は弁証法的である。[20] 哲学は悟性の錬磨にのみ関わるべきであり、もろもろの誤謬を論駁すべきである。これが狭義における哲学の限界規定の標識である。悟性の共同の錬磨と誤謬の根絶の技法に関わるものはすべて弁証法的である。この共同の錬磨のゆえに哲学は弁証法的であって、論理的ではないのである。広義における哲学は、端的に無限界的である。それは全体なるものであって、全体なるものに関わるすべてのものを包括する。

諸芸術と諸学問に従事する人々はすべて哲学者でなければならないが、これはその精神に従ってかくあらねばならないということである。彼らは弁証法的ではない。弁証法的であることが求められるのは、狭義の哲学者に対してである。

全体なるものの認識によってわれわれは理論と経験とが結合される道を見出した。あとはその仲介項が提示されるだけでよい。その普遍的な仲介項が歴史学である。歴史学が理論と経験とを結合するのである。

われわれはこの結合のさまざまな過程がどのようなかたちで跡づけられるかを示さなければならない。

現象から出発するのが経験である。しかしこの現象には学問的で精緻な処理が施されねばならない。経験は一つの知であるべきである。

そこでわれわれは経験の諸カテゴリーを導出しなければならない。

どんな現象も何らかの個体的なものである。個体的なものにおいて唯一実在的であるのは諸要素と、この諸要素の関係である。

すべての経験は現象をもって始まり、現象から諸要素へと遡及してゆくことにその本質がある。経験のカテゴリーの一つは従って分析ということになるだろう。すべての経験は分析的である。分析の本領はここにあるのであって、理論のうちにあるのではない。分析は経験を理論から切り離す。経験が終わるところが諸事実である。といってもこれは経験の概念が踏み越えられない限りにおいてのことである。

何によって諸事実は諸現象から区別されているのか。

現象とは、事実の概念のうちに含まれているものと解されている。しかし現象は、真理と誤謬とがまだ結びついたままになっている粗野な直観にすぎない。しかし諸事実はもろもろの成果でなければならない。それらは確定されたものでなければならず、真理は決定されたものでなければならないのである。

哲学のすべての成果は一つの成果、すなわち理論と経験とは一つのものであり、それらが絶対的に分断されることはあり得ないという成果に包括される。仲介項は歴史であり、従って哲学の質料は歴史である。哲学の方法は歴史的であるべきである。ただし哲学が自然へと向かう場合、すなわち広義の哲学の場合においてであるが。

経験が始まるところ、すなわち現象においては、実在性はまだ未確定的である。しかし経験がそれをもって終わるところの最後のもの、すなわち事実においては、実在性は確定されている。このことは個々のものについても言える。

個々のものにおいて実在的であるのは、その相互作用によって現象を成り立たせているあの諸要素間の均衡である。

ところでこのことから現象をその諸要素に還元するという課題が生じる。これが分析である。（分析が理論と推論とに適用されてきたのは不当である。）

経験の仕事は挙げて現象を事実へと還元することに向けられていなければならない。

ところで分析は経験の一要素である。そこでわれわれはその対立物であるもう一つの要素を求めねばならない。

分析は確かに現象への道を整備しはするが、しかしそこには現象を観察するいかなる原理も含まれていない。

現象は個々のものを表示するが、そこではいまだ未確定的である何らかの実在的なものが前提されており、これを展開させることが求められるのである。

分析の対立物であるこの経験の第二の要素がアナロギーである。これは現象から事実への道を完成させるために不可欠である。アナロギーは全体なるものについての知識だが、しかしこの知識はいつまでも未完成である[21]。

現象と事実とは経験の最も対極的な両項である。実験がその中間にあって、問題から問題へと絶えず進んでゆく。このような問題においては分析にはすでに一定の限界が敷かれており、このことによって〔問題〕は現象から区別される。諸問題は新たな諸問題へと変化しながら事実へと到る。これらの問題の一つを他の問題と結びつけるのがアナロギーである。そして事実が現れるときにも決定権を持つのがこのアナロギーである。このような諸事実をわれわれは諸原理、ないしは第一諸要素、そして諸要素間の均衡と呼ぶことができる。すべての事実はそれゆえ原理であり、すべての原理は事実である。ところで理論と経験との分離を擁護するために、つまりわれわれの説に対する反論として、根本的には確かにその通りだが、しかし特定の人間精神にあっては経験への性向がまさる人もいれば、理論への性向がまさる人もいるではないかといった異議申し立てがあるかもしれない。

われわれはこのような反論の論拠を叩かねばならない。経験は、仮象を捨象して理論へと遡及してゆく能力、気力のすべてを前提としている。これが哲学の条件である。この能力がすべての理論の条件である。この能力が超越論的見地である[22]。その成果は以下の通りである。すなわち――

理論が始まるところ、経験は終わる。経験は超越論的見地への能力なくしては不可能である。

経験とは現象の事実への学問的還元である[23]。このような遡及はアナロギーによって可能である。ここにもろもろの仮説が成立することになろう。

経験論者はすべての仮説を排斥する。これには同意できない。なぜなら現象から事実へと到る道はアナロギーによってしか見出されないことは明らかだからである。独断論的哲学者もまた、彼が仮説を押しつけようとする場合には同様に不当である。体系における仮説も、それによって視点が固定されてしまうことになるような場合には、むろん排斥されねばならない。仮説は単に学問的な導き手に留まるべきである。

事実と見なされるものの多くは、ただの現象にすぎない。例えば歴史全体などというのがそれである。歴史家は、彼が自分の研究を最後までやり遂げたとき、諸事実を提示し終えたと信じる。しかしこうした諸事実は、哲学的にはただの諸現象にすぎない。なぜならそれらは人間の発展に関わっているからである。

歴史の諸事実が再びもろもろの現象として立ち現れるとき、その限りにおいて一つの新しい学問が――本来の歴史学が成立する。（高次の歴史学の方法は実験でなくてはならない。）

事実を介して理論は経験と連結している。ここに諸事実は諸原理となる。

理論の諸要素の提示

諸原理に関わることのできるのは、超越論的見地と呼び得るもの、すなわち仮象を捨象する能力である。

理論の諸要素を提示するためには、われわれは思考の一定の諸関係を表示するものでもある経験の根本諸概念の対立物を探し求めねばならない。――例えば分析の対立物を。分析は個々のものへと向かう。それゆえわれわれは全体的なものへと向かう概念を求めねばならない。これが思弁である。これに対立するものが反省である。反省は客観と主観をそのポテンツに従って区別する。

思弁においては客観は形式と質料のカテゴリーのもとに思考される。主観は消滅する。客観は無限に個体的、有機的となり、このことによって客観は主観の対立物となることをやめる。両者の第一の共通条件は捨象である。

思弁は主観的なものの捨象なくしてはあり得ない。反省にあっては逆に形式と質料とが捨象される。捨象が仲介概念であって、この関係が最低の段階から最高の段階に到るまでの道を隙間なく満たしている。理論は諸原理へと向かい、これらを探し出して提示しようとする。これらの諸原理に対立するもの――それは何か。諸原理は徹頭徹尾個々のものに関わらねばならない。なぜなら特定の諸要素の特定の均衡のみが原理だからである。

体系が諸原理に対立する概念である。

体系に関わることのできるのが知的直観の概念ということになるだろう。実在性は全体の調和のうちにのみある。すべての真理はそれゆえこの全体の精神的直観に由来するものでなければならない。

全体のうちにのみ実在的なものは含まれている。それゆえ諸部分の合成によって全体へと達した場合においても、一瞬のうちに全体の真理が可視的とならねばならない。

理論の始まりは時間と関わりを持たない。なぜならそれは全体から出発し、しかるのちはじめて個々のものへ向かわねばならないからである。

いかなる有機的全体も一つの体系たり得るのであって、そのいずれについても知的直観は可能である。理論の向かうところはそれゆえ知的直観である。

われわれはいまなお哲学の第三幕、あるいは哲学の哲学と取り組んでいる。この第三幕は哲学の歴史においてほとんど完全に欠落している。なぜなら有機的な諸芸術と諸学問のすべてがその本性に反して孤立させられてきたからである。われわれは、これまでこれらの諸芸術と諸学問において成し遂げられてきた卓越した業績を、本能の所産、技術の所産以上のものと見なさねばならない。哲学の哲学が可能となるのは、哲学が諸芸術と諸学問の大きな全体（無限の実在性）の中の一部分を成すにすぎないものとなるときである。

独断論にあっては関係は逆である。独断論は哲学の哲学をもって始まる[24]。独断論と観念論との差異が最も著しいのはここである。独断論がまだ哲学の質料を手にしないうちに哲学の形式のみをもって出発してしまうことの真の内的理由は常に、実在性を捉えることへの覆い隠された無力感である。

哲学の哲学、あるいは質料的、実在的な論理学を構成するためには、われわれは認識の諸成果、知と真理を引証しなくてはならない。われわれは経験にも助力を求めねばならない。

経験の根本諸概念によって要求されるのは、正しく類推する力である。これは一種の天才である。全体についての未完成の知識は、この仲介項(天才)によってあたかも完成されているかのように描出されるのである。全体なるものはすべて本質において一なるものである。だからこそある帰結から別の帰結へと進むことが可能なのである。アナロギーとは一つの未完成の知識であることが、このことからも裏付けられる。個々人の知識は完成されることがない。各個人それぞれが宇宙のための一つの新しい言葉である[25]。

哲学が無限であるとすれば、一切のものが哲学のうちで産み出されていなくてはならない。新しくない哲学はすべて真であることもないのである。従って創意は哲学に対して、そしてすべての芸術と学問に対して真先に要求される条件の一つである。しかしここで問題にしているのは、知識、知見、行動等に関して通常考えられているような意味での創意ではない。そうしたものは哲学者にとって無意味であり、有限的なものには関わりを持ちこそすれ、実在的なものには関わりを持たない仮象である。われわれの創意とこの種の創意との相違は、考え方の相違に求められるが、この相違は無限なるものと有限的なものとの相違に基づいている。実在的なものの観点に完全に立ってはいない多くの人々は、虚栄心から創意を志向する。そうした人々は、彼らの努力の及ぶ範囲がどの程度であるかをまったく弁えていない。そうでなくとも何か個別的なものを狙ったのであるなら、それは作り物である。

われわれの領域においては無限に多くの創意が可能である。そして無限に多くのものを案出し、発見する者が、みずからを創意ある者と呼ぶことができるだろう。

どんな努力も結合術的精神を目指さねばならない。この精神は、アナロギーを駆使するための経験論者の魂でもなければならない[26]。

創意に直接対立している概念が伝達である。両者は外的なものと内的なもの、主観と客観のように相反的である。絶対的理解は、われわれの見地に従えばまったく不可能である。そのような理解は独断論に由来する。

もし絶対的真理なるものが存在するならば、絶対的理解可能性なるものも存在することになるだろう。理解可能性ということには二つのことが含意されている。
（一）　絶対的理解可能性という誤った概念。
（二）　伝達する者への次のような要求、すなわち、その者がある種のやり方でこの伝達があたかも理解可能性の概念のうちに含まれているかのようなふりをすべきであるという要求。
ここでは描出のほかにはいかなる媒体も存在しない。この描出を介して、われわれのうちに生起したものを他人のうちにも生起させようとするのであり、このようにして描出は伝達の目的を達成するのである。伝達のうちには、必ずしも諸成果の描出だけでなく、その成立の仕方やあり方の描出も含まれているべきでり、描出はそれゆえ発生論的であるべきなのである。描出の真の方法は従って発生論的、ないしは歴史的である[27]。

観念論は唯一不可分の実在性を承認する。これに対して独断論は孤立した二つの世界、経験と理論を承認する。これらは独断論にとって有機的な連関を欠いた二種類の知である。しかしただ一つの実在性しか存在しないのだから、知もまたただ一つしか存在しないのである。

創意の代わりとなり得る結合術的精神と連携しているのが実験という方法である。ただ一つの実在性しか想定しないということがわれわれの哲学の原理である。類似性の真理がアナロギーである。そうしたさまざまな類似性を知覚する力が結合術的精神である。この結合術的精神の圏域は徹頭徹尾無規定的である。しかしそれが活動するに際して従う一つの方法がなければならない。この方法が実験ということになるだろう。この方法に従って事を処理してゆく者は、最も大胆な試みを敢行することさえ許される。その者は確実に実在性にたどり着くだろう。

　どうすれば思考を実験として扱うことができるのか、ということは取りも直さず結合術的精神を定義することであるだろう。しかしわれわれに今更そんなことは必要でない。われわれの哲学の方法のすべてがすでにそのようなものだったのだから。われわれの三段論法が、独断論者のそれに対してどのようなものであるかを想起してみさえすればよい。独断論者のもとでは一つの定義と証明がなくてはならないとされる。われわれのもとではしかし一つの構成と演繹がなくてはならないとするのである。この構成と演繹は悟性の機能としか見なされ得ないものだが、このことによって明らかとなるのがこの二様の思想の絶対的同一性である。[28]

　絶対的理解なるものは、絶対的真理なるものを拒否する哲学においては拒否される。観念論者は、同類だけが同類を理解するものなのだから、自分の意思を伝達しようとするときには慎重でなければならない。彼は自分の意思を伝達しようとする相手が自分と同じ概念を持っているかどうかを確かめなくてはならない。両者が共に実在性を認識しているのであれば、たとえ言葉の相違がどれほど大きくても、両者は同じものを望んでいるのである。それにこちらもまた分を弁えて、相手を完全に理解しようなどとは思わないだろう。両者が互いに絶対的に理解し合うなどということは不可能なのである。

　伝達とは描出であるべきであって、精神と精神との間にはこれ以外のいかなる媒体も存在しない。しかし描出とは、描出する当事者が自分のうちに持っているものを相手のうちにも産出させるための媒体であるべきである。方法が発生論的であれば、このことは可能である。

　われわれの方法が判定される際の基準がここにある。われわれの方法は発生論的にして結合術的である。

われわれはさらに創意と伝達との間の仲介概念をも求めねばならない。展開の概念がそれである。これが方法の主要概念である。この概念は、真理は無限であり、人間の精神は誤謬から出発せざるを得ないという命題から生じる。展開の概念はあの両概念、すなわち創意と伝達の両概念に共通のものである。いかなる創意も、あるけっして完成されることのない真理の更なる展開以外の何ものでもないのである。

この展開への欲求に基づいているのが、純粋な哲学は弁証法的であるという命題である。もはや弁証法的でなくなってしまっているようなものは、もはや純粋な哲学ではない。それは自滅して何か別ものと化しているのである。

ソクラテスの時代においては哲学は弁証法的だった。それゆえこのことはわれわれのために実例として役立ってくれるだろう。そこでわれわれは充分な理由をもって、哲学の方法はソクラテス的であるべきであると言うことができる。それはしかし哲学の方法はある特定の形式に縛られるべきであるなどということではない。ここで人々に銘記しておいてもらいたいのは、学問的な対話を行う技法が再び創出され、それが最高の力を発揮するようになるまでは、真の哲学の精神が再び花咲くことはあり得ないという一事である。[29]

結合術的ないしは発生論的方法と協調するのが綜合的方法である。ただしこれまではただ個別的なものの中にとどまって扱われていたにすぎなかったわけだが。これらの方法が協調するのは、哲学は単に弁証法的でなければならないというだけでなく、みずから歴史学と化さねばならないという点においてである。結合術的にして発生論的な方法はすべて、それゆえまた歴史的方法でもある。[30]

歴史学の基礎に関して言えば、それは生成についての知でなければならない。しかし実在的なものに関わらないものは、いかなる知でもあり得ない。知とは実在的なものについての熟考にほかならないからである。歴史は知るに値する事柄を物語るべきであるということが要求されるなら、要求されているのは実在的な事柄でなければならない。関心は実在的なものへ執着するのである。

善と悪との間の内的闘争に関わるもの、あるいは神性へと導くものが人の関心を引く。いかなる個人も歴史たり得る存在であり、また、そうあることが許される存在である。

われわれは、個人において関心を引くところのものを表現する概念を求めねばならない。これが古典的なものの概念である。人は常にこの概念を、だが不当にも、もっぱら芸術にのみ関係づけてきたのだった。

古代人たちのもとで古典的とは、個人がその固有の理想に従って完成されることを意味した。ただし個人がその類に従っている場合であっても、この類がここでの理想となるのである。

われわれはわれわれの哲学的探究を一つの展望をもって終えることにしよう。というのもわれわれは哲学を絶対的に完成させようなどとは思わないし、また、そんなことができるはずがないからである。

この展望は一つには、世界は自然であるということのうちに示される。次いでそれはまた、諸芸術と諸学問の有機的全体の中での哲学の限界規定のうちにも示される。

歴史学とエンツィクロペディーおよび論争との緊密な結合は、関心を引くものと古典的なものという概念によって明らかである。善なるものがまだ確実なものとなっていないところに、関心を引くものがある。そして客観的な関心は実在的なものに向けられる。自然における善と悪とのいまだに決着のついていない闘争に関わるもの、神性の勝利、ないしは神性の没落に関わるものはすべて関心を引くものである。個人のうちにあって個人として実在的であるところのものが古典的である。この概念はそれゆえ芸術の圏域から掬い上げられて、より高次の圏域へと移される。この概念は、個人がその身に具えている実在性、しかも最高の実在性を表示するが、さらに個人がその理想に最も近づいている地点、個人が到達し得る最高の実在性を表示するものでもある。

この概念、すなわち古典的なものの概念が自然の歴史にも適用され得ることは容易に見て取れる。

古典的なものの概念はエンツィクロペディーの中心概念である。エンツィクロペディーは諸芸術と諸学問の差異性のうちなる有機的統一性を表示するものでなければならない[31]。

論争に関わるものは人の関心を引く。論争は普遍的な伝達という前提には基づかない。それは自然の未完成、善と悪との決着のつかない闘争に基づいている。

ところでわれわれは、関心を引くものと古典的なものとの間にも仲介概念を求めねばならない。この概念は歴史の、あるいは高次の歴史学の形式と質料とを同時に規定するものであるだろう。個人とその理想との合致は、常に自然の恩恵と見なされてきたが、これは天才の徴表でもある。

天才は仲介概念である。この概念は高次のポテンツの精神的な力を表示する。それは単に普遍的であるだけでなく、個別的でもあるべきである。それゆえそれは古典的であるような実在性である。

天才が一つの精神的な力であるべきならば、それが産出するものは一つの永遠の実在性たり得るものである。しかも単に個人においてばかりでなく、宇宙においてもまたそのようなものたり得るのである。

ところで歴史の質料は、天才的であるか、関心を引くものであるか、古典的であるかによってより詳細に規定される。次いで天才の概念もまた詳細に規定される。なぜなら天才は孤立したものとは考えられないからである。天才はただ全体の調和のうちにあってのみ生きるのである。

われわれは精神的な実在性以外のいかなる実在性も想定しないのだから、実在的なものはすべて天才的である。観念論は自然を一個の芸術作品とも一篇の詩とも見なす。人間はいわば世界を詩作するのだが、彼はそのことにすぐには気づかないだけである[32]。

哲学についての展望はすでにエンツィクロペディーと論争のうちに含まれているから、われわれはこの展望のためになお若干の問題を提起しておくだけでよい。

一つの全体なるものが生成すべきである。

分離は終焉すべきである。

実在的なものはただ一つしか存在しない。すべての芸術と学問はこの実在的なものの本質である。

哲学は一つの改革を構成すべきである。諸芸術と諸学問の有機的全体とは、これらの芸術と学問の一つ一つが全体となるというかたちでのそれである。政治が宗教と道徳とを結合するように、すべての芸術と学問とを一つに結合するような学問が、それゆえ神的なるものを産出する技法であるような学問があるとすれば、それは**魔術**以外のいかなる名称によっても表示され得ないものであるだろう。[33]

一八〇一年三月二十四日終了

訳註

序論

（1）全的人間（der ganze Mensch）とは、一般にその内面的生と外面的生とが分かち難く合体して一人格を形成している全的存在者としての人間を意味する概念だが、この概念がここではシュレーゲルにとっての哲学の原点を予告するものとして提示されている。この予告は、講義第二部『人間の理論』の中の『全体の発生論的叙述』と題する項目の冒頭の一節に到って明確なものとなる。「われわれは哲学を、哲学は全的人間の学問たるべしという要求をもって開始した。そこで哲学はみずからを自己自身のうちから生み出し、次いで自己自身のうちから外へ出てゆかねばならなかった。こうして生の哲学が成立する。しかしここではただ幾つかの基本線を、最初の諸原理を与えることができるだけである。なぜならその適用可能性は無限だからである。生の哲学が完成されることはあり得ず、これら諸原理の適用は無限であるということ、まさにこのことが哲学を強制して再び自己自身のうちへと回帰させる動機となるのである。」――自己自身のうちに留まる哲学、自己自身のうちから外へ出てゆく哲学（生の哲学）、自己自身のうちへと回帰する哲学（哲学の哲学）という哲学の弁証法的展開の三態については、『人間の理論』訳註（9、54）、および『哲学の哲学』訳註（3）とその当該箇所を参照されたい。

（2）「知の知」とは、一般に知が知それ自体を自己の対象として持つことと解されているが――「われわれは知ることだけで満足しない。われわれはまたわれわれの知を知ることをも望む」（PL V-1065）――、この「知の知」が哲学の本来の出発点として機能するための条件について、シュレーゲルはこの講義と同時期の断章の一つで本文の定義を補足・修正するかたちで次のように記している。「哲学は知の知一般をもってではなく、哲学にのみ固有の知の知をもってしてはじめて開始することが可能となる。無限なるものの意識が構成されねばならない。――哲学はただ特性描写するだけである。」（PL V-1091）――哲学の開始に当たって求められる「知の知」とは、「無限なるものの意識」を構成することであり、そしてこの「無限なるものの意識」を構成するものとしての「知の知」の働きの全過程を特性描写することが哲学の職務であるというのがこの断章の主旨だが、これと同様の哲学の定義がすでに一七九八年頃のものと思われる断章の一つにも見出される。「宇宙の特性描写のみが哲学である。無限なるものの特性描写もまた然り。」(PL III-218)――この意味において、というのは哲学が「無限なるものの意識」の構成であると同時に宇宙の特性描写でもあるという意味において、「哲学は知の知である」とするこの『序論』冒頭部の命題は、「すべての哲学は宇宙の哲学である」という講義第三部『哲学の哲学』の冒頭命題(『哲学の哲学』訳註(1)とその当該箇所参照)に直結するものとして、前訳註(1)に関わる箇所の「哲学は全的人間に関わる知である」という命題と共に、この講義の構成の全域を大づかみに予告していると言うことができるだろう。なお、上記断章中の「特性描写」については『序論』訳註(43)とその当該箇所を参照されたい。

(3)「哲学は一つの実験である」という命題は、前訳註(2)の箇所の意味での「哲学は知の知である」という命題と不可分に結びついたシュレーゲルの哲学的方法論の総括的表現である。すでに一七九八年の断章の一つで、「宇宙を構成することが、古来、最も偉大な哲学者たちの最終目標だった」(PL IV-191)と書き、そして講義第三部『哲学の哲学』の冒頭で、「すべての哲学は宇宙の哲学である」と述べるシュレーゲルにとって、哲学とはすべてこの宇宙の構成――「生成する宇宙、すなわち自然以外にいかなる宇宙も存在しない」(PL III-412)という意味での宇宙の構成を目指しての「実験」、しかも誰もがそれぞれに「一から始めなければならない」実験の連続である。この意味でシュレーゲルは一七九七年頃のものと思われるカント哲学についての断章の一つで、「哲学的実験として『純粋理性批判』は古典的である。まず直観の諸形式が探られ、次いで諸カテゴリーと諸アンティノミーとが探られ、最後に諸理念と諸原理とが探られるのである」(PL II-530)と書き、また、フィヒテ哲学についても、「『知識学』が一つの実験以外の何ものでもないというのはきわめて正しいことだ。それはこれまでになされた最も偉大にして重要な実験である。しかもそれは完全に成功している」(PL III-160)と書くのである。そのシュレーゲルにとってこのイェーナ講義もまた同様の実験の記録にほかならないが、さらに講義の前年の一七九九年に書かれた断章の一つ、「実験は大いに革命的実践の精神たることのうちにある」(PL V-246) は、本文後出の「すべての知が一つの革命的状態に置かれねばならない」(『序論』訳註(24) の当該箇所参照)、あるいはこの講義全体を締め括る一種の要請として述べられる「哲学は一つの改革を構成すべきである」(『哲学の哲学』訳註(33) の当該箇所参照) という言葉と共に、「哲学は実験である」ということの、この時期のシュレーゲルにとっての実践的意義を明かすものであるだろう。

(4) 「宇宙の特性描写のみが哲学である」(PL III-218) という意味での哲学的探究において求められる「真理」の源泉は「同一律」、「矛盾律」、「充足根拠律」等の一般形式論理学の諸原則の及ばない遙かな高みにあるとする見地──「根拠と矛盾の両原則は経験に諸限界を設けるものとして完全に無効とされねばならない。それらが思考の規則を与えることはけっしてない。この規則は遙かに高いところにある。」(PL V-1070)──は、これらの諸原則に代わって対象の真に哲学的構成を可能にする思考法則の体系としての論理学の探究を促す。「私の哲学のもう一つの表現法としての新しい論理学」(PL X-218) という一八〇四年の断章の証言からも明らかなように、シュレーゲルにとって哲学とはそれ自体が一つの新たな論理学、「われわれの三段論法」(『哲学の哲学』の訳註(28) とその当該箇所参照) の模索以外の何ものでもないのであって、「哲学は一つの実験である」という先の見地(前訳註(3) とその当該箇所参照) の実質的な意味はここにあると言えるだろう。──ちなみに形式論理学的諸原則が哲学的使用に耐えないことについて、シュレーゲルは一八〇四年に始まるケルン私講義『哲学の展開十二講』と一八〇五年に始まる同『序説と論理学』において大要次のように述べている。矛盾律と充足根拠律はいずれも、「永遠に自己のうちに静止する絶対的存在」としての実体概念に依拠する同一律から導出される論理的原則である。同一律の根本命題はA＝Aである。しかし「万物は不断の変化、推移、流転のうちにある」のだから、哲学的認識にとってAの「微小時間内における微小変化」を無視することはできない。それゆえ同一律は、そしてその消極的表現である矛盾律もまた、無限に生成発展する宇宙の特性描写を目的とする哲学の対象認識と記述の機関とはなり得ない。また充足根拠律も、先の実体概念を前提とする限りでの「有限的な諸事物の因果関係の糸の操り手」としての実用的妥当性と価値とを持ってはいるが、この操り手もその行き着く最終項、例えば「知られざる事物自体」、「世界の不動の担い手」にぶつかって停止し、哲学の本来の対象であるべき「永遠に生成」する「無限なるものの全体」を前に完全に無力となる。これら論理学の三原則はそれゆえ哲学的にはいわば「文法の諸規則」以上の妥当性を持たず、哲学的議論において一応は遵守されねばならぬにせよ、それによって何らかの新たな認識を構成する機能も権能もない単なる「分析的命題」にすぎない。——「形式論理学と経験心理学は哲学的グロテスクである。」(AF 75)——。

（5）哲学のネガティヴなファクターとしての「懐疑」に対してそのポジティヴなファクター、すなわち哲学の根源的なエネルギーとしての熱狂(Enthusiasmus)について、シュレーゲルは一八〇四年に開始されるケルン私講義『哲学の展開十二講』の第四講『人間意識の個別論』の中で次のような解説を付している。すなわち哲学の「根源的要素」である熱狂とは、「低次の制約された有限的意識が一挙に高次の自由な無限の意識へと高められる」ことによって生まれる「一種の陶酔的解放感」、あるいは「無限なるものへの感情」ないしは「無限なるものへの情熱」とも呼び得るような始原的な「感情」に伴われた没我的法悦状態である。熱狂とはいわば、「われわれがある異質で圧倒的な力に掴まれてわれわれ自身から拉っし去られる」かのような、あるいは「あるまったく別種の意識がわれわれの内部に入り込んでくる」かのような「精神的震撼を伴う異次元世界への移行」であって、「霊感」と呼ばれるものがそうであるように、「ある異質な自我がわれわれの自我のうちへ侵入してくるという実感」と共に訪れる「打ち開かれたわれわれの無限性の意識」にほかならず、この意味で熱狂は人間意識の発展の歴史において最も根源的なものであり、熱狂があってこそ、「一切の高次の意識の開始」が、それゆえ哲学的営為の開始もまた可能となるのであると。——「倫理的人間の精神を宗教があたかもその要素のように至る所取り巻いて流れていなければならない。そしてこのような神的な思想と感情の霊妙なカオスをわれわれは熱狂と呼ぶ。」（ID 18）――なお、古代ギリシャの宗教および哲学の源泉としての「熱狂」については『人間の理論』訳註（39）とその当該箇所を参照されたい。

（6）「哲学の形式」として求められる「絶対的統一性」は「体系の統一性」と同義ではない。「体系の統一性」は絶対的ではない。それどころか何かが「体系」となるやいなや、それはもはや絶対的でない何ものかと化してしまう。それゆえ無限に生成する宇宙の構成を目的とする哲学にその根源形式として求められる「絶対的統一性」とは、むしろこの絶対的統一性を虚しく追い求める「諸体系」のカオスのごときものと言ったほうがよい。このようなシュレーゲルの体系観は、「《学問的見地からすれば》ただ一つのカオスが存在するのみであるのに、体系は数多く存在する」（PL V-405）という、この講義とほぼ同時期の断章にも見出すことができるが、「体系は宇宙ではない」（PL V-47）という一七九八年の簡潔な断章は、一八〇四年に始まるケルン私講義『哲学の展開十二講』第五講の『自然の理論』における同様に簡潔な命題、「世界は体系でなく歴史である」と共に、「生成する宇宙、すなわち自然以外にいかなる宇宙も存在しない」（PL III-412）という意味での宇宙、すなわち無限生成の歴史的過程の全域およびその全内容を一個の体系として組織することの不可能性――「いかなる体系も近似値でしかあり得ない」（PL V-1106）――というシュレーゲルの見地を要約している。ちなみに「すべての人が超越論的哲学を体系化しようとしているが、そんなことをすればそれは超越論的哲学であることをやめてしまうだろう」（PL II-760）という一七九七年の初期断章の一つはすでに、このような体系忌避と不可分に結びついた独自の超越論的哲学の展開――「超越論的実験」（『序論』訳註（49）とその当該箇所参照）としての――を予告している。

（7）フィヒテの哲学の定式は、自我＝自我、あるいはむしろ非我＝自我である。スピノザの哲学の定式は、文字aのもとに表示され得るものを考え、xのもとに表示され得ないものを考えるならば、a＝xである。この両定式の組み合わせから二通りの定式が生じる。非我＝xは、すべての非哲学（Unphilosophie）の定式である。残る最後の定式、すなわちa =自我がわれわれの哲学の定式である。——これが、「意識」のみに向かうフィヒテの「反省の体系」と「無限なるもの」のみに向かうスピノザの「思弁の体系」との間に真の仲介点となるべき「実在性」を見出そうとするシュレーゲルの両哲学綜合(『体系詳論』訳註(1)とその当該箇所参照)のための方程式である。この両哲学綜合の課題はこの講義の本来の主題であると共に、講義全体の構成と論述の方法とをその根底において規定しているものでもあるので、ここで唐突に出現したこの一連の定式についてやや立ち入った補足的説明を加えておきたい。

まずフィヒテの定式、自我=自我、あるいはむしろ非我=自我。『全知識学の基礎』によれば、自我は自己自身によって端的に自己自身を定立するがゆえに存在するのであり、そしてまたこの単に存在するということによって自己自身を定立する。自我とは徹頭徹尾能動的な自己活動であると同時にこの活動の所産でもあるということであって、「自我=自我」はこのような自我の根源的自己同一性の表現である。しかし自我はこの同じ活動によって「非我」、すなわち「自我にあらざる一切のもの」、「自我の外にあると考えられ、自我とは区別され、自我と対立するすべてのもの」(『学者の使命』)を自我自身に対して自我のうちに定立し、その限りにおいて自我はこの非我の反立によって自己の存立を脅かされることになる。しかし根源的には自我と自我の活動以外に何ものも存在しないのだから、「自我も非我も共に自我の活動の所産」であるという根源的事実によって「自我=非我」であり、かつまた「非我=自我」である。ただしこの定式は、自我と非我との相互的制限——「相互の可分的定立」——によって「反立的」に向き合う自我と非我とは互いに廃棄し合うことなく、互いに対等な関係を保持しつつ、自我の根源的自己同一性のもとに再び「綜合」されてあることを意味する。従ってフィヒテの定式の最終命題は、自我と非我との無限の相互作用の総体として考えられねばならない宇宙の万象は、根源的には自我の所産以外の何ものでもないということである。

スピノザの定式、a=x。「表示し得る」aとは、『エティカ』の定義に従えば「様態」を、「表示し得ない」xとは「実体」を意味するものと考えてよいだろうから、a=x、すなわち「様態=実体」とは、「神的本性の必然性」から

「無限の仕方で生じて」こなければならない「無限なるもの」、あるいは「無限の悟性のもとに捉えられ得るすべてのもの」（第一部『神について』定理一六）としての宇宙の万象（「様態」）が、この万象の「内在的原因」（『同』定理一八）である「実体」、すなわち「神」に等しいということになるだろう。a＝xとは、それゆえ表示（記述）可能な全現象世界と表示（記述）の限界の彼岸にある、というよりは彼岸そのものである「神」との根源的同一性、すなわち「存在するすべてのものは神のうちに存在し、そして神なくしては何ものも存在し得ず、知覚され得ない」というかたちでの、「実体と様態のほかには何ものも存在しない」（『同』定理一五）というかたちでの絶対的同一性の表現である。従ってスピノザの定式の最終命題は、「表示（記述）可能」な全現象世界、すなわち「無限の悟性」の対象たり得るものとしての宇宙の万象は、それ自体としては「表示（記述）不可能」な神の顕現であるということである。

この両定式を綜合するものとしてのシュレーゲル自身の定式、a＝自我。彼はスピノザのaを無限の神的自然としての宇宙と捉えて、これを「無限なるもの」の理念のもとに包括し、またフィヒテの「根源的自我」、すなわち単なる主観として意識される個体的自我を越えた「絶対的主観の反省の客観としての自我」を「無限なるものの根源的反省」である「意識」（『序論』訳註（35）の当該箇所参照）と読み替えて、これを「無限なるもの」の対極に置く。「意識の唯一の客観は無限なるものであり、無限なるものの唯一の述語は意識である」という『序論』訳註（35）に関わる本文中の命題が示すように、「無限なるもの」は「意識」にとってのみ真に表示（記述）可能なもの、すなわち真に実在的なものとして顕現する。このようなスピノザとフィヒテの綜合、スピノザの神的自然の「実在論」とフィヒテの絶対的自我の「観念論」——自我と非我との相互制限的反立関係から見れば「二元論」——のいずれにも属さず、その中間点に身を置きながら両者を仲介的に結合しようとする試みとしての綜合の定式は、この講義に先立つ『アテネーウム』誌第三巻第二輯所載の断章集『イデーエン』の一つ（ID 117）で、「哲学は一つの楕円である。その中心の一つは理性の自己法則であり、われわれがいまいるところはこの中心に近い。もう一つの中心は宇宙の理念であって、ここにおいて哲学は宗教と接するのである」という命題によってすでに提出されている。ここで「理性の自己法則」をフィヒテの「意識」、あるいは「根源的自我の活動」に、「宇宙の理念」をスピノザの「無限なるもの」、あるいは「神的自然」の理念に置き換えて順序を入れ換えれば、そのまま先の定式と合致する。のみならずこのイェーナ大学講義におけるシュレーゲルの論法も、この楕円の基本形を維持しながら経験と理論のあらゆる局面に何らかの両対極的状況を見出し、その仲介点（綜合）を求めてゆくという弁証法的手法を貫いている。実際、彼が自分の定式の「ポジティヴな見地」を表現するものとして本文で掲げている、「自我の極小は自然の極大に等しく、自然の極小は自我の極大に等しい。すなわち意識の最小圏域は自然の最大圏域に等しく、逆もまた然りである」という命題は、「無限なるものは累乗された一であり、意識はけっして完成されることのない零である」（PL V-1173）というこの講義と同時期の断章に見られる数学的思弁と共に、あの楕円構造の中でその仲介点（実在性）がスピノザの定式と重なる極点（まったき自然＝一）とフィヒテの定式と重なる極点（まったき意識＝零）との間をそのつどの個々の極大と個々の極小の目盛りを刻みながら自由に滑走する一種の弁証法的スカーラを描き出している。

　このシュレーゲルの定式において特徴的なのは、「非我」概念の排除である。この点についてはこの講義ではそれ以上の言及も展開も見ないまま終わっているが、すでに二年前の一七九八年の断章の一つで彼は、「非我は形成された無である」（PL IV-841）と書き、一七九九年の断章の一つでは、「非我は空虚な言葉である。それは何か（Etwas）と呼ばれるべきだろう。自我〔という言葉〕はきわめて適切である。なぜならそれは自己自身を構成するということをきわめて見事に表現しているからである。――とすれば綜合は一つの君（Du）ということになるだろう。」（PL IV-1253）と書いている。ここで特に「非我」に代えて「君」の概念が立てられていることは、シュレーゲルのフィヒテ受容における重要な転換の一局面を示すものであって、この講義の三年後の一八〇四年に始まるケルン私講義『哲学の展開十二講』において彼は「非我」の概念を、対象を「もの言わぬ冷やかな他者」と化せしめるものとして放棄し、それに代えて「自我に向かい合うもう一つの自我」としての「対我」(Gegen-Ich) の概念を導入し、「君」の概念の正当性を再確認している。宇宙のあらゆる対象は、たとえそれが纏う独自の外皮によっていかに「私」から隔てられていようとも、いつかはその固い心を開いて「私」(認識の主体) の呼び掛けに応答するに違いない「君」(認識の対象) なのである。

ちなみに「あらゆる非哲学の定式」として排除される定式「非我＝x」とは、「自我」を喪失したフィヒテの定式と「表示される」べきいかなる様態からも切り離されたスピノザの定式との組み合わせであって、あらゆる「非我」との、あらゆる対象との繋がりを絶たれてその実質を失った「自我」がそこに見出すものは、「いかなる述語、いかなる形象」も姿を消してしまう「無限の無」と化した「神性」理念としての「ニヒリズム」以外の何ものでもないというのが、ケルン私講義『哲学の展開十二講』においてシュレーゲルが「非哲学」の定式に与えた定義である。

(8) ここで「個体における無限なるものの意識」、「われわれが先に哲学のファクターとして手にした熱狂」と定義されている「崇高なるものの感情」は、「有限的なもの」の桎梏を断ち切って「無限なるもの」の自由のうちへ没入しようとする渇望、「無限なるものへの情熱」と呼び得るような根源的感情ないし没我的法悦感 (『序論』訳註 (5) とその当該箇所参照) であって、そこにはカント＝シラー的崇高論、すなわち感性的存在者である人間が彼を取り巻く同じく感性的世界の圧倒的な巨大さ、ないしは威力によって震撼され、無力化されて、個体としての存亡の危機に直面するとき、この感性的人間のうちなる超感性的な道徳原理、すなわち「理性衝動の純粋概念」である「自我の自律」を「デモーニッシュな自由の予感」と共に自覚する戦慄的快感の美的表象と定義される崇高論 (シラー『崇高について』) の根底を規定している倫理的緊張は見られない。崇高論は、この講義の随所に見られるカントの道徳論に対するシュレーゲルの反感ないしは違和感の最も先鋭な発露の一つと見ることができるだろう。

(9) 哲学の両要素が「意識」と「無限なるもの」であり、「この両者の無差別点が実在性である」という一文からも明らかなように、あの楕円の両対極点をその中間にあって綜合する仲介点 (『序論』訳註 (7) 参照) が、ここでは「無差別点」という別名で呼ばれている。一般に無差別点（Indifferenzpunkt）とは、両対極を成す事物ないしは力がその相互作用によって双方の影響力を相殺し合う中間点。科学用語としては無作用点、零点なども言われる。哲学史的には自然と精神との絶対的同一性の根源的直観に基づいてその自然哲学を構築しつつあったこの時期のシェリングによって多用されている。文学理論の領域においても、例えばシラーの『メッシーナの花嫁』の序文、『悲劇における合唱隊の使用について』の中に、「これ〔詩的なもの〕の本質はほかならぬ観念的なものと感性的なものとの無差別点にある」という一文が見られる。シュレーゲルもこの時期の断章の幾つかでこの用語をしばしば利用している。「傾向とは懐疑と熱狂との間の無差別である。――絶対的知は諸原理と諸理念との間の無差別である。――ところで先の傾向は捨象によって、遊離によってはじめて一つの現象に転化されねばならない。」（PL V-1122）――「無限なるものの意識は一切の思考と存在の無差別である。」（PL V-1123）

（10）ES IST ALLES IN EINEM, UND EINS IST ALLES. ――哲学の「すべての理念の原理にしてすべての原理の理念」と銘打たれたこの定理は、レッシングからヘルダーを経てゲーテへと受け継がれてきたドイツにおける近代スピノザ主義の定式――「生成する無限の多様性の充満としての無限の統一性」――のシュレーゲルによる新たな継承である。スピノザに「無神論者」の烙印を押したヤコービによってレッシング晩年の告白として伝えられている「一にして全！これ以外の何ごとも私は知らない」という言葉（『スピノザの教説について』、一七八五年）は、「私もそうだ」という熱烈な賛同と共に、レッシングのこの言葉の精神を「世界もまた一つの一なるものであり、神もまた一つの全なるものである」と敷衍して、これを自分の世界認識の原理であると宣言したヘルダーの信条吐露（『神、あるいは〔スピノザについての〕若干の対話』、一七八七年）を通じてゲーテへと運ばれ、そしてそのゲーテはヤコービに対しては、「スピノザ主義と無神論とは別物」であるとし、「もし私が知っているすべての書物のうちで私の自然観と最もよく合致するものを挙げよと言われたならば、『エティカ』を挙げねばならないだろう」と書き（一七八五年）、またヘルダーの『神』については、この書によって「自然の事物の中へと一層突き入ってゆく勇気を与えられた」と感謝したあと、「特に植物学において、一にして全なるものを目の当たりにした」ときの驚嘆を書き綴っている（『第二次ローマ滞在』、一七八七年）のである。そしてシュレーゲルによるこの定式の新たな継承へと続くわけだが、この継承は、一見スピノザにのみ捧げられているかに錯覚される汎神論的定理がこの講義の主題であるスピノザとフィヒテとの綜合の基盤ないしは前提として据えられている、というよりは「定理」そのものがすでに両哲学の綜合の表現として提示されているという意味において、継承であるよりはむしろ改造である。しかしシュレーゲルはすでにこの講義に先立つ一八〇〇年の『アテネーウム』誌に連載された『詩文学についての会話』の第二章『神話についての講話』（以下、『神話論』）において、この「定理」を「新しい神話」創出の原理として適用しており、「一にして全なる神」というスピノザの実在論の定式をそのままフィヒテの自我の観念論の定式である「一にして全なる自我」と合体させ、「一なるもの」をフィヒテの「絶対自我＝根源意識」とし、「全なるもの」をスピノザの「無限の実体＝神的自然」とする両対極をその中央において綜合するところに成立する神的宇宙を、観念論の精神によって浸透された実在論（新しい神話の原理としての詩的スピノザ主義）としての「観念論的実在論」、あるいは「観念論＝実在論」と呼ぶのである。――「観念論は自己のうちから出てゆかねばならず、それゆえ常に実在論を求める。」（PL V-451）――「実在論は最後には再び観念論のうちへと流れ戻ってゆく。」（PL V-462）――

（11）「崇高なるものの感情」と「理想への志向」とを「両者の共通項」として仲介する根源感情である「無限なるものへの憧憬」は、シュレーゲルの思想をその根底において規定し続けてゆく形而上学的世界観感情ともいうべきものだが――「哲学の本質は無限なるものへの憧憬と悟性の練磨のうちにある」（PL V-1168）――、その哲学的概念としての原型はフィヒテの『全知識学の基礎』の第三章『実践的部門』に求めることができる。フィヒテによれば、自我と非我とは「同一の自我」（絶対的自我）の所産でありながら、自我は非我に対して理論的には受動的に、実践的には能動的に関わるという二面性を負わされている。そしてこの実践的活動において自我は、本来「いかなる客観も持たない」にもかかわらず「不可抗的」に客観を求めてやまない。この不断の衝迫が、自我が自己自身のうちに欠乏感として自覚される「ある知られざる何ものかへ向かっての衝動」という一種の渇望の感情、まさに「憧憬」と呼ばれるに相応しい感情の源泉であって、この「憧憬の感情」が自我を自我の外部へと突き動かし、そこに「何ものかを実現」するようにと強く促す。しかるに根源的には「自我のほかには何ものも存在しない」のだから、この自我そのものの限定によって自我の外への衝動は阻まれ、自我は自己自身のうちへと再び突き戻される。しかし自我はこれを自我に対する強圧と感じ、再びそれを打破して自己自身を越え出ようとする新たな「憧憬」に突き動かされてゆく。このような無限の憧憬の車輪に繋がれた実践的自我の無限循環的進展がフィヒテにおけるいわば宇宙生成理論（非我の理論）の原理である。ところでフィヒテの原理とスピノザの原理との綜合に真の哲学の原理を見出すことがシュレーゲルの目標であるのだから、彼はフィヒテの「ある知られざる何ものかへ向かっての衝動」としての「無限なるものへの憧憬」を一方の絶対的原理としつつ、この「知られざる何ものか」をある客観的なものとして構成することのできるもう一方の絶対的原理をスピノザのうちに求めなければならないだろう。事実、イェーナ大学講義をその根底において規定し続けてゆくこの主題は、その三年後のケルン私講義『哲学の展開十二講』の第五講『自然の理論』に引き継がれて、「無限なるもの」（スピノザの原理）への、「無限の多様性と充溢」への渇望に突き動かされる根源的唯一者「世界自我」（フィヒテの原理）が自己超出と自己回帰との螺旋的・累進的循環運動を繰り返しながら無機的自然から鉱物、植物、動物界を経て人類に到るまでの宇宙創造を達成してゆく「宇宙生成論」を展開することになる。

(12)『宗教についての講話』（Rede über die Religion）。一七九九年に匿名で刊行され、同時代の人々、とりわけロマン派の詩人・思想家たちに深い感銘を与えた宗教哲学者フリードリヒ・ダニエル・エルンスト・シュライエルマッハーの第一作にして主著の一つ。哲学や道徳からの介入を一切排除した至純の感情に身を浸しながら「宇宙を直観し、宇宙そのものの表現と行為とに畏敬の念をもって耳を傾け」、「没我のうちにこの宇宙と一つに溶け合うこと」を願う、このような人間の「無限なるものへの憧憬」に導かれた宇宙の「純粋直観」への渇望に宗教の真の根源を探ろうとしたシュライエルマッハーの見地は、一七九七年以来彼と親交のあったシュレーゲルにも深く根強い影響を与えずにはおかなかった。一七九八年の『アテネーウム断章集』にはまだ希薄だった宗教的要素がにわかに中心的役割を主張し始める一八〇〇年の『アテネーウム』誌所載の断章集『イデーエン』はその何よりの証左であって、実際、『イデーエン』の幾つかの断章はこの友人の宗教思想へのオマージュとして書かれている。「悟性は、と『宗教についての講話』の著者は言う、宇宙のことしか知らない。想像力に支配をゆだねよ、そうすれば諸君は神を持つだろうと。まさにその通り。想像力は、神性のための人間の器官である。」(ID 8)――「ある至高のものを自己のうち深くに予感しながらも、それをどう理解したらよいか分からない人は、『宗教についての講話』を読むがよい。そうすれば自分が感じていたものが言葉とも語りともなるまでに明白となるだろう。」(ID 125)――「宇宙は説明することも把握することもできず、ただ直観し、開示することができるのみである。経験の体系を宇宙と呼ぶことだけはやめるがよい。そしてこの宇宙の真の宗教的理念を、たとえ諸君がスピノザを理解していなくとも、差し当たっては『宗教についての講話』の中に読み取るすべを学ぶがよい。」(ID 150)

(13) バーダーの著作とあるだけで、書名が明記されていないため推測の域を出ないが、この講義の時期までにシュレーゲルが読むことのできたフランツ・クサファー・バーダー(一七七五―一八四一)の著作は、一七九八年から一七九九年にかけてのノヴァーリスとの文通によって確認される限りでは、学位論文『熱素について』(Vom Wärmestoff, 1786)、『基礎生理学への寄与』(Beiträge zur Elementarphysiologie, 1797)、『自然におけるピュタゴラスの方形、あるいは、四つの世界方位』(Über das pythagorische Quadrat in der Natur oder die vier Weltgegenden, 1798) の三論文である。特に後の二論文は、医学を修めたのち、鉱物学を習得して鉱山技師としての実績を積んだバーダーがフィヒテやシェリングの思想を知るに及んで哲学の領域に踏み込んでゆこうとする時期のもので、これらの宗教的濃度の高い自然哲学的諸論をシュライエルマッハーの『宗教についての講話』と並ぶ当代の収穫と見ていたシュレーゲルは、断章集『イデーエン』の一つで次のような賛辞を呈している。「物理学者――あの深遠なバーダー――でさえも物理学のただなかから身を起こして詩を予感し、自然の諸元素を有機的個体として尊敬し、そして物質の中心に神的なるものを予示しているのは、好ましい徴候である。」（ID 97）――ちなみにこの賛辞を、シュレーゲルの講義の校訂者ケルナーは『ピュタゴラスの方形について』に向けられたものとしているのに対して、『フリードリヒ・シュレーゲルとノヴァーリス――手紙によるロマン主義者の友情の伝記――』の編纂者マックス・プライツは『基礎生理学への寄与』に向けられたものとしているが、いずれも論拠を明示していない。――後年バーダーは、ヤーコプ・ベーメの神智学的神秘思想を受容した独自の有神論的啓示哲学を展開、理性の自律を神の「原光」からの離脱、革命をこの離脱の必然的帰結と見なす反革命的イデオローグとして、一八二〇年にシュレーゲルが創刊する機関紙『コンコルディア』に寄稿者の一人として参加することになる。

（14）「実在性はすべて対立する諸要素の所産である」という命題から、この諸要素の対立という「二元論」が「自然学が達し得る最高の地点」であること、そしてこの同じ二元論が「最も純粋にして最高の惑わし」であるがゆえに「詩文学の原理」ともなり得ることという、簡単には交わらない二通りの帰結が導き出されている。この両帰結は共にシュレーゲルの古代ギリシャ哲学の研究に由来するものであるから、このあまりに簡略にすぎて分かりにくい文脈は、この研究の成果である一八〇三年に始まるパリ私講義『ヨーロッパ文学の歴史』とその翌年に始まるケルン私講義『哲学の展開十二講』とによって補足する必要があるだろう。「個々の事物の学問的知識から全体なるものの直観へ回帰しようとする試み」を介して「近代自然哲学」への道が開かれ、その「高次の自然観」に近代人を導いたのが「化学の研究」だったとすれば、古代ギリシャにおいてもこれに比肩する高度の自然観がすでにヘラクレイトスに代表されるイオニアの自然哲学の二元論、およびこの二元論と本質を共有する「詩文学と宗教」、すなわち「神話」と神話的詩文学とによって極められていたというのが、「近代自然哲学」に古代の汎活力論的自然観の復活を期待するシュレーゲルの認識である。ところでそのシュレーゲルによれば、イオニア哲学の二元論の特質は、自然を諸要素間の永遠の闘争と和合として捉えるだけでなく、あらゆる物質的な事物の外皮を完全に捨象し、そこに躍動する諸事物の内的諸力に注目することによって、自然界の一切を「真に実在するもの」としての「精神」へと還元しようとした点にある。この意味でシュレーゲルはこの自然哲学を「力動的体系」と呼び、物質に生命も精神も認めようとしないアトム論的自然観と区別する。そして外的な物体的諸現象を「惑わしの仮象」と見、永遠の生命と無限の生成のうちに息づく不壊の生命を確信しつつ、対立する諸要素間の不断の抗争、不断に交替し続ける死と再生、変化と流転をもって現象世界の万古不易の姿と観ずるこの汎生命論的二元論とも言うべき力動的自然哲学が、哲学的には「低次元の唯物論」の段階を越えるものではないとはいえ、全宇宙に生気を与え、自然をその無限の充溢と多様性のままに捉えようとする大胆かつ豊かな想像力によって当時の詩的創造の一方の原動力となったという点を強調し、そこに「唯物論はただ詩文学としてのみ耐えられる」ことの実証を見ようとするのである。これが詩文学の原理と物理学の原理とを共に「二元論」のうちに想定する本文での見解の根底を成すいわば隠れた論拠である。

(15) 実在性はただ諸理念のうちにのみある。同一性が諸理念の性格である。従って諸理念は表現、象徴にすぎない。それらの形式は三重性であるだろう。(挿話的にこう言っておいてよかろう。方法は還元をもって始められねばならないと。そもそも体系が精神をもってではなく、ただ文字をもってしか始まり得ないのはそのためである。)――この一節の論旨はおおよそ以下のように理解される。すなわち「すべての実在性は対立する要素の所産」(公理一)でもあるのだから、「実在性」は「相対立する要素の所産」としてもっぱら諸理念のうちにのみ存在するということ、そして「二元性がすべての原理の性格である」(同)のだから、「諸理念の同一性」のうちに包摂された「諸原理の二元性」としての「三重性」ないしは「三元性」が「実在性」の容器である諸理念の形式であるということであり、「実在性」はこの三重性の形式――多様の統一の原型としての「同一性」（「一なるもの」）と多様性の原型としての「二元性」（「二なるもの」）との綜合としての「三重性」の形式、すなわち表現、表出、象徴等の形式を介して顕現するということである。両根源事実としての「同一性」と「二元性」、両者の綜合としての「三重性」ないし「三元性」等については、「アレゴリー」に関する『序論』訳註（39）、および『世界の理論』訳註（2、3、9）とその当該箇所を参照されたい。

　しかしここではむしろ「挿話」として括弧入りで提出されている「精神と文字」（Geist und Buchstabe）の問題のほうが重要である。とはいえ「方法は還元をもって始められねばならないと。そもそも体系が精神をもってではなく、ただ文字をもってしか始まり得ないのはそのためである」という挿入文の一節は分かりにくい。しかし「方法が精神であり、体系は文字である。体系は哲学の有機的形成であり、方法はその内的な生命力である」という『序論』後出の一項、『方法について』の冒頭命題が理解への通路となるだろう。先の本文でいう「方法」の出発点となる「還元」とは、この講義と同時期の断章の一つによれば、「始原的なものへの遡及」（PL V-1019）であり、「根源的なものへ連れ戻すこと」（PL V-1073）であって、理念と原理の関係からすれば、「方法」とは哲学の「原理」への志向であり、「体系」とは「総体性」の「理念」への志向である。「体系は哲学の全体を描くべきものであり、方法はこの全体を生み出すべきものである」（『序論』後出）というこの両者の関係を、この講義と同時期の断章の一つは、「方法が精神であり、体系は文字である」（PL V-1171）と簡潔に総括している。しかしこうした両者の不可分の相関にもかかわらず、そして「文字なくして精神はない」（PL V-274）としながらも、それゆえ哲学は体系という「文字」をもってしか始まり得ない（本文）としながらも、「文字はそれが流動化されることによってのみ克服される」（PL V-274）、すなわち「体系」という「文字」に縛られていた哲学の「精神」は「文字」の流動化によって解放される、あるいは解放されるべきであるというのが、シュレーゲルの一貫した体系論である。

この「精神と文字」という対概念は、元来は一八世紀の聖書論争で用いられたトポスの一つ――例えば、「文字は精神ではない。そして聖書は宗教ではない。従って文字に対する、そして聖書に対する異議はそのまま宗教に対する異議とはならない。」(『ライマルス断章』に附されたレッシングの論駁文)――だったが、一七九四年に、翌年創刊のシラーの『ホーレン』誌を念頭に書かれ、一七九八年にニートハマーの『哲学雑誌』に発表されたフィヒテの『哲学における精神と文字について』(über Geist und Buchstab[e] in der Philosophie)によって再び脚光を浴び、広く文学批評等の領域にも活動の場を見出すこととなる。フィヒテによれば、認識衝動や実践衝動による制約から解放された自由な構想力が美的衝動の赴くままにさまざまな形象を生み出すとき、この「自由な創造能力」が「精神」であり、この精神がみずから産出しつつわが身に纏うさまざまな「偶然的な形態」が「精神の身体」としての「文字」である。ところで美的衝動が一個の芸術作品として構成されるためにはこの「内なる精神」を具現する「制作技術」が要求される。しかるに精神は天成のものだが、制作技術は習得されねばならない。ここに創造的精神と制作技術との、「精神」としての創造的天才とこの精神の外皮を形作る技術者――「文字拘泥者(Buchstäbler)」――との間には不可避的に齟齬、軋轢が生じるというのである。――もっともフィヒテはすでに一七九五年に書かれた『全知識学の基礎』の序文の中で、「固定した術語」を「どんな体系からもその精神を奪い、それを干からびた骸骨に変えてしまう文字拘泥者にとっての最も都合のよい手段」であるとして、講義に当たってはこの弊害を極力避けるつもりだったと述べているから、シュレーゲルはフィヒテの論考を待たずにすでにこの『序文』によってこの論争の武器を知っていたに違いなく、事実、一七九六年の初期断章群には、「哲学的精神を具えているのは批判主義者以外には懐疑論者と神秘主義者のみである。経験論者は精神や言葉を欠いた文字しか語らず、決まり文句を弄ぶ」(PL I-16)とか、「神秘主義者はあらゆる精神を理解する感覚を具えており、あらゆる精神の熟達者がそうであるように文字を憎む」(PL I-90)といった言説が見られ、また、一七九八年前後の断章にはほかならぬフィヒテを標的にしたものさえある。「フィヒテの方法の精神は定立的であり、それゆえすべてがひどく孤立している。――その文字は代数学と幾何学である。――『知識学』はフィヒテその人とまったく同様に修辞的である。個性の点からみれば、『知識学』はフィヒテ的文字によるフィヒテ的精神のフィヒテ的叙述である。」(PL II-144)――しかしシュレーゲルがこの対概念に最も的確かつ美しい表現を与えていると思われるのは、「文字は固定された精神である。読むということは、縛られた精神を解放することであり、それゆえ一つの魔術的行為である」という一七九九年の断章の一つ(PL IV 1229)においてである。

(16)「すべての知は象徴的である。諸理念はただ象徴的にしか言い表し得ない。」――哲学的探究の極限、哲学的知の到達し得る究極の地点は、「真に実在するもの」への無限接近、無限の近似値としての「表現」、名状し難いものの「象徴的表示」を越え得ないというシュレーゲルの認識は本講義中にもさまざまなかたちで反復されている。「同一性が諸理念の性格である。諸理念は従って表現、象徴にすぎない。」(『序論』訳註(15)とその当該箇所参照)――「諸形象についてはただ形象的にしか語り得ない。」(『世界の理論』訳註(14)とその当該箇所参照)――「実在性は絶対的叡知であり、それ以外のいかなるものも実在的ではないのだから、実在的なものの意識を伴うこの実在的なものの思考(これは一つの知である)は、ただ象徴的にしか表示され得ないだろう。従ってわれわれはさらにもう一つの命題――すべての知は象徴的である――をも得るのだが、この命題は哲学の形式に関わるものであって、そこからはまた、哲学の形式は無限であるという命題が帰結されるのである。」(『哲学の哲学』訳註(6)と当該箇所参照)――「象徴とはそれ自体においてはけっして表示され得ない諸要素の記号、代理である。」(PL V-1197)――

(17)すべての真理は相対的であり、すべての真理はただ中央にしかないという点については、そして相対立する二つの要素の中間にあって両者を仲介的に綜合しつつ全体を構成してゆくというシュレーゲルの「楕円」の弁証法については『序論』訳註(7)とその当該箇所を参照されたい。ここで言う「真理の相対性」とは、いかなる綜合も絶えず上位の対立とその更なる綜合を促し、これが無限に続くということである。――「真理は、相対立するもろもろの誤謬が中和し合うときに成立する。絶対的真理は容認され得ない。そしてこれが思想と精神の自由のための原典である。もし絶対的真理が見出されるようなことになれば、それと共に精神の仕事は完了してしまい、そして精神は存在することをやめなければならないだろう。なぜなら精神はただ活動性のうちにあってのみ存続するのだから。」(『哲学の哲学』訳註(7)とその当該箇所参照)——

(18)自我が「無限なるものへと接近すべく流れ出てゆく」という発想は、フィヒテには見られない「流出論」の混入をうかがわせるものだが、シュレーゲルがフィヒテの「無限憧憬」に「無限なるもの」への独自の流出論的回帰願望を読み重ねていることを示している。このことは「流出論にはフィヒテの理論における無限反省との類似性がある」(PL IV-1535)という一七九八年の断章や、「われわれはいわば一つの流出(Ausfluß)」であるという本文後出の一節(『人間の理論』訳註(15)とその当該箇所参照)によっても明らかである。

(19)自己自身のうちから外へ出て、この外なるものとの関わりによって獲得されたすべての成果を引っ提げて再び自己自身のうちへと帰還するという循環をもって人間の精神的活動の根源形式であるとする見地が、この講義の第二部『人間の理論』および第三部『哲学の哲学——哲学の自己自身への回帰』——の原理となる。この循環をシュレーゲルはこの講義に先立つ一八〇〇年の『アテネーウム』誌所載の『神話論』において「観念論の本質」と捉え、また同誌所載の断章集『イデーエン』の一つでは次のように書くのである。「詩文学の生命と力は、それが自己のうちから出てゆき、宗教の一部を引っ攫い、次いでそれをわがものとすることによって再び自己のうちへと回帰するという点にある。哲学についてもまったく同じである」(ID 25)と。

(20)「知の究極の根拠もまた信仰ではない。われわれが知ることができないところ、われわれが考える事柄の実在性が意識され得ないところにおいてしか信仰は生じ得ない」とする見地は、『人間の理論』の中の「信仰の概念は、それが知の対立物であるべきだとされる限り、哲学から放逐されねばならない」という一節(『人間の理論』訳註(30)とその当該箇所参照）に呼応している。――この講義と同時期の断章の一つにも次のような一文が見出される。「信仰もまたたぶん完全に追放されることになろう。これに代わるものが感覚――感触である。――直観が感情と思考の中心を占めるだろう。」（PL V-1097）

（21）シュレーゲルは、古代ギリシャ哲学一般の特質として「統一性」、すなわち「一なるもの」、「無限なるもの」を随所にかいま見せながらも、その非体系的未完結性のゆえにスピノザ的な円環を形成するには到らず、ただこの「無限なるもの」を示唆するだけに留まっているという点を挙げているが、実際にはシュレーゲルにとってこのような特質はギリシャ哲学一般のというよりはプラトン哲学の特質、あるいはプラトンに代表される対話的・弁証法的思考モデルの特質と言うべきであって、ここはむしろプラトンの名をこそ出すに相応しい箇所だったはずである。哲学は「無限」であり、それゆえ「体系」とは「無限接近」ないし「近似値」にすぎないというこの講義の基本命題を最も見事に実現しているのがシュレーゲルにとってほかならぬプラトンだからである。彼は三年後のパリ私講義『ヨーロッパ文学の歴史』の『プラトンの特性描写』の中でこの哲学者の論法の特徴を次のように描いている。「プラトンはその対話諸篇においてけっして特定の定理から出発したりせず、大抵は、ある間接的な主張とか、彼が廃棄しようとしている既成の命題への反論をもって始める。そして対話の連鎖をたどりつつ進み、彼が至高のものと見なすものを漠然と示唆するところまで行き着く。このような彼の哲学的論法は哲学の精神と完全に合致している。なぜならこの論法は至高なるものの入り口まで行き、ここで哲学的には表示することも説明することもできない無限にして神的なるものを漠然と暗示することで満足するからである。」――また、その翌年に始まるケルン私講義『哲学の展開十二講』の『哲学の歴史的特性描写』において、体系と体系的思考とをその本質において拒み、「無限なるもの、神的なるもの」への暗示的な展望をもって閉じられるがために、再び新たな思想の展開へと扉が開かれ、このようにしてひと続きの連鎖を成して無限に進行してゆくプラトンの非体系的哲学を、シュレーゲルは「生成する哲学」と呼び、また、このような哲学の体現者を、一七九八年の『アテネーウム断章集』の一つ（AF 116）で彼自身の標榜するロマン主義文学理念に与えた「永遠に生成するのみで、けっして完成され得ない」ことをその本質とする「進展的普遍文学」（eine progressive Universalpoesie）にちなんで「進展的思想家」と呼ぶのである。なお、プラトンの特質については『世界の理論』訳註（14）とその当該箇所を参照されたい。

（22）Die Philosophie ist ein Zirkel, dessen Centrum überall und dessen Peripherie nirgends ist. この箴言についてこの講義の校訂者ケルナーは、「あるイタリアの詩人」とあるのは誤りで、出典はパスカルの『パンセ』であるとして当該箇所の原文を掲げ、聴講者の聞き違いか、講義者の記憶違いかのいずれかだろうとしている。これに対してミヒャエル・エルゼッサーは一九九一年に遺稿として刊行された独自註釈版の註で、問題の一文を中世の『二十四人の哲学者の書』に由来するものとして原典のラテン語文を挙げ、「新プラトン主義」の根源者、「一切を原理的に掌握する至高の現実」としての「一なるもの」が「円ないしは球に譬えられ」ているのであって、シュレーゲルはこの教説についての詳しい知識なしにこれを借用したのだろうと結論づけている。しかし「イタリアの詩人」が誰であるのか、「二十四人の哲学者」の一人なのか、登場人物の一人なのかという点についての論及はない。ラテン語の原文は Deus est sphaera infinita cuius centrum est ubique, circumferentia nusquam. ケルナーが挙げている先のパスカルのフランス語文は C'est [sc. l'univers, la nature] une sphère dont le centre est partout, la circonférence nulle part. であるから、もし後者が前者からの転用であるとすれば、パスカルはすでに主語「神」を「宇宙」、「自然」と読み替えていることになる。それはともかく、両文共に補語は「球」（sphaera, sphère）であるのに、シュレーゲルはこれに「球」（Kugel）ではなく「円」（Zirkel）を当てている——球面を「円」と眺めることは可能であるとしても——のはどういうことだろうか。このことからここでこの箴言の出所についてもう一つの可能性を指摘しておきたい。この講義の十三年前の一七八七年に刊行されたヘルダーの『神、あるいは「スピノザについての」若干の対話』の第二章において対話者の一人が語る次のような言葉がそれである。「われわれが生命のないものと呼んでいる物質のどんな微細な点にも同じ神的諸力が弱まることも小さくなることもなく働いている。われわれは全能に取り囲まれ、全能の大海原を泳いでいる。だからあの古い比喩は常に真実であり続けているのだ。《神性とは、その中心が至る所にあり、その円周はどこにもない一つの円である》(Die Gottheit ist [sei] ein Kreis, dessen Mittelpunkt allenthalben, dessen Umkreis nirgend ist.) というのがそれだ。」――スピノザの実体の理論とライプニッツのモナドの理論とを綜合することによって宇宙を無限の生命の充満する唯一無二の根源力の有機的発展の歴史と捉えようとしたヘルダーのこの対話篇が、シュレーゲルのこの講義ばかりでなく、その後のパリ・ケルン時代の諸講義にも根強い影響を与え続けていることからも、上記の「古い比喩」のヘルダー訳を、ドイツ語に多少の異同はあれ、問題の箴言の典拠のもう一つの、そしてシュレーゲルにとっては一層身近なものであるだけに一層有力な可能性として挙げることができるだろう。もっとも「あるイタリアの詩人」の出所だけは依然として不明のままであるが。――なお、本文のこの「円」の比喩に先立つ箇所での、哲学の両ファクターである熱狂を中心、懐疑を半径、両者の無差別点を円周上の点に擬している幾何学的思弁は、この講義と同時期の断章にも見られる。「円の中心は円のポジティヴなファクター、半径ないし直径はネガティヴなファクターであり、円周自体は無差別である。懐疑と熱狂は哲学の両ファクターである。」(PL V-1103)――

(23)「無限なるものへの憧憬」によって「有限的なものの仮象」への幻想を断ち切ることがシュレーゲルにとっての真の哲学、すなわち観念論への第一歩であり、この幻想に固執する独断論を一掃することが観念論の実践的課題の一つであるというのが、この講義におけるシュレーゲルの一貫した主張である。「混乱を引き起こすもとは二つの相容れない原理の混合である。この二つの原理とは無限なるものへの憧憬と有限的なものへの固執、執着である。」(『人間の理論』)――「観念論は無限なるものの哲学であり、独断論は有限的なものの哲学である。」(『人間の理論』訳註(46)とその当該箇所参照)――「有限的なものの仮象の根絶」という論争的主題はこの講義と同時期の諸断章にも戦闘的な論調を与えている。「ただ一つの優位、すなわち有限的なものに対する無限なるものの優位しか存在しない。」(PL IV-1198) ――「観念論の憲法。有限的なものの妄想は根絶されるべきであり、このことが実現されるまでは、一切の知は論争的状態にあると宣言されるべきである。」(PL V-1107) ――「無限なるものの意識は存在している。有限的なものの妄想が根絶されさえすれば、無限なるものはおのずから姿を現す。惑わしとの闘いのうちに真理は展開されてゆく。」(PL V-1108) ――「憲法の第一条項は、無限なるものの意識がすべての人間のうちに展開されるべきであるということである。」(PL V-1117) ――「有限的なものを妄想することは、無限なるものの意識と直接対立することである。――この命題〈?・〉を理解する者は神的なるものを覚知する。――それは哲学者が神性のために与えることのできる唯一の定式である。無限なるものは自然と自由＝神性との間を漂う。」(PL V-1083) ――「フィヒテの三つの命題は、三つの論理的幻影の翻訳である。そこから有限的なものの空無性が導き出されねばならない。」(PL V-1124) ――「観念論は、有限的なものの根絶と無限なるものの定立に帰着する。」(PL VI-4) ――

(24)「すべての知が一つの革命的状態に置かれねばならない」のだとすれば、そのような状態を醸成し、「すべての知」を――あるいは「知るということはすべて哲学することであり、哲学以外にいかなる学問も存在しない。いやしくも知が含まれているものは、すべて哲学である。」(PL V-1066) という意味では――「すべての哲学」をそのような革命的状態へと追い込むものが、この時期のシュレーゲルにとっては観念論、正確にはフィヒテの観念論である。彼は一七九八年の『アテネーウム』誌所載の断章集の一つで、「フランス革命、フィヒテの『知識学』、そしてゲーテの『マイスター』が当代の最大の傾向である」(AF 216) と書き、さらに一八〇〇年の同誌所載の論評『不可解ということについて』では、この「誤解」に晒された「悪名高き三つの傾向についての断章」への弁明として、「私の極度に主観的な見解の一つ」としながらも、「フランス革命を超越論的観念論の体系のための卓抜なアレゴリー」と見なすと書き、「詩文学と観念論とがドイツの芸術と教養の中心であることは誰もが知っている」と書くのである。そしてこのような文化革命のための実践的青写真として彼は、フィヒテの観念論の胎内からこの観念論の精神に浸透されて誕生するスピノザ的詩的実在論に来るべき新時代の文学の共通の土壌となるべき「新しい神話」の可能性を探ろうとする『神話論』（一八〇〇年の『アテネーウム』誌所載）を構想し、特にこの綜合の一翼を担うフィヒテの観念論のうちに「すべての学問、すべての芸術」の上に到来する「大いなる革命」の予兆を見、「理論的視点からすれば、人類が全力を尽くして自己の中心点を見出そうとする苦闘の一部、一表現」でしかない観念論も「実践的視点からすれば、われわれが自分自身の力と自由とによって実現し、広めてゆくべき革命の精神、革命の原則」にほかならないと主張するのである。——「全ドイツ文芸はまずもって革命され、しかるのちロマン主義化され、批評されねばならない。」（PL V-539）——「観念論は全体として一つの精神的革命であり、一つの学問的宗教である。——（観念論は芸術の学問にして学問の芸術である。）」（PL V-614）——これが、イェーナ大学講義前後の時期のシュレーゲルが自分のまわりに醸成されつつある、あるいはされるべきであると確信していた「革命的状況」である。

（25）人間の意識が「諸原理」の探究を志向することによって真理への第一歩を踏み出しながらも、依然として前段階の表象の世界（「誤謬の時期」）との絆を断ち切れず、「有限的なものの仮象」に囚われたまま、諸原理そのものを「実在性」（真理）の源泉と見なす「形式的思考」に終始する時期に成立するのが「独断論」であり、この「有限的なものの仮象」の幻影を断ち切って「無限なるものへの憧憬」に目覚めた意識（『序論』訳註（23）とその当該箇所参照）がこの「無限なるもの」の認識であるべき「ポジティヴな真理」を希求し始める「諸理念」の時期に成立するのが「観念論」である——「有限的なものの哲学」が独断論であり、「無限なるものの哲学」が観念論である」（『人間の理論』訳註（46）とその当該箇所参照）——というのが、この講義の論争的要素として貫かれてゆくシュレーゲルの哲学諸体系批判の基準である。

（26）悟性を人間の精神的能力の完成の極致として人間的諸能力の最上位に置くシュレーゲルの悟性論——「悟性は無限

の意識、意識された無限なるもの、反省された宇宙、宇宙的反省である」（『序論』後出）――「意識とは人間的思慮、すなわち悟性の最高の頂に到るまでの有機的形成の歴史である」（『同』訳註（51）とその当該箇所参照）――は、「悟性は本来、形而上学的な能力である」（PL IV-1052）というこの講義に先立つ時期の断章によって端的に総括されている。本文の人間意識の諸時期の表からも明らかなように、シュレーゲルは悟性（Verstand）を理性（Vernunft）の上位に置くが、この位階づけについてシュレーゲルは一八〇五年に始まるケルン私講義『序説と論理学』において、悟性が「超感性的なもの」への能力、すなわち宇宙の「ポジティヴな認識」を目指すそれ自体一個の「宇宙的能力」ないしは「神的能力」と呼ぶに値する真に哲学的な能力であるのに対して、「理性」は「感性的なもの」のみに適用され、いわば「実践的悟性」として、与えられた事物の単なる分析的処理に終始する実用的能力を越えるものではないとし、その意味で悟性をIntelligentia、理性をratioと呼ぶ。悟性を感性的なもの、理性を超感性的なものの構成能力としたカントの序列を逆転させるシュレーゲルのこの悟性優位論の見地は終生変わらず、カトリックへの改宗後の一八一三年の断章にも、例えば「理性は感性世界の概念であり、悟性は精神の認識である。精神とはしかし神の覚知である」（PL Beil. X-101）といった言説が見出される。なお、悟性を「道徳の唯一の立法者」の地位に立たせるシュレーゲルの見地については、『人間の理論』訳註（60）とその当該箇所を参照されたい。

（27）独断論とは通常、カントに始まる批判主義の洗礼を受けていない、あるいはこれを拒む哲学体系ないし言説に対して批判主義の側から一方的に投げつけられた論難的呼称であるのに、ここではこの呼称がほかならぬカントその人に、しかもカントの「超越論的感性論」を独自の不可知論的経験論の見地から批判したヤコービを道連れにするかたちで投げ返されている。しかしシュレーゲルが独断論を「観念論に対立するもの」、そして独断論の要素を「経験論と利己主義」であるとしている本文のここでの文脈からも、そしてまた観念論を「無限なるものの哲学」、独断論を「有限的なものの哲学」と定義している本文後出（『人間の理論』訳註（46）とその当該箇所参照）の文脈からも、彼がカント哲学を、先の「真理の諸時期」の表に照らして言えば、すでに「観念論が可能」となる「真理の第二期」にありながら、依然として「有限的なものの仮象」の幻惑（本文前出『序論』訳註（23）とその当該箇所参照）に囚われている、いわば経験論的残滓を引きずった中途半端な観念論の域を脱することができずにいる「体系的独断論」と見ていることが分かる。この点についてシュレーゲルはこの講義の三年後に始まるケルン私講義『哲学の展開十二講』の『哲学の歴史的特性描写』においても、カント哲学を観念論的要素と経験論的要素との相半ばする「合成体」であるとし、そもそも空間と時間が直観の根源的な形式として想定されている限り、いかに隠蔽されていようとも、何らかの「超感性的直観」が暗黙裏に前提されているはずであるのに、カントはそれを頑に認めようとせず、いかなる超感性的直観——例えば知的直観——をも許容しようとしなかったため、彼の空間・時間論は足場を失って宙に浮き、その結果、彼の全哲学は経験論と観念論との狭間に落ち込むほかなかったのだと結論づけている。批判主義、ないしは観念論の不徹底、経験論的要素の温存——これがカントとヤコービとを一括して「独断論者」の側へ押し戻したシュレーゲルの論拠である。両者に対するシュレーゲルの違和感ないし反感は、「闘い甲斐のある相手は、独断論者（カント）と論争家（ヤコービ）だけである」（PL V-1114）という闘志を剥き出しにしたこの時期の断章ばかりでなく、すでに一七九六年から一七九九年までの幾つかの断章にもその捌け口を見出している。「独断論の本質はあれこれの意見のうちにあるのではなく、方法のうちにある。批判的ならざる方法はすべて独断論的である。論駁とはすでに批判である。懐疑的、経験論的基礎もまた一つの批判的ならざる教条である。」（PL I-83）——「カントは根本において甚だしく無批判的である。」（PL II-35）——「『純粋理性批判』について。それは理性への論駁（絶対的哲学の大いなる意味においての）であるよりはむしろ理性の殺害である。——しかも彼が論駁しているのは超越論的理性では断じてなく、絶対的理性——ないしは体系的理性である。——絶対的観念論を彼は予感だにしなかった。」（PL II-449）——「カントの哲学は有体に言えば、一つの人間悟性論と感情道徳論（ein essay on human understanding and moral sentiment）以外の何ものでもない。」

（PL IV-1078）――「ヤコービはある経験的な要求と課題から、ある特殊な願望法から出発する。それゆえ彼は一個の経験論者、しかも神秘主義的経験論者である。《彼は神秘主義者の名に値しない》。」（PL I-60）――「ヤコービは絶対的哲学と体系的哲学との狭間に陥り、そのために彼の精神は汚辱にまみれたのである。」（PL II-1047）――「ヤコービは観念論を知らない。なぜなら彼は、哲学の恣意的な跳躍が同時に哲学の必然的な自己自身からの超出であり、しかもこのことが常に哲学の自己自身への回帰をもたらさずにはおかないということを洞察していないからである。」（PL V-459）――

（28）一切の経験の原理的表現である「二元論」（「二元性」）と一切の理論の原理的表現である実在論（「同一性」、「統一性」）とが純粋な理論の形成を求めて結合することによって成立する純粋二元論、すなわち「ア・プリオリの二元論」が数学であるというのがこの断章的一節の主旨だが、このような「同一性」（統一性の源泉である不可分の「一なるもの」）と「二元性」（多様性と対立性の源泉である二なるもの）との綜合のもとに一切の経験的諸現象を排除して成立する学問としての数学について、シュレーゲルはケルン私講義『哲学の展開十二講』第四講第二節の『想起と悟性の理論』において「ピュタゴラス派」を念頭に浮かべつつと称して独特の思弁を展開している。それによると「統一性、一元性、単一性、一性、一なるもの」（Einheit）には三種あり、第一のそれは、人間の意識がかつて「無限なるもの」のうちで「無限なるもの」と共にあった本源的状態のプラトン的想起から導き出される「神的概念」としての「根源的統一性」（永遠の一性）、第二のそれは、この第一の「統一性」から流れ出て有限的なものへ適用される「派生的統一性」（現象世界における統一性）、そして第三のそれは、諸部分に枝分かれしながらもなお一個の全体を成しているような、例えば自然や芸術作品において複数の部分や力が一つの根源から生い立ちながらも一つの全体を作り上げているような「有機的統一性」、あるいは「対立をもって一つの全体を作り上げている数列の最小単位が三である」という意味での「三位一体的統一性」である。ところでこのような「数列」の、それゆえ「三」の基礎となる「対立的なもの」の源泉は

「二」（「二なるもの」、「二性」、「二元性」）であるが、この「二」は、あの根源的な「一」からは導出され得ない。「一」はその不可分性によっていかなる「二」（「多」）も生ぜしめないからである。宇宙の「無限の統一性」の基礎となる「同一性」と「無限の対立と多様性」の基礎となる「二元性」とが哲学の「両根源事実」として宇宙構成の「理念と原理」を成しているように（『序論』訳註（15）とその当該箇所参照）、「一」と「二」とは「数の全体系」の両根源要素（無限の神的「一」と無限の神的「二」）として、そのどちらも他の数からは導出され得ない別系統の根源数であり、「三」はこの両根源数の綜合、「低次の一性の、より高次の一性への回帰」、あの神的・根源的一性への回帰としての綜合（「三位一体的統一性」）である。「四」は「二」の倍増によって生じるが、これは「二」の必然的な補完であって、「二」の体系に属している。以下「十」まで、これらの諸数の組み合わせから導き出される。――「実在論は一性の哲学であって、そこから一つの体系を成立させようとすれば、二性を付加しなければならない。こうして数の哲学が成立する。」（PL IX-192）――シュレーゲルはこのような数の哲学について同じケルン私講義の『哲学の歴史的特性描写』のピュタゴラス派に言及している箇所で次のようにも述べている。「ピュタゴラス派の論理学への寄与に関してはどんな資料も残されていないが、単一性、二元性、三元性から多元性を導出する彼らの原理は、その内容から見れば数の理論だが、その形式から見れば構成の理論であり、これは近代の哲学において綜合的構成と呼ばれるものである。」――このイェーナ講義もまたこの意味において、互いに完全に独立した別系統の二つの根源事実（根源数）である「実在論」（「無限の一性」）と「二元論」（「無限の二性」）とを綜合の両原理として、「宇宙」を「永遠に一なるもの」の無限の生成・発展の総体として捉え、かつ記述するための「実験」と見ることができるだろう。

（29）本来「理論」とのみ関わり、その本質性格を「同一性」（永遠に一なるものとしての実体）のうちに持っている実在論が、「理論」とは逆の方向性を持つ「経験」（多なるものの無限の生成の総体）と結合されるとき、ここに成立するのが「ア・プリオリの二元論」である純粋数学（前訳註参照）の対極を成す「経験的実在論」としての歴史学である。ところで経験の領域において「実在論」は「超越的」であるから、歴史学の対象は「絶対的に経験的なもの」、すなわち「永遠に一なるもの」（真に実在するもの）の現実的な生成発展の総体としての「絶対的に経験的なもの」でなければならず、その意味で歴史学は「真の存在」（オントス・オン）を志向する哲学に対して、「真の実在者」（オントス・オンタ）の構成ないし描出に関わる学問であるというのがこの一節の主旨だが、この「オントス・オンタ」の概念についてこの時期シュレーゲルは「古典的なもの」の概念を軸とする幾つかの断章を残している。「古典的なものは、詩文学の側へ向かっては形成体の概念へ移行し、哲学の側へ向かってはオントス・オンの概念へ移行する。（プラトンのオントス・オンタはもろもろの形成体である。）」（PL IV-1174）――「プラトンのイデアは実践的なオントス・オンタであり、それゆえ物自体と神の国が一体となったものである。」（PL IV-1244）

（30）「可変性と結合された個体は、形成（Bildung）、ないしは生成（Werden）の概念を与える。形成は歴史（Geschichte）の内容である。歴史学（Historie）の条件は理想である。」――「生成」、「形成」、「歴史」ないし「歴史学」の諸概念はシュレーゲルの思想の複合体を読み解く一連のキーワードだが、その基幹を成すのが「生成」の概念であって、「生成する宇宙、すなわち自然以外にいかなる宇宙も存在しない」（PL III-412）という、この講義の一年前の一七九九年に書かれた断章は、一切は「生成」のうちにある、一切は「生成」である、いや、端的に「生成」のみがあるというシュレーゲルの全思想をその根底において規定し続けてゆく根本命題を代表している。「生成」についてはこれ以外にも例えば、「物質の永遠に変わらぬ量というものは物理学に属していない。なぜなら自然は存在しているのではけっしてなく、ただ生成するのみだからである。」（PL III-316）――「自然は無限であるのではなく、無限になるのである。」（PL III-319）――「生成は世界の本質――ゆえに世界の起源――諸事物の終わりである。」（PL IV-1041）――「自然は徹頭徹尾神話的であって、もはや物理的ではない。世界の生命が物理学の対象であり、人類の形成が歴史学の中心である。」（PL III-392）――「自然を自由なものとして徹頭徹尾観念論的に考察するとき、自由な生成を対象とする歴史学が得られる。」(PL III-390)——シュレーゲルはまた歴史(Geschichte)と歴史学(Historie)とを「慎重に区別すべき」であるとして次のように述べる。「歴史学とは、歴史以外の諸対象に対しても適用され得るような文献学的な処理法である。歴史とは過去の人類の総括であり、未来の人類の予感から切り離すことはできない。——歴史は自然と技術との綜合であって——技術が自然と歴史の綜合であるのではない。」(PL V-828)〔本講義では両者の語義上の区別はほとんどなされていない。〕——また、形成の概念(文化・教養等を包括する広義の概念)について彼は一七九七年の初期断章の一つで、「天才性、熱狂、機知、そして普遍性が形成の要素である」(PL II-1027)と書き、そして同時期の別の断章の一つでは「天才性(Genialität)の基礎カテゴリー」と題して

独創性(Originalität)

エネルギー　天才性　熱狂

イロニー

という表(PL II-593)を作成している。

(31) この講義の本来の主題を構成する「二元論」と「実在論」との綜合の一局面を代表する物理学(自然学)、ここでは数学(純粋二元論)と歴史学(経験的実在論)とを仲介する「無差別点」としての物理学が、「すべての学問は自然学であるがゆえに」(本文)、諸学問中の「最高の学問」、ないしは「第一の学問」として位置づけられる。同様の見解は、「一つの学問は一つの対象を持たねばならない。しかるにただ一つの対象、すなわち自然しか存在しない。学問はすべて自然の学である。」(PL V-954)というこの講義と同時期の一断章によっても確認される。一七九八年の断章の一つで「宇宙を構成することが、古来、最も偉大な哲学者たちの最終目標だった」(PL IV-191)と書いたシュレーゲルにとって、その宇宙とは「生成する宇宙、すなわち自然以外にいかなる宇宙も存在しない」(PL III-412)という意味での宇宙であり、従って「すべての哲学は宇宙の哲学である」(『哲学の哲学』訳註(1)とその当該箇所参照)という意味での哲

学の対象、それゆえまた一切の学問の対象は自然以外にはあり得ないというのがこの時期のシュレーゲルの自然観の一貫した基本命題であって、これが「神性を実現することが自然の永遠の課題である」、あるいは「自然とは、いわば現実的となった神性である」、あるいは「自然は生成する神性である」(いずれも本文後出)というもう一つの、明らかに別系統の自然認識と合流して、この講義の全体像に独特の自然汎神論的相貌を与えている。

(32) 人間の意識の展開としての哲学の構成は、この意識に属する芸術的意識の展開、すなわち芸術理論の構成をも同時に含むものでなければならないとする見地、あるいは、それが同時に一個の芸術哲学として構成されていないような哲学はもはや哲学の名に値しないという見地は、「すべての芸術は学問となり、すべての学問は芸術となるべきである。詩文学と哲学とは合一されるべきである」という一七九七年の『リュツェーウム断章』(LF 115) 以来のシュレーゲルの「ロマン主義綱領」の一つであって、このような哲学と詩文学、学問と芸術との合一ないし融合の理想郷的情景をシュレーゲルは、例えば一七九九年の断章の一つで次のように描いている。「詩文学と哲学とが一つとなるとき、人類は一つの人格となる。そのとき言語そのものが神話となるだろう。――ギリシャ人と原民族インド人とが綜合されて新しい人類となる。――《そのときにはさまざまな作品が現れるだろう。――歌謡――対話篇、それに講話や物語もまた再び存在するようになるだろう。中心は神話であるだろう。そのときには芸術家と人間とはもはや分かれていないだろう。そのときにはこの世界そのもののうちにおいても自然、宇宙、神性は融け合うだろう。》」(PL IV-739)

(33) 「真理の最高の総和」としての観念論。――観念論へのこの最大級の賛辞は、例えば「詩文学と観念論がドイツの芸術と教養の中心であることは誰もが知っている」(『アテネーウム』誌最終巻所載の論評『不可解ということについて』)といった言葉によってすでに表明されているが、しかし彼の標榜する観念論が、これと対極を成す実在論を基底として持つことによってのみ成り立ち得るいわば実在論的観念論、「フィヒテの観念論の胎内からこの観念論の精神に浸透されて誕生する新しいスピノザ的実在論」(『神話論』)として構想されるような観念論であることは、この講義においてもフィヒテの「反省の体系」（観念論）とスピノザの「思弁の体系」（実在論）との同様に独自の綜合が意図されていること（『序論』訳註（7）と当該箇所参照）から見ても明らかである。この講義と同時期の断章の一つは、シュレーゲルの観念論の実質を端的に表現している。「哲学の絶対的実在性への傾向。観念論は絶対的実在論であり、これが観念論のための最良の呼び名である。」（PL V-1174）

（34）「観念論と時を同じくして成立するように見える」とされるここでの「物理学」は、観念論哲学と並走ないしは合流しつつ近代物理学に先立つ隆盛の一時期を持った「自然哲学」という名の思弁的自然学を指すが、シュレーゲルはすでに『神話論』においてこの自然哲学の出現について、「哲学の魔法の杖」がいまだ触れもしない先に、「現代の偉大な現象」であり「大いなる革命」の原理である観念論がはやくも「物理学」の分野にその独自の姿を現していたというこの驚くべき「偉大な事実」こそが、「現代の秘められた連関と内的統一性」を暗示するものであると書き、さらにこの講義の二年後の一八〇三年に創刊される『オイローパ』誌第一輯所載の回顧的論評『文芸』（Literatur）の中で、この「現代の秘められた連関と内的統一性」に再度言及し、この新しい物理学が「観念論の中から完成されたかたちで誕生したのだ」とすれば、このような物理学こそは「観念論のより質料的な表現」、「あの最高の真理の感性的な生きた叙述」にほかならないとして、バーダー、ヒュルゼン、シェリング、リッター、ステフェンス、ウェルナーら、この「哲学的物理学」の担い手たちを顕彰している。

（35）「意識は無限なるものへの根源的な、だが無意識的な反省である。宇宙（極大）の根源的な根としての極小の知覚が知的直観である。」——「宇宙（極大）の根源的な根としての極小」とは、宇宙（無限なるもの＝極大）への「根源的な無意識的反省」である。ところでシュレーゲルにとって哲学の両根源要素は「無限なるもの」とこれへの根源的反省としての「意識」であり、そしてこの両要素は、「無限なるものは意識に対して実在性を持ち」、「意識の唯一の客観は無限なるものであり、無限なるものの唯一の述語は意識である」（本文前出）という絶対的な相関のうちで不可分に結合されている。そしてこのような絶対的相関の一方の極小要素である「無限なるものへの無意識的反省」の知覚に「知的直観」の名が与えられるとすれば、この定義づけは一応フィヒテの演繹をなぞるものではあるだろう。フィヒテによれば、「知的直観」とは「外なる客観へと向かう思考の内的活動」が同時に「自己自身のうちへと回帰してゆく」こと(シュレーゲルのいう「根源的反省」)によって自我のうちに無媒介的にもたらされる「主観的なもの」と「客観的なもの」との絶対的相関性の知覚としての「自我の根源的自己直観」である。(『知識学の新しい叙述の試み』)——確かにシュレーゲルは「知的直観」を「宇宙の根」の知覚を意味する根源的能力として位置づけ、その限りにおいて上記のフィヒテの演繹に沿っているかに見えるが、しかし彼の意図する綜合が「フィヒテの自我の観念論とスピノザの宇宙の実在論との綜合」であることからも容易に想像されるように、すでにフィヒテの演繹の主観主義を踏み越えてしまっており、このことはこの講義に先立つ時期に書かれた幾つかの断章に見られるこの概念の使い方にも明白に現れている。——「生命は自然の知的直観である。——たぶん歴史もそうである。両者は、固定的、流動的、共存的、継起的と姿を替えながらも一つのものであるだろう。」(PL IV-1032)——「知的直観が哲学にとって思弁、反省、捨象のカオスであるように、神話は詩文学にとって象徴、擬人化、アレゴリーのカオスである。」(PL IV-1057)——「ソクラテスのダイモニオンは彼の道徳的感覚の知的直観のための一般向けの呼び名である。」(PL IV-1061)——「知的直観は予定調和の、ある必然的にして永遠の二元論の意識にほかならない。」(PL IV-1026)——「知的直観は予定調和の意識である。」(PL V-519)——ところで知的直観をこのように「予定調和の意識」と捉える見地は、この講義に先立って刊行されたシェリングの『超越論的観念論の体系』の見地との濃密な類縁性を示している。「いかにして同時に客観的世界がわれわれのうちなる表象に、われわれのうちなる表象が客観的世界に合致するかということは、もし両世界、すなわち観念的世界と実在的世界との間にある種の予定調和が存在していないならば理解できない。しかしこの予定調和そのものもまた、客観的世界を産出する活動と意欲のうちに現れる活動とが根源的に同一でないならばやはり考えられない。［……］このような活動が美的活動なのである。」（『超越論的観念論の体系』序論）――シュレーゲルもまたケルン私講義『哲学の展開十二講』において「対象の内的本質（意味）を直接的に知覚する能力」としての「感情」、「内的直観」、「精神的直観」をもって知的直観に代わるべき本来の能力として挙げ、それが「美の本質と密接に関わる」ものである限りにおいて「美的直観」と呼び、従来の意味での、つまりはフィヒテの意味での知的直観を不要の概念として捨てるのである。

（36）われわれは「意識」と「無限なるもの」から出発し、「人間悟性の歴史」に到着し、次いで「観念論批判」に到り、かくして「諸学問のエンツィクロペディー」へと導かれたという文脈での「人間悟性の歴史」とは、シュレーゲルにとって「精神および思考能力の最高の完成」、「宇宙的意識ないし意識化された宇宙」として人間的能力の全領域を締め括る最高の「形而上学的能力」（『序論』訳註（26）とその当該箇所参照）の歴史であり、従ってまたこの能力なしには達成され得ない「宇宙の構成」、「宇宙の特性描写」をその本来の課題とする哲学、同じことだが宇宙の各領域を分担する諸学問のすべてを集積・統合する哲学そのものの歴史にほかならない。そしてこのような人間精神の発展の最包括的な歴史的構成を可能ならしめる基盤の整備として「観念論批判」の名目のもとに独断論論駁――「有限的なものの仮象の根絶」――が行われたのち、これら諸学問の歴史的統合を意味する「エンツィクロペディー」の理念に到達したというのが、この講義のここまでの暫定的な総括である。しかし「エンツィクロペディー」に関する論述はここでいったん途切れ、この概念についてのそれ以上の言及はないが、この「エンツィクロペディー」構想はイェーナ大学講義の全体を締め括る最終目標（「すべての学問と芸術の有機体」の構成）として第三部『哲学の哲学』において再度取り上げられる。ところでこの「エンツィクロペディー」の名称の出所については、「フランス人のエンツィクロペディーは徹頭徹尾誤った傾向である。――これに反してエンツィクロペディーはドイツ地生えのものである」（PL V-331）、「エンツィクロペディーとは哲学と文学との相乗によって強化された文献学以外の何ものでもない」（PL V-497）という、この講義とほぼ同時期の二つの断章から、この概念がディドロ＝ダランベールによる「百科全書」に由来するものではなく、哲学と文学との「相乗」によって成立する高次の哲学的文献学という意味でのそれ、ここでは特にホメロス学に新紀元を画して近代文献学の基礎を築いたとされ、シュレーゲル自身もその強い影響下にあったと思われるフリードリヒ・アウグスト・ヴォルフ（一七五九－一八二四）の「文献学のエンツィクロペディー」の理念に触発されたものと見なければならないだろう。この由来問題に一応の決着をつけ、エンツィクロペディー概念をシュレーゲルの先の断章が暗示している本来の源泉であるヴォルフの文献学に引き戻したハンス・ヨーアヒム・ハイナーの論考『フリードリヒ・シュレーゲルの全体性思考』（Das Ganzheitsdenken Friedrich Schlegels, 1971）によれば、シュレーゲルは一七九八年の断章集『文献学の哲学』において「フィヒテの哲学によってヴォルフの文献学を越え、ヴォルフの文献学によってフィヒテの哲学を補完」しようとする一連の試行錯誤を経て、「哲学的に累乗された文献学」、あるいは「文献学の哲学」という独自の「エンツィクロペディー」構想に逢着したというのである。このような哲学と文献学との、ここでは『知識学』（学問論（Wissenschaftslehre）と芸術論（Kunstlehre）との融合・合体としての「エンツィクロペディー」構想については、『人間の理論』訳註（32）および『哲学の哲学』訳註（10）とその当該箇所を参照されたい。

（37）「全体の諸部分への、諸部分の全体への関係を表現する原理」は芸術にも見出すことができるとして、例えば造形芸術（ネガティヴな要素）と音楽（ポジティヴな要素）とをその中間にあって綜合するのが建築であるといった弁証法的関係がここでも成立すると主張されているが、どの分野であれ、この種の思弁を一貫して押し通すことがいかに困難であるかを、これらの芸術ジャンルを含む幾つかの目まぐるしい断章がシュレーゲルに代わって告白している。「音楽と物理学は哲学と詩文学との根であり、ポテンツであるにすぎない。」（PL V-870）――「音楽が大地的な基礎芸術であるとすれば、一切の言語は再び音楽へと解消してゆかねばならない。一切の学問と芸術を宗教へと解消してみるがよい。そうすればそれらはおのずから音楽となるだろう。」（PL III-588）――「世界が音楽と見なされるならば、それは一切の存在者の永遠の踊り、一切の生あるものの普遍的な歌、諸精神の律動的な流れである。」（PL IV-60）――「有機的形成が造形芸術の理念であるだろう。《ある未来の画家へ》」（PL IV-1463）――「絵画が音楽と建築の中間に位置するように、算術は幾何学と代数学との中間に位置する。」（PL III-341）――「建築と韻律は応用的音楽にすぎないのではないか。あるいはすべての芸術がそうなのでは。」（PL IV-618）――「古代の性格は彫塑、体育、建築であり――近代のそれは絵画と音楽である。――西洋の性格＝哲学と詩文学。東洋の性格＝宗教。」（PL V-829）――また、この講義の翌年に書かれた断章の一つ（PL VI-29）でシュレーゲルは、彫刻と音楽を左右に対照させ、この横線中央の上下に建築と絵画を配するという四辺形構造の相関図を描いたりしている。

（38）哲学の方法の四つの構成要素のうち懐疑と実在性との結合から「実験」という方法が得られるが、この実験の方向性は「熱狂」と「絶対的なもの」との結合から得られる。しかしこの結合は「絶対的なもの」、すなわち「無限なるもの」への「熱狂」というかたちでの結合にほかならないから、哲学の方法は、「無限なるもの」と「無限なるものへの根源的反省としての意識」との絶対的相関の中で「中心から出てゆき、再び中心へ関わってくる」という「循環」を描くものとなる。「ただ一つの世界が存在するのみであること、それゆえ無限なるものへの回帰以外の何ごともあるべきではない」という、この『序論』に続く『体系詳論』の末尾に「宗教の要素」の一つとして掲げられる命題（『体系詳論』訳註（7）とその当該箇所参照）は、哲学の「方法の方向は循環的である」ということの本来の意味を語っている。「観念論の方法は観念論そのものと同様に敏捷かつ可変的である。――観念論は自己の方法の中から出て、あらゆる学問の方法の中へ入ってゆくことができなければならないが、それはしかし常に再び自己の方法の中へ流れ戻ってくるためである。」（PL V-608）――哲学の自己超出と自己回帰については、『人間の理論』訳註（54）および『哲学の哲学』訳註（3）とその当該箇所を参照されたい。

（39）同じ綜合という目標を目指しながら、一方は「論証」の道を、もう一方は「直覚」の道をたどりつつ哲学の両対極を構成しているのが「反省」と「思弁」であり、この両対立要素が再度結合されることによって「アレゴリー」の概念が得られる。しかるに「反省」は「何らかの現象」を前提せざるを得ず、また、「思弁」は「理想」をその質料として持っているのだから、「アレゴリー」とは「何らかの理想の現象」である。そして「反省」と「思弁」のうちに一切の思考の形式が網羅されているとすれば、思考によって生み出されるものはすべて「アレゴリー」でしかないというのがこの箇所の主旨である。ところでこの『序論』に続く『体系詳論』の冒頭部において、シュレーゲルは「われわれの哲学の体系はスピノザの体系とフィヒテの体系の共通の体系たるべきものである」としてこの講義の主題を再確認したのち、われわれの体系は「意識へと向かう」フィヒテの「反省の体系」と「無限なるものへと向かう」スピノザの「思弁の体系」との仲介項（綜合）である「実在性」を目指すものでなければならないと述べていることから、「反省」と「思弁」との結合によって得られるとされる「アレゴリー」の主題的意味が明らかとなる。すなわちここで求められる「実在性」とは、われわれにとって「実在性」（理想）の「何らかの有限的顕現」（現象）――「言い表し得ないもの」の「何らかの別様の言い表し」――以外の何ものでもないということである。この意味での「アレゴリー」については、『世界の理論』訳註（2、3、9）とその当該箇所を参照されたい。

（40）「神性は自己自身を表示するために世界を形成したのであると言えるだろう。」――この箇所での一連の論理に従えば、「無限なるものは無規定的なものと被規定的なものとの所産」であり、そして「無規定的なもの」が「現実的になる」、すなわち「被規定的なもの」になるためには、この「無規定的なもの」が「自己自身のうちから出て自己を規定しなければならない」のだから、「無限なるもの」として捉えられる限りでの「神性」もまた、この自己の無規定性から超出して自己を被規定的なものへと形成することによってはじめて「規定された無規定的なもの」としての「世界」、ないしは「自然」となることができるというのが、この文脈の中にやや唐突に出現した「神性」概念の定義であり、このいわば自然汎神論的命題は――「神性の有限的現象への自己表現が世界である」という「アレゴリー」問題（前訳註

(39)参照)を内在させながら――さまざまなかたちで反復されてゆく。例えば、「自然は実在性と神性との間の仲介項である。その無限の課題は、神性を実現することである。」(『補足』、後出)――あるいは「自然とはいわば現実的となった神性である。」(『序論』後出の原註)――あるいは「自然は生成する神性の形象である。」(本文後出、『人間の理論』)――またこの講義と同時期の断章の一つにもアレゴリー理論への示唆を含んだ次のような一節が見出される。――「有限的なものの仮象と無限なるものへの暗示とは互いに合流し合う。――いかなる芸術作品も無限なるものへの暗示である。――神性を実現することが自然の無限の課題である。」(PL V-1140)

(41)「人間は自己を無規定的なものと化するまでに、そして無規定的なものへと到るまでに規定すべきである。(意識のさまざまな段階は無規定的なもののうちへの回帰の諸時期である)。」――ここでは前訳註箇所とは逆に、「被規定的なもの」が「無規定的なもの」への回帰を目指して自己規定を続行してゆく過程において、「自我」が成立、形成、確立されてゆくということであって――この意味で意識の全階梯は「無規定的なものへの回帰」のさまざまな位相を描き出すことになる――、それゆえ「自我」とは、あるいは「自我」たろうとすることは、あるいはまた真に人間たろうとすることは、このような意味での自己規定の究極の段階に到達しようとすること、「無規定的なもの」、すなわち「神性」への回帰を究極の目標とする永遠の帰路の途上にあるということ――「無限なるものへの回帰以外の何ごともあるべきではない」(『体系詳論』訳註(7)とその当該箇所参照)――である。『イデーエン断章集』の幾つかのものは、このような根源者(無限なるもの)への回帰をモティーフとしている。「有限的なものが無限なるものへと形成されてゆくさまを想像してみるがよい。そのとき君は一人の人間を考えているのだ。」(ID 98)――「真の人間は、人間であることの中心点にまで達した者である。」(ID 87)

(42)「実在的」であるのは、「自我における被規定的なものと非我における無規定的なもの」、すなわち「人間における必然性と自然の自由と」である。――この命題がスピノザとフィヒテとの綜合、すなわち自我=非我(反省の定式)、a

＝x（思弁の定式）、ゆえにa＝自我という綜合と同義であり、従ってこのことから「自然の自由は人間における必然性に等しい」という最終的な帰結が得られるというのが、ここでの一連の推論である。この綜合をフィヒテの理論をなぞるかたちで敷衍すれば、「自然の自由」と「人間における必然性」とは互いに反立し合いながら相互作用のうちに合一されるということ、すなわち自然に対しては自由が、人間に対しては必然性が反立的であり、これら反立的な関係が根源的な自我の自己同一性のもとに「相互的関係」へと綜合され、かくして自然のうちなる人間と人間のうちなる自然というかたちでの「自我＝非我」という綜合が、非我を自我に向かい合うもう一つの自我（対我）として並び立たせる楕円の関係（a＝自我）の中で成立するということになるだろう。この点については『序論』訳註（7）とその当該箇所を参照されたい。この「自然における自由」と「人間における必然性」という、互いに反立し合いながら不可分の一体を成している両概念が、第一部『世界の理論』、第二部『人間の理論』の共通の基礎となるのだが、この「自由」と「必然性」との対比が「生命あるもの」と「生命を阻む固執的なもの」との対比として捉えられる新たな展開については、『序論』訳註（52、53）とその当該箇所を参照されたい。

（43）「検証と定義とを組み合わせるとき、特性描写が仲介概念となる。（これが歴史学の方法である。）」――検証ないしは実証と定義付けとを結合する綜合的な記述能力としてここに挙げられている「特性描写」（Charakterisieren）は、対象の的確な解明と描出の技法として、本文後出の「発生論的」技法（『序論』訳註（51）とその当該箇所参照）と共にシュレーゲルの哲学的論理と批評理論の基幹を成す「歴史的方法」の両翼を担う重要な概念であって、ケルン私講義『序説と論理学』の定義を借りるなら、「対象の本質の把握と対象の成立過程の解明とを結合する」ことを課題とする「発生論的」技法に対して、「特性描写」は「対象の個々の特徴を指摘するだけでなく、対象に含まれる一切の特質的なもの、個性的なものを追求し、それらを結合することによって全体を描き尽くす」ことを課題とする技法である。この技法に関する断章も少なくない。「スピノザの哲学は神性の特性描写以外の何ものでもないだろう。」（PL II-724）――

「真に厳密な哲学は宇宙の特性描写以外の何ものをも含まないだろう。」(PL II-494)――「特性描写は歴史学の絶対者である。」(PL II-926)――「宇宙の特性描写のみが哲学である。無限なるものの特性描写もまた然り。」(PL III-218)――「特性描写は無限に普遍的な実験である。」(PL IV-339)――「人間は一個の小宇宙である。個人の特性描写のためには宇宙の特性描写が必要である。」(PL IV-418)――「特性描写は歴史学の秘儀である。」(PL IV-1220)――

(44)「観念論の方法は結合術的実験(combinatorisches Experiment)である。」――ここでいう「結合術的」とは、充満する諸断片のカオスから一つの有機的世界を構成する技法に冠せられるシュレーゲル独特の用語の一つであって、「機知は結合の技法」(PL III-16)という一七九七年の断章の一つが示しているように、「見かけはまったく無関係で接触点のない異質な、あるいは隔絶された諸対象の間にさまざまな類似性ないしは類縁性を見出し、これらの類似性ないしは類縁性の諸断片を結合して一つの意味ある全体へと瞬時にまとめ上げ、描き出す能力」(『哲学の展開十二講』第二講第三章『人間意識の特殊論』)という機知の機能と不可分に結びついた形容語としても用いられる。機知はこの意味で「結合術的精神」(combinatorischer Geist)とも呼ばれる。結合ないし結合術的精神については、本講義においてもさまざまな用例が見られる。「われわれの方法は発生論的にして結合術的である。」――「結合術的精神と連携しているのが実験という方法である。ただ一つの実在性しか想定しないということがわれわれの哲学の原理である。類似性の真理がアナロギーである。そうしたさまざまな類似性を知覚する力が結合術的精神である。」(『哲学の哲学』訳註(26)とその当該箇所参照)――「結合術的ないしは発生論的方法と協調するのが綜合的方法である。[……]すべての結合術的にして発生論的な方法はそれゆえまた歴史的方法でもある。」(『同』訳註(30)とその当該箇所参照)――

(45)「真の哲学はすべて超越論的哲学である」のだから、超越論的哲学は「類語反復的」であって、これはむしろ「実験的哲学」ないしは「中心的哲学」と呼ぶほうが適切であるというのがここでの提案だが、この種の呼称の組み替えや振り替えは、初期の断章以来、さまざまなかたちで繰り返されてきている。「実験的哲学」について言えば、「超越論的哲学」と銘打たれたこの講義そのものが、「哲学とは実験である」という命題をもって開始されているのだから、「実験的哲学」もまた類語反復的であろうし、「中心的哲学」についても、例えば「古代的なものは中心的詩文学の中へと集中し、近代的なものは（原始キリスト教と並んで）中心的哲学の中へと集中する」（PL V-363）という、この講義と同時期の断章や、「中心的哲学としての観念論、中心的観念論者としてのアリストテレス」（PL X-242）というケルン私講義と同時期の一八〇四年の断章から、ここでは観念論が「中心的哲学」を代表していることが分かるが、しかし「観念論の方法は観念論そのものと同様に敏捷かつ可変的である。――観念論は自己の方法の中から出て、あらゆる学問の方法の中へ入ってゆくことができなければならないが、それはしかし常に再び自己の方法の中へ流れ戻ってくるためである。」（PL V-608）というこの講義と同時期の断章の一つをそれに重ね合わせると、この「中心的」ということの意味がほかならぬこの講義で哲学に求められている弁証法的循環運動におけるそれ、すなわち、「観念論の方法の方向」は「求心的か遠心的か、すなわち中心へ向かうか、中心から出てゆくかである」（この箇所直前の一節）という意味でのそれであることが分かる。この意味で「中心的哲学」という用語もまた同様に類語反復と言わねばならないだろう。「超越論的観念論とは一つの類語反復である。批判的観念論のほうが、そこで論争のすべてを包含する芸術批評が意図されているなら、より適切である。」（PL II-453）――「超越論的とは観念論にあっては修飾的形容詞である。批判的とはその誤用でさえある。」（PL II-235）――こうした用語の目まぐるしい組み替えや振り替えにもかかわらず、シュレーゲルにとってこの講義の原点はあくまでも、「超越論的なものが本質的であり、それを介して他のすべてのものが一点に集中せしめられる。」（PL V-804）という一七九九年の断章にあると言わねばならないだろう。

（46）「三段論法」の極小としての「超越論的見地」、極大としての「純粋悟性」。――哲学のネガティヴな要素である「方法」とポジティヴな要素である「体系」とを仲介するのが「三段論法」であり、この「三段論法」の「必須条件」としての「極小」――「諸現象の一つの現象への還元」を意味する「極小」――が「超越論的見地」であり、「無限接近」としての「極大」が「純粋悟性」であるというのがこの一節の図式だが、ここで言う「三段論法」とは、本文にもある通り、一個の自己完結的な「悟性の諸機能の全体」、哲学的思考の完成された独立機関としての論理学の体系であり、「超越論的見地」とは「還元」、すなわち本文後出の記述（『哲学の哲学』の訳註（22）とその当該箇所参照）を借りるなら、「仮象を捨象して理論へと遡及してゆく能力」として、すべての理論の、従ってすべての哲学の必須条件でもあるような根源的能力であり、そして「純粋悟性」とは、「無限の意識、意識された無限なるもの」、あるいは「反省された宇宙、宇宙的反省」と定義されている本文前出の記述（『序論』訳註（26）とその当該箇所参照）によってすでに確認されているように、人間の最高の哲学的能力、あるいは「宇宙の構成能力」――とはいえあくまでも「無限接近」としてであるが――であって、それゆえここで言う「三段論法」とは、「超越論的見地」と「純粋悟性」とをその両極として構築される「宇宙の構成」ないしは「宇宙の特性描写」のための機関としての論理学である。この講義と同時期のものと思われる断章の一つでシュレーゲルは、「哲学のいかなる作品も一つの大いなる三段論法でなければならない。その意味でスピノザの体系も一つの三段論法である」（PL V-981）と書き、講義の翌年の一八〇二年の断章にも、「私は徹底して一つのまったく新しい方法を構成しなければならない。三段論法の理論を――あるいは結合術的方法の理論を。《その痕跡はすでに両者、すなわちフィヒテとシェリングの方法のうちに見られる》」（PL VI-190）と書いて、一八〇五年に始まるケルン私講義『序説と論理学』において本格的に試みられることになる「私の哲学のもう一つの表現法としての新しい論理学」（PL X-218）の構築を予告している。

（47）ここで言う「論理的な証明」とは、単なる分析的命題のみによって構成されている一般形式論理学に基づく証明であって、「私の哲学のもう一つの表現法としての新しい論理学」（前訳註（46）参照）に基づく対象の「実在性」の究明としての証明ではない。この対象の実在性の究明のために必要とされる証明はすべて「歴史的」でなければならないとする見地――「いかなる証明も歴史的である」――については、『序文』訳註（4、43、51）とその当該箇所を参照されたい。

（48） 客観的恣意（objektive Willkühr）。哲学は「絶対的なもの」を「絶対的に」に希求するのだから、「絶対的でないもの」はすべて徹底的に排除〔捨象〕され、「絶対的なもの」のみが無条件的に定立されねばならない。これがこの講義においてシュレーゲルが掲げる哲学の絶対的発端だが、この絶対的な「捨象」と「定立」という根源的行為――これによって哲学は「無限なるもの」と「意識」という対極的両要素を得ることになる――を、シュレーゲルはここでフィヒテに倣って「客観的恣意」と呼ぶ。フィヒテによれば、「反省と捨象」という自我そのものの根源的活動によって「自我は自己自身を定立するがゆえに存在する」という「人間的知の絶対的に最初の、端的に無制約的な根本命題」へと導かれる（『全知識学の基礎』）が、もしこの根源的な自我の活動が哲学者自身のうちで「恣意的に作り出されたもの」でしかないならば、そのような「単なる恣意の行為によって成立したものの上に築かれた哲学」は「一つの幻影」、「単なる虚構」ではないのか、哲学者はいかにしてこの「単に主観的でしかない行為」にその「客観性」を保証し、哲学者の「自由な思考」が「必然的な思考」に対応していることを証明するのかという問いは避け難いとした上で、問題の自我の徹頭徹尾「主観的な行為」は必然的に「その本性からして客観的」であり、「私が私に対してある」ということは絶対的な「事実」であると自答している。（『知識学への第二序論』）――このような「客観的恣意」として捉えられた自我の「自由な行為」の絶対的主観性が、フィヒテにとってと同様、シュレーゲルにとっても哲学の無条件的発端なのであって、このような絶対的主観性の必然的行為としての「客観的恣意」によって開始される観念論哲学についてシュレーゲルはこの講義と同時期のものと思われる断章の一つで、「本来の観念論は一個の学問ではけっしてなく、すべての学問への一つの導入――一つの合意、一つの恣意的啓示にすぎない」（PL V-953）と書いているのである。

なお、「哲学の三つの契機」の二番目に挙げられている「知的直観」とは「無限なるもの」と「意識」との絶対的相関の意識、すなわち「無限なるものの意識についての意識」（本文後出）であり、三番目の「超越論的見地」とは前二者の

「無差別点」ないし「仲介点」として、「われわれをして一切の個体的なものを超出させ」て「われわれ自身」を「無限なるものの反映」（本文後出）たらしめるところの見地である。「知的直観」については『序論』訳註（35）とその当該箇所を、「超越論的見地」については『同』訳註（46）とその当該箇所を参照されたい。

（49）「超越論的実験」のための要素は「意識」、「実在性」、「無限なるもの」である。「意識はいわば＋a －a…、生成してゆく零と、消滅してゆく零である。無限なるものは全方位的に際限なく累乗されてゆく1である。」――シュレーゲルはしばしば論述に数学的思弁を持ち込むが、ここでは「無限なるもの」と「意識」とが「意識の唯一の客観が無限なるものであり、無限なるものの唯一の述語が意識である」（本文前出）という絶対的相関の中で成立する一つの完結した無限圏域の一方の極（意識）に0をとり、もう一方の極（無限なるもの）に1をとり、この対極の中央に位置する「実在性」を＋、－いずれかの方向に既知数aとしてスライドさせ、それが「意識」に接近するに従って「零」は「生成」してゆき、それだけ「無限なるものの現象」としての「意識」は鮮明となり――「無限なるものが無限に有限化されることによって意識は生じてくる」（本文）――、逆方向、すなわち「無限なるもの」へと接近するに従って「零」は「消滅」してゆき、際限なく累乗された（ポテンツを高められた）1としての「無限なるもの」のうちに吸収されてゆくという構図を描いている。これは、「意識」を「自我」に、「無限なるもの」を「自然」――「生成する宇宙」としての――に置き換えて本文前出の命題に従って言えば、「自我の極小は自然の極大に等しく、自然の極小は自我の極大に等しい」、あるいは「意識の最小の圏域は自然の最大の圏域であり、自然の最小の圏域は意識の最大の圏域である」という定式の数式的表現となる。ところで「無限なるもの」は、それゆえ「無限なるものへの根源的反省」（本文前出）である「意識」ないしは「自我」もまた、哲学の究極の両原点として、いずれも「無限接近」というかたちでしか到達するすべのない「理念」であるのだから、上記のような両極間の無限収縮と無限拡大の構図が現実的（経験的）に実在性を持つためには、対極を成す0と1との間に、無限に0に接近する無限小と、無限に1に接近する無限大とが想定さ

れねばならないだろう。事実、シュレーゲルはこの講義と同時期の断章の一つで、「無限なるものは累乗された一であり、意識はけっして完成されることのない零である」(PL V-1173) と上記の構図を確認し、次いでこの確認をやはり同時期の別の断章の一つで、「すべての数は1と0との、あるいは1|0と0|1との中間にある」(PL V-1109) と敷衍したのち、さらに別の断章の一つで、「知とは意識を伴った実在的な思考である。――数はたぶん知に対応していると思われる」(PL V-1141) と前置きした上で次のような図式を書いている。

—0

1|0 — 0|1

1—

(50) 神性思考としての「予見」(Divination)。自然は「神性」の顕現――「自然とはいわば現実的となった神性」(本文)――なのだから、自然を思考するとは「神性を思考」することにほかならない。それゆえこの「神性思考」のすべてが「予見」の能力に委ねられるとすれば、「予見」とは自然のあらゆる営みのうちに、自然がその「無限の課題」とする「神性の実現」(本文)を予感し、予告し、かつこの実現の跡をたどり、それを伝える能力であると言えるだろう。そもそもわれわれは「自然」以外の何ものも知り得ず、従って「自然学」以外のいかなる学問も持ち得ない(本文)のだから、このことは取りも直さず「神性」以外の何ものも考えられず、従って「神性」の学問、すなわち「予見をもって始まり、予見をもって終る」、いわば「不可視」の自然学しかあり得ないことを意味している。「思考する」とは「予見する」ことである。シュレーゲルはすでにこの講義に先立つ一八〇〇年の『アテネーウム』誌所載の『神話論』の結びで、「すべての思考は予見である」と書いて人間精神の新時代の到来を予告し、また、この講義と同時期のものと思われる断章の一つで、「主張したり定立したりするのは、説明するのと同様、本来の意味で不粋である。哲学するとはこれすべて予見することである。ただし方法をもって。」(PI V-1016) と書くのである。

シュレーゲルはこの箇所に続く数行で、この「予見」の概念をもってフィヒテの「反省の体系」とスピノザの「思弁の体系」とを綜合する新たな仲介項たらしめることによって――「予見は反省と思弁との中間にある」(PI V-1188)――、「予見の体系」ともいうべき独自の構想を示唆している。この綜合の課題は、すでに本文前出の「アレゴリー」に言及した部分(『序論』訳註(39)とその当該箇所参照)で、「反省と思弁とを結合すると、アレゴリーが得られる」という命題によって提出され、「反省と思弁とはあらゆる思考の形式」であり、「思考することによって現れてくるのはただアレゴリーのみである」と述べられていることから、「予見」と「アレゴリー」との本質的同一性は明らかであって、「予見」とは「アレゴリー」、すなわち「形象」を介して「無限なるもの」を「意識」へともたらす能力であり、従って「思弁の体系と反省の体系との綜合」としての「予見の体系」は、この意味において「アレゴリーの体系」と呼ぶこともできるだろう。

(51)「特性描写」と共にシュレーゲルの「歴史的方法」の一翼を担っているのが「発生論的」(genetisch) 技法である。この点については『序論』訳註(43)とその当該箇所を参照されたい。ところで本文の「定義は発生論的である」とは、対象の本質と特質とを余すところなく描き尽くすという意味での定義はすべて「歴史的方法」に基づくものでなければならないということであって、この意味での定義の完全性についてシュレーゲルは一八〇五年に始まるケルン私講義『序説と論理学』の『概念の論理的完全性』の章で次のような説明を加えている。「概念を単に実用的に使用するだけでなく、哲学にも使用するということは、事物の本質、成立、漸進的発展、最終的および最高の規定、普遍的にして必然的連関、その多様な活動、さまざまな力、形式、法則等々を、それらの最内奥の根源にまで遡って認識し、把握することを目指すということであって、このような事物の哲学的探究に当たって要求される概念規定の理想は、学問的であるべき定義はすべて発生論的でなければならない、ということである。」——それゆえ「意識とは人間的思慮、すなわち悟性の最高の頂に到るまでの有機的形成の歴史である」という本文後出の命題は、人間的意識の全歴史は、それゆえまたこの人間的意識によって捉えられる限りでの宇宙の全歴史は、有機的形成の概念と不可分に結合した「発生論的」技法によってはじめて真に構成されるというシュレーゲルの歴史記述の理想の端的な表明と見ることができる。

(52)「人間における必然的なものとは人間における固執的なもの(das Beharrliche)であり、自然における自由なるものとは自然における生命的なものである。」——この命題が「独断論と真っ向から対立する」ものとされるのは、それがシュレーゲルにとっての観念論的見地の基本命題だからである。すなわち一方において自然の至る所に「自由」と永遠の生命の奔流を見、そこに独断論の自然理論の原理である「自然必然性のメカニズム」の無限連鎖を断ち切る汎生命論的・力動論的な自然原理を想定すると同時に、他方においては人間の営みのあらゆる局面にわたって絶えず人間であることの自由、「生成する無限の自我」の活動(ケルン私講義『哲学の展開十二講』の第六講『人間の理論』)を阻止しようと働く自然必然性の力である「固執的なもの」(慣性力)との不断の闘争を見、そこにこの障害と戦いつつ人間がその真の目標とする「神的自由」への無限志向という実践的課題を想定すること、これが自然と人間についてのシュレーゲルの観念論的見地であって、本講義第一部『世界の理論』と第二部『人間の理論』の基本理念として引き継がれてゆくのである。

(53)「すべての被規定的なものの性格は、それゆえ無規定的規定可能性である。自己をますます規定し続け、無規定的なもののうちへと回帰しようとする被規定的なもののこのような傾向から、意識の本質である自己規定は生じるのである。」——『序論』訳註(41、42、52)に関わる箇所で繰り返されてきた「人間の規定〔使命〕」についての議論の再度の反復だが、ここでは新たに「無規定的規定可能性」(unbestimmte Bestimmbarkeit)の概念が提示されている。「無規定的なもの」のうちへの回帰を目指して自己を規定し続けてゆくというすべての「被規定的なもの」に認められる傾向は、被規定性という受動態から自己規定性という能動態への転換がすでにすべての「被規定性」のうちに「規定可能性」というかたちで内在していることを示している。「規定可能性」とはそれゆえ、あらゆる被規定的存在者にその被規定性から脱却して自由な「自己規定」へと向かわしめる契機ないし促しであり、それが「無規定的」であるのは、この契機ないし促しそのものが無限であること、それゆえ被規定的存在者が不断の「自己規定」(「意識化」)によって無規定的存在者(「無限なるもの」)のうちへと回帰しようとする道程――「意識のさまざまな段階は無規定的なもののうちへの回帰の諸時期である」(『序論』訳註(41)に関わる箇所参照)――が永遠に到達不可能な目標へ向かってのそれであることを表現している。「無規定的規定可能性」とは、「被規定的存在者」に対して「無規定的なもの」(「無限なるもの」)のうちへの回帰を常に無限の可能性として提示し続けること、「自己規定」(「意識」)のあらゆる段階――究極的な回帰のいわばそのつどの不完全な実現――に対して最終目標へ向かってのさらなる自己規定を迫る契機ないし促しとであることを意味している。

(54)「健全なる悟性が誤謬から出発し、従って健全ではなく、病的で、堕落していることは、意識の歴史においても証明されるのである。」――この歴史的証明としてシュレーゲルは一七九八年の『アテネーウム断章集』の一つで、カントの批判主義に対する「健全なる悟性」という名の哲学的常識のしぶとい反抗を挙げている。「カント哲学に逆らいつつ生き長らえている僅かばかりの著作は、健全なる人間悟性の病歴のための最も重要な記録である。イギリスで発生したこの疫病はかつてドイツ哲学にさえも危うく感染しそうになったことがある。」(AF 61)――ここでいう「イギリスで発生した疫病」とはシュレーゲルによれば、「感覚と経験」を唯一の認識源泉とするところから「一切の叡知的にして道徳的なものの拒絶」の上に「通俗的な歴史学」を築く以外には何ごともなし得なかったロック主義者たちの経験論(ケルン私講義『哲学の展開十二講』第一講『哲学の歴史的特性描写』)の猖獗を指すものだが、しかしこの講義の時期になるとシュレーゲルは、「かつてドイツ哲学にさえも危うく感染しそうになったことがある」とする見方を撤回し、ほかならぬカント自身をこの疫病に冒されて経験論へと後退し、道半ばで再び「有限的なものの仮象」の幻影の中へ舞い戻った「独断論者」の一人に見立てている。この点については『序論』訳註（27）とその当該箇所を参照されたい。ちなみに「健全なる悟性」、正確には「健全なる人間悟性」とは、ドイツ啓蒙主義時代のいわゆる「通俗哲学者」の一人として哲学史の一角に名を連ねているモーゼス・メンデルスゾーン（シュレーゲルの妻となるドロテーアの父）らが当時の思弁的悟性の「乱用」に対して人間精神の「良識」を擁護するためと称して用いた武器の一つだが、この「哲学用語」に対するシュレーゲルの反応が辛辣なものだったことは、例えば次のような一七九六年の初期断章の一つからも知ることができる。「哲学的係争は哲学的法廷でしか決することができないし、哲学的判事によってしか下すことができない。それゆえ健全なる人間悟性に訴えようとする人々は、それによって自分たちの非哲学を公然と告白するか――そうでなければ哲学そのものの可能性を否認するものである。とはいえむろん哲学者を相手取っての哲学に関する係争が必ずしも哲学的であるとはかぎらない。」（PL I-75）

（55）「観念論と芸術との合致は完璧である。」――「無限なるもの」と「意識」というすべての哲学の対極的な「回転軸」となる両根源要素は同時にすべての芸術のそれであらねばならないとする、哲学と芸術との根源的同一性への揺るぎない確信は、すでに一七九七年の『リュツェーウム断章集』の一つで、「近代詩文学の歴史全体は次のような哲学の短いテクストに対する絶え間のない註釈である。すなわち、すべての芸術は学問となり、すべての学問は芸術となるべきである。詩文学と哲学とは合一されるべきである」（LF 115）という要請として表明されているが、特に観念論と芸術との合致については、例えばこの講義の二年後の一八〇三年に刊行されたシュレーゲルの二度目の機関紙『オイローパ』誌に掲載された回顧的論評『文芸』（Literatur）に次のような記述が見出される。「われわれはそれゆえ詩文学を一切の芸術と学問の第一にして至高の存在と見なす。なぜならそれは最も完璧な意味においてプラトンが弁論術と呼び、の学問だからである。哲学もまたそれ以外のいかなる対象も持つことはできない。しかし両者の違いは、哲学が単にネガティヴな仕方で、そして全体の間接的な叙述によってこの同じ目標に接近しようとする点である。これに対して全体のポジティヴな描出はすべて不可避的に詩文学となるのである。それゆえ詩文学を全体の最終目標にして最高の完成と見なすことができるとすれば、観念論はわれわれの新しい文芸の本質的な必須条件、その維持手段にして基盤と見なすことができるのである。」

（56）一般に哲学体系における「個人的にして主観的であるもの」はこの体系の「精神」を覆う外皮として「精神」の発現を阻む「文字」となるのが常であるのに、スピノザの「文字」である「愛の見地」もフィヒテの「文字」である「自立性の見地」も等しく「精神に満ち溢れた文字」としてそれぞれの体系の「精神」と溶け合い、「文字なくして精神はない」（PL V-274）という両概念の理想的な相関を作り上げているというのが、『序論』を終えるに当たって両哲学者へ捧げられたシュレーゲルの賛辞である。「スピノザの文字は愛である」（PL V-1164）――「スピノザの哲学は神性の特性描写以外の何ものでもない」（PL II-724）――「愛とは、宇宙を自然たらしめるところの神性の火花であり、そして理性によって自然は再び神性へと回帰するのである」（PL III-361）――フィヒテの「文字」である「自立性」もまたここでは（本文）「活動性が最高のものであるとする」体系にあってその「精神」として求められる「自己規定」の力、「創造的構想力」という自我の根源的能動性と不可分に結びついたものとして讃えられる。――ちなみにフィヒテは先の論考『哲学における精神と文字について』において、「精神が同時に身体的な外皮（文字）を纏って生まれてくる」という両者の希有なる根源的一体性の奇跡として「自然の最も恵まれた寵児」ゲーテと、そして特に彼の『タッソー』、『イフィゲーニエ』以後の諸作とを挙げている。『精神と文字』については『序論』訳註（15）とその当該箇所を参照されたい。

（57）「プラトンはヘラクレイトスをパルメニデスと合一させようとした。ヘラクレイトスは二元論を、パルメニデスは実在論を信奉した。しかしプラトンは実在論のほうにより好意的だった。実践的な面においては、彼はソクラテスの体系をピュタゴラスへ転用しようとした。」――文中、「先にわれわれがこれらの諸体系を挙げた際に述べた通り」とあるが、そのような箇所は見当たらないので、講義者の記憶違いか、筆記者の書き落としかのいずれかであろうと思われる。

「哲学の歴史」のための古代ギリシャの資料としてアリストテレスと共に挙げられたプラトンについてのこの覚書風の一文――アリストテレスについての言及はない――は、その内容と形式からしてフィヒテの二元論（観念論）とスピノザの実在論との綜合モデルの古代哲学史への転用と見ることができるだろう。実際、プラトンはこの講義の時期まではおおむね近代哲学の文脈の中で論じられてきており、例えば「遠心的なプラトンと求心的なスピノザとの綜合によって知識学は成立するということだろうか？・」（PL IV-955）、「プラトンはフィヒテとスピノザによって補完されねばならない。――そうあってこそ近代の詩文学は古代のそれに繋がることができるだろう」（PL V-283）、「プラトンとスピノザは哲学の巨人族であり、いまや詩文学のうちにその故郷を持っている」（PL V-286）といった言説が支配的であり、特に「プラトンはフィヒテとスピノザとの綜合」（PL IV-1201）というシュレーゲル独特の、時空を絶した「結合」は、シュレーゲルの思想世界においてプラトンがどこに、そしてどのように位置づけられていたかを端的に示している。しかしこの講義の前後から顕著になる古代ギリシャ哲学への関心の増大と共に、シュレーゲルはプラトンをいわば本来の故郷へと連れ戻し、この講義と同時期に書かれた論評『プラトンの著作のための諸原則』（PL Beil.IV）では、プラトンの作品群の成立年代に基づく区分について論じ、一八〇一年から翌年にかけて書かれた『パルメニデスとパイドンへの序説』と題する論評（PL Beil.V）では、後者、すなわち『パイドン』においてすでにエレア哲学の「存在の実在論」とイオニア哲学の「生成の二元論」の双方に論駁と修正を加えながら両哲学の「中央に位置する哲学」を求めて模索するプラトンの姿をデッサン風に描いている。なお、講義の本文中に、「プラトンは実在論のほうにより好意的だった」とあるのは、プラトンが最高にして無限の悟性（ヌース）という唯一の原理から一切を導出しようとしたアナクサゴラスに依拠することによって事物の「永遠の原像」としての「イデア」という「永遠の存在の仮説」に固執し続けたことへの批判的言辞である。——このような古代ギリシャ詩文学にやや遅れて始まる古代ギリシャ哲学へ関心の深まりと共に登場した「ヘラクレイトスとパルメニデスとの綜合」は、この講義以後、時を追うごとにカトリック的有神論への傾きを強めていったシュレーゲルの思想の表舞台から急速に後退してゆくスピノザとフィヒテに代わる新たな綜合モデルとなってゆく。なお、この「ヘラクレイトスとパルメニデスとの綜合」の課題は、一八〇三年に始まるパリ私講義『ヨーロッパ文学の歴史』の『プラトンの特性描写』と一八〇四年に始まるケルン私講義『哲学の展開十二講』第一講『哲学の歴史的特性描写』のプラトンの章の主要主題の一つとなる。

また、実践面においてプラトンはソクラテスの体系をピュタゴラスへ転用したという一節について言えば、上記の『パイドン』への論評でシュレーゲルは、特にソクラテスの死生観に焦点を絞り、ソクラテスが『パイドン』の中でピュタゴラスの高弟ピロラオスに言及して輪廻説を主張しているばかりでなく、彼自身の教説そのものもピュタゴラス哲学との合致を少なからず示していると述べた上で、ソクラテスにこう言わせている。「自分は死を恐れることなどあり得ない。なぜなら自分の生はただ死への準備でしかなかったのだから。あるいはむしろ生きることそのことがすでに死ぬことにほかならないのだから。けだし哲学がそうであるように、死もまた魂に付着している感性的なものや相応しからざるものから魂を清めるものでしかないのだ。」(PL Beil.V)——この最後の一節は、本講義の『序論』に続く『体系詳論』において「宗教の要素」の一つとして掲げられている、「死のうちにのみ真の生はある」という命題と重なるものだろう。

（58）ライプニッツがスピノザとフィヒテとの中間に位置しながらどのようなかたちでこの両端に「軽く触れて」いるのかについて、シュレーゲルはここでは一言の説明も加えていないが、一七九七年の断章の一つ、「ライプニッツの意味するところは、一なるもの（自我）はことごとく全なるものである（jedes Eins [Ich] ist Alles）ということ、それゆえスピノザの体系の裏側ということらしい」（PL II-753）という一文は、スピノザとの接触がけっして軽いものではないことを語っている。このようなスピノザとライプニッツとの浅からざる関係を、一八〇四年に始まるケルン私講義『哲学の展開十二講』の『哲学の歴史的特性描写』の中でシュレーゲルは次のように総括している。スピノザの「一にして全なるもの」という「一者の原理」、「唯一にして端的かつ無条件的に必然的な、それゆえまた永遠にして不変な存在者の原理」としての実体概念に、ライプニッツは「モナド」という「自己完結的全体」を意味するもう一つの実体概念を対置させながら、しかもこのモナドに「無限の活動性と可変性」、「無限の充溢と多様性」、「不断の発展可能性」、「完成への無限の漸進的上昇」等の性質や能力を付与することでその「実体概念」としての内実を根こそぎに奪い去るという明らかに観念論的な方向をたどったのだが、このような彼の「観念論的傾向」を阻む「躓きの石」となったのが、諸モナド間に本来求められねばならない「現実的な相互作用」に対して設けられた「観念的相互作用」という不可解な障壁のために「恣意的に案出」された「予定調和」という仮説であって、この仮説によって彼は再び「精神」と「物質」との間のデカルト的分裂へと押し戻されたのであると。こうしてライプニッツは「道半ばに佇む」観念論的哲学者の一人として、一方ではその中途半端な『モナド論』を抱えてスピノザの実体論と背中合わせに触れ合い、もう一方では、一切を「精神」から導出しようとしたフィヒテの「最も完成された観念論」の一端にも触れているというのが、この「原註」の描く哲学史的構図である。

（59）『悟性の方法と改善について』は、一般に『知性改善論』として知られているもの。また、「フィヒテの著作」についての言及がないのは、講義者の失念か、筆記者の書き落としか。ちなみに校訂者ケルナーは一方的に筆記者の「手落ち」と見ている。

体系詳論

（1）スピノザ「思弁の体系」とフィヒテの「反省の体系」との綜合については、すでに『序論』において幾つかの視点から論及されている（『序論』訳註（7、10、39、50）、および『哲学の哲学』訳註（2）とその当該箇所参照）が、ここでは本論の『自然の理論』と『人間の理論』に入るに先立って両体系それぞれの帰結と意義が次のように再確認されている。「反省の哲学」の帰結は、「すべての意識は意識なき反省であること、客観は創造的構想力の所産であること」の二点であり、これがわれわれを「質料の幻影」から解放する。この点については、「有限的なものの仮象は根絶せしめられるべきである」という『序論』訳註（23）とその当該箇所を参照されたい。――次に「思弁の体系」の帰結は、「有限的なものは無限なるものの様態にすぎないこと」、「無限なるものは思考と延長という両述語を持っていること」の二点であり、これがわれわれに「いかなる形式も無限であり、そのいずれもが無限なるものの刻印であり形成であること」を教える。この「無限なるものの刻印」としての「アレゴリー」については『序論』訳註（39）とその当該箇所参照されたい。

（2）『自然の理論』か『世界の理論』か。――本論第一部、第二部をそれぞれ構成することになる『自然の理論』は「実在的であるのは自然における自由である」という基礎命題の展開として、『人間の理論』は「実在的であるのは人間における必然性である」という基礎命題の展開として、すでに『序論』において予告されており（『序論』の訳註（42、52）とその当該箇所参照）、そして本論に先立つこの確認と予備的考察の『体系詳論』においても第一部は『自然の理論』（die Theorie der Natur）として予告されている。にもかかわらず、本論に入ると第一部は『世界の理論』（die Theorie der Welt）と改題されているばかりでなく、この予備的考察においても『世界の理論』と『自然の理論』とがときとして混同ないし同一視されており、第二部『人間の理論』においても、「メカニズムの体系の全体」としての「世界」と「生成する神性の形象」ないし「生成する有機的生命」としての「自然」とは区別されるべきであるとしながら、「世界は一つの有機体、一つの自然である」と見るのが「われわれの理論」であるとする両概念一体化の論法(『人間の理論』訳註(45)とその当該箇所参照)によって用語の混乱を招いている。第一部の『世界の理論』は言うまでもなく「一つの有機体、一つの自然」としての「世界」、「生成する神性の形象」、あるいは「生成する宇宙、すなわち自然以外にいかなる宇宙も存在しない」(PL III-412)という意味での「自然=世界の理論」でなくてはならないし、またこの意味での両概念の混同ないし一体化でなくてはならないだろう。ちなみに一八〇四年に始まるケルン私講義『哲学の展開十二講』第五講の『自然の理論』においてシュレーゲルは宇宙を「根源自我」、あるいは「世界自我」(Welt-Ich)の無限の有機的生成発展の総体と捉える「世界生成論」を展開している。

(3)「思弁の体系」の帰結からはさらに「自然の有機的形成」という見地が開かれるが、ここでの仲介概念、すなわち「質料」と「形式」との仲介概念として現れるのが「エネルギー」であって、それは「悟性」の概念に解消される。『序論』において「宇宙的意識」ないしは「意識された宇宙」として人間の精神的能力の「最高の完成」と定義された悟性(『序論』訳註(26)とその当該箇所参照)は、ここ『世界(自然)の理論』においては全自然を一個の有機的生命体たらしめる「エネルギー」として登場する。――「すべてのエネルギーは悟性である。」(『世界の理論』訳註(4)とその当該箇所参照)――「いかなる存在者もそれが具えている感性、意味、精神と同じだけの実在性を持つにすぎない。このことから、悟性のエネルギー以外のいかなるエネルギーも存在しないということが帰結される。」(本文後出『世界の理論』)――「悟性以外のいかなるエネルギーも存在しない。すべての力は感性、精神、そして意味から発出し、再びそこへと戻ってゆく。」(本文後出『世界の理論』)――このように「悟性」が根源的な宇宙的エネルギーとして捉えられていることは、悟性(知性)を「第一者から万有が流出する過程であらわれた活動(エネルゲイア)」としての「最初の生命」と考えたプロティノスの思想との類縁性を感じさせる。(引用は、田中美知太郎訳『自然、観照、一者について』から。)――シュレーゲルの思想と「流出論」との関わりについては、『序論』訳註(18)、『体系詳論』訳註(7)および

『人間の理論』訳註(15)とその当該箇所を参照されたい。

(4)「『人間の理論』においてポジティヴな要素は家族であり、ネガティヴな要素は共和制であり、それらの綜合は位階制であるだろう」という、本論第二部の『人間の理論』に先立って「人間の共同体における政治的カテゴリー」として提示されたこの三概念の組み合わせは特徴的である。というのは「家族」と「共和制」を綜合する仲介項となる「位階制」(Hierarchie)の概念の導入は、カントの『永遠平和のために』への反論として一七九六年に書かれた『共和制の概念についての試論』において打ち出されたラディカルな共和制——条件付きとはいえ民衆の反乱の合法性や期限付き専制支配の容認さえも含む民主主義的共和制をカント批判の骨子とした初期シュレーゲルの政治的見地と、この見地をこの講義の最終的帰結として堅持しながらも、この講義以後、パリ・ケルン期(一八〇二ー一八〇七)において急速にカトリックへの傾斜を深めてゆく中で君主制的位階制の擁護へと軌道修正してゆく中・後期シュレーゲルの政治的見地への過渡的見解との混在を示しているからである。『共和制の概念についての試論』の執筆の翌々年の一七九八年からこの講義の時期までに書かれた幾つかの断章は『試論』の枠内には収まり切らないそうした混在の記録である。「すべての社会は神聖である。いかなる国家も位階制であるべきである。」(PL III-237)——「ドイツの共和制にあっては貴族階級が温存されなければならないだろう。」(PL IV-884)——「当今は共和制の革命ばかりでなく、家族の革命をも目指している。家族のうちにのみ自由な君主制はあるべきだろう。国家はすべて共和制でなければならない。——家族と共和制によってのみ、そしてこれらのうちにおいてのみ人間はその眼差しを星空へ向かって上げ、神に似たものとなるのである。」(PL IV-1379)——「真剣な意味での位階制は聖職的権力なしには可能でなく、後者も君主なしにはあり得ない。世俗的権力が民主主義的であっても、全体は貴族主義的である。——《両者は輻輳している。——しかしそれぞれは異なる側面から出発しており——世俗的権力は執政官までしかゆくことが許されない。》」(PL V-227)——「位階制なるものが存在すべきであるなら、それは外にも現れ、かつ、描出されるものでもなければならない。学者たちの共和制のみがそれに適している。なぜなら人類は過去の時代にも未来の時代にも接触せしめられねばならないからである。」(PL V-822)——「共和制は一つの中間的な発酵状態、一つの応急手段にすぎない。家族と位階制が真の社会の唯一の形式である。《それゆえ共和制は自己自身を廃絶すべきであるとするフィヒテは正しい。》——現在あるすべての国家、総じて近代の国家はこの二つの理念のまわりを覚束ない足取りで歩いている。」(PL V-916)——「芸術家は最高のポテンツにおける人間である。ただ彼らを介してのみ位階制は可能なのである。」(PL V-987)——ちなみに一八〇四年に始まるケルン私講義『哲学の展開十二講』の最終講『国際法と結語』において、シュレーゲルはこの「中世の理念」である「位階制」についてそれが「皇帝制」を保証する基盤であるとした上で、「教養あるキリスト教世界における学者階級と聖職者階級とが一体となって政治活動に参加する」ことのうちに「位階制の普遍的理念」を求め、このような一切の国民性を越えて「ただ一つの階層」となった「学者・聖職者階級」の「あらゆる国家を貫く一つの共同体」として確立される「位階制」に期待を寄せるのである。

(5) この訳註箇所に先立つ一連の論述の主眼は、『世界の理論』の両要素となる形式と質料の演繹である。「形式」となるのは「諸個体における実体的なもの」であり、「質料」となるのは「諸要素のカオス」である。「実体」と「二元性」(可変性)との結合から得られるのが「個体性」、すなわち「世界は不断の生成」であり、その限りにおいて「世界は一つの個体」であるという意味での「個体性」の概念(『世界の理論』訳註(12)とその当該箇所参照)であって、これが『世界の理論』の「形式」——「諸個体における実体的なもの」——の現実態である。『世界の理論』のもう一つの要素である「質料」、すなわち「諸要素のカオス」については、本論での説明もこの箇所の記述の域を出るものではないので、シュレーゲルが『世界の理論』との連関においてカオス概念をどのように捉えているかを特徴的に示す言説を彼の他の著作から三点ほど挙げておこう。「そこから一つの世界が生じて来ることのできるような混乱のみがカオスである。」(『イデーエン断章』ID 70)——「ヘシオドスはカオスを原初にして最も根源的なものと捉え、そこから世界を、神々を、そして人間たちを誕生させた。ところでこのカオスを彼は質料的な諸力と存在物の混合と考えたのであって、——ヘシオドスのこの教説は後代の多くの哲学的見解の萌芽を含んでおり、実際、これらの見解は彼の教説に追随しているのである。」（ケルン私講義『哲学の展開十二講』第一講『哲学の歴史的特性描写』）——「古代の神話は明らかに最高度に形成されてカオス以外の何ものでもない《カオスの神格化》。」（PL V-11）

（6）「結合術的試み」（combinatorischer Versuch）については『序論』訳註（44）、および『哲学の哲学』訳註（26、28）とその当該箇所を参照されたい。

（7）「ただ一つの世界が存在するのみである」という命題は、「一切のものは一なるもののうちにあり、一なるものは一切である」という『序論』において哲学の根本命題として掲げられた「全一性」の定理（『序論』訳註（10）とその当該箇所参照）からの必然的な帰結だが、しかしここから「それゆえ」を介してただちに「無限なるものへの回帰以外の何ごともあるべきではない」という要請は導き出され得ない。なぜなら回帰はそれに先立つ脱出ないしは超出を前提とせずには不可能だからである。従ってこの要請が「宗教の第一の要素」として成り立つためには、この唯一なる世界が「無限なるもの」へと回帰してゆく前提条件としてまずもって「無限なるもの」からの脱出ないしは超出を果たしていなければならないだろう。しかしここでは「ただ一つの世界が存在するのみである」がゆえに「無限なるものへの回帰以外の何ごともあるべきではない」という要請がすでに必然的命題として成り立っていなければならないのだから、そのためにはこの唯一なる世界そのものがすでにこの「回帰」の必須条件である「無限なるもの」からの脱出ないしは超出を含む、というよりは脱出ないしは超出それ自体でなければならず、世界であるということがすでに「無限なるもの」からの脱出ないしは超出であると同時に「無限なるもの」への回帰であることを意味するものでなくてはならない。すなわち「生成する宇宙、すなわち自然以外にいかなる宇宙も存在しない」（PL III-412）という意味での世界生成の全過程それ自体が「無限なるもの」への回帰を目指しての無限の行程以外の何ものでもあってはならないということである。そしてこのような脱出ないしは超出それ自体が回帰そのものでしかあり得ないような存在者、すなわち自己自身からの超出がそのまま自己自身への回帰であることが可能であるような存在者があるとすれば、それは「一にして全なるもの」、「唯一無限の実体」としての神的根源的絶対世界以外にはあり得ないだろう。この一種の流出論的循環は、この講義の三年後に始まるケルン私講義『哲学の展開十二講』の『自然の理論』で展開される「世界生成論」――世界生成の発展の最終目的は世界生成の根源への回帰であるとする――の根幹として引き継がれてゆく。流出論的世界観へのシュレーゲルの親近性については『序論』訳註(18)、および『人間の理論』訳註(15)とその当該箇所を参照されたい。

(8)「死のうちにのみ真の生はある。」――「一にして全なるもの」としての世界の究極の目標がこの「全一的世界」の本源である「無限なるもの」への回帰以外にはあり得ない(前訳註(7)とその当該箇所参照)とすれば、この世界において真に実践的と呼ぶことのできる行為はこの究極目標へ向かっての「自己形成」以外にはあり得ず、そしてこの自己形成の途上において迎えるその時々の最終場面としてのこの世の「死」はただあの本源への回帰、すなわち「真の生」への目覚めの契機にすぎないというのが、前訳註箇所に次いで提示された「宗教の第二の要素」である。このように「死」を「新たな生」への覚醒と捉える「再生」ないし「新生」の思想は、古代ギリシャや古代インドの「輪廻」、あるいは「流出」の教説の受容と絡み合ってシュレーゲルの「魂の不死」の思想に深く根を下ろすことになる。彼はこの講義の三年後に始まるケルン私講義『哲学の展開十二講』の第六講『人間の理論』において「地上的要素」に制約された「人格性」を脱ぎ捨てること、すなわち現世の死を迎えることによって自由となった魂の「神的自由への回帰」に「魂の不死」の本質を求めている。「不死」とは「神性との再合一」、すなわち「自由、光、そして愛の永遠の国への帰還」にほかならず、このとき魂は一切の現世的制約から解放されて、再びあの「本源的統一性」のうちへと回帰する。このような「無限の神性」への「再び目覚めた憧憬」としての「死と再生」の理念は、すでにイェーナ講義の前年から同時期にかけての幾つかの断章にもさまざまな表現を見出している。「永遠の生はただ神のうちにのみ求めることができる。神のうちにすべての精神は生きている。神は、人類から諸惑星の諸精神に到るまでますますそのポテンツを高められてゆく個体性の深淵であり——精神と愛の大洋——想像力の無限の充溢である。」(PL IV-1497)——「太陽上にあって浄福の人々は真の死を明白に予見し、そして高貴な滅亡に相応しく、神性への帰還を上昇する至福の見渡し難い連なりの最後の歓喜として眺めることだろう。」(PL III-542)——「真の人間は永遠の生をではなく、永遠の死を求めて嘆息する。」(PL V-1191)——「一切の地上の生は凡庸で卑小であるがゆえに、人間は単に死を憧れるだけではなく、より高い生をも憧れる。われわれの意識の個体的なかたちと純粋な意識との関係は、あのより善い生と永遠の生との関係に等しい。」(PL V-1212)——この「不死性」の問題については『人間の理論』訳註(11)とその当該箇所を参照されたい。

(9)「無限なるものへの回帰」と「死を介しての真の生への新たな誕生」という宗教の両要素の仲介項となるのが「あらゆるポジティヴな宗教の核心」を成す「犠牲」の概念であり、そしてそれは「絶対的統一性」(「絶対的に一なるもの」、「無限なるもの」)のうちへと回帰し、生がおのれの反立的行動のうちで解体されてしまうほどに生を拡張することを目的とする行為であると定義されている。ここで言う「ポジティヴな宗教」がこの時期の盟友の一人だったシュライエルマッハーの『宗教論』における定義に従って「特定の形態をもつ宗教的組織」の意味で用いられているかどうかは定かでないが、「無限なるものへの回帰」と「新生」という宗教の両要素の仲介項となる「犠牲」が、生がおのれの反立者との対決によって自壊するに到るまでに——すなわち「死」に到るまでに——おのれを拡充・拡大してゆくこと以外にいかなる目的も持たない行為を意味するものであるとすれば、シュライエルマッハーとの交友の影響下にあって書かれた断章集『イデーエン』においてすでに明白に見て取れるように、それがイエスの受難を——そこにさまざまな象徴的表現を託しながらも——念頭に置いたものと見てよいだろう。実際、『イデーエン』およびこの講義と同時期の幾つかの断章は、『序論』の補説（『体系詳論』）の締め括りとして唐突に持ち出された「新生」や「犠牲」といった宗教的概念がこの時期のシュレーゲルにとってはもはやけっして唐突でないことを示している。「世界の統一性と永遠の生とは、宗教の根本概念である。仲介概念＝犠牲。これがあらゆるポジティヴな宗教の中心概念である。」（PL V-1209）——「犠牲の意味は有限的なものの根絶である。最高の犠牲は地上の最高の果実である人間のそれである。ただ付随的諸事情がそれを恐ろしいものにもし——自由で美しいものにもする。——修道院はこのような理念にも基づいているのである。」（PL IV-1507）——「自分のすべてを投げ出すことのない芸術家は、役立たずの下男である。」（ID 113）——「犠牲の秘められた意味は、有限的なものをそれが有限的であるがゆえに根絶するということにある。犠牲とはただそれゆえにこそ行われるということを示すために、最も高貴にして最も美しいものが選ばれねばならない。何よりも人間が、地上の精華が。人身御供は最も自然な犠牲である。しかし人間は地上の精華以上のものである。人間は理性的存在者である。そして理性は自由であり、それ自身無限なるものへの永遠の自己規定以外の何ものでもない。それゆえ人間は自己自身のみを犠牲に供することができるのであり、また、低俗な人々の眼にはまったく見えないあの遍在する聖域のうちにあってもそのように振る舞うのである。芸術家はすべてあのダキウスの一族であり、芸術家になるということは、冥界の神々に身を捧げるということにほかならない。あの根絶の熱狂のうちに真先に顕れるのが神的創造の感覚である。死のただなかにあってのみ永遠の生命の稲妻が火花を散らすのである。」（ID 131）——「キリスト教は死の宗教であるがゆえにこそ、極端な実在論をもって扱われるであろうし、また、自然と生命の古代宗教と同様のオルギアを持つこともできるだろう。」（ID 138）——「政治的世界へ君は信仰と愛を投売りしたりするな。学問と芸術の神的世界のうちにあって君の最内奥のものを永遠の形成の聖なる炎の流れの中へ犠牲として献じるがよい。」（ID 106）

第一部　世界の理論

（1）「化学的相互作用」の関係にある「太陽」と「地球」の両要素が互いの力を中和し合う中間の「無差別点」を、「普遍的な世界霊、自然の生命」であるという「エーテル」のうちに想定すべきであるというのが、天体についてのシュレーゲルの自然哲学的思弁の一端だが、ここに登場する「エーテル」と「世界霊」（Weltseele）とは共に古代ギリシャの宇宙観に由来する概念であって、前者が天空に遍在して地上的諸要素に生命を吹き込む不可視、不可量の霊気であるとすれば、後者もまた宇宙の生命原理として生物と無生物、有機的自然と無機的自然とを統合しつつ万有をくまなく支配する同様に不可視の霊的存在である。この講義と同時期の断章には「エーテル」についての幾つかの類似の記述が見出される。「太陽と地球の間には一つの無差別点が存在しなければならないが、この無差別点を人はエーテルと呼ぶ。それこそが本来古代人たちのオリュンポスではないのか、そこにこそ天と神性とがあるのではないのか――冥府としての奈落も。」（PL III-494）――「エーテルのうちには意識以上のものが、意識と無意識との間の無差別がある。――エーテル＝聖霊。」（PL III-628）――「エーテルは源泉であり、それゆえ絶対的無差別である。太陽は究極のもの、それゆえ調和的であり、究極の太陽は神そのものである。」（PL III-630）――ちなみにシュレーゲルは一八〇四年に始まるケルン私講義『哲学の展開十二講』の『自然の理論』において諸天体を取り巻く大気圏を「霊的意識」の付与者と見、「大気圏のうちに広がる高次の力」としての「大地精神」（Erdgeist）と「地上的意識のうちに封じ込められた精神」としての「大地霊魂」（Erdseele）との「最も親密な和合と合体」を世界形成の不可欠の要件としている。

（2）「なぜ無限なるものは自己のうちから出てゆき、自己を有限化したのか」、「なぜ諸個体があるのか」、「なぜ自然の作用は一瞬に経過し、それゆえ何ものも存在しなくなってしまうというものではないのか」という三つの「なぜ」は「アレゴリー」の概念を介してのみ解決され得るというのがこの一節の主旨だが、まず「無限なるもの」が自己自身を無限に有限化するとは自己自身を無限に個体化すること、それによって自己自身を無限の派生的個体で充満させることであり、このような無限の派生的個体の充満そのものが「唯一無限の実体」としての「無限なるもの」の現実態であるのだから、この根源的一者はこの意味において、すなわち「世界は一つの個体」であり、「個体とは不断の生成」である（『世界の理論』訳註（12）とその当該箇所参照）という意味において「唯一無限の個体」である。従って先の三つの問い、なぜ世界は不可視の「無限なるもの」であるばかりでなく、この「無限なるもの」の自己有限化・個体化・可視化の過程でもあるのか、そしてなぜこの過程は一瞬にして終わりを告げるものではないのかという一連の問いは、なぜ無限の個体が存在するのか、あるいは同じことだが、なぜ無限に多くの個体が存在し、かつ存在し続けるのかという問いに集約される。そしてこの問いが「アレゴリー」を介してのみ解決され得るとは、これらもろもろの個体をあの唯一無限の不可視の実体のそのつどの可視的顕現、すなわち「形象」、「表出」、「似姿」、「アレゴリー」と捉えることによって「無限なるもの」と有限的存在者との根源的な相関関係――「無限なるもの」が自己を有限化し、この有限化によって生み出される無限の派生的個体を介してこの「無限なるもの」の有限化の本来の意味をほかならぬこれらの有限的諸個体に間接的に告知し続けるという、終わりのない循環的相関関係――の中で問い直されてはじめて解決されるということである。それでは「無限なるもの」が自己の有限化を通じて告知しようとしているこの有限化の本来の意味とはどのようなものであるのか、それはこの講義全体の導きの星となっている二つの根源命題によってすでに語られている。すなわち「ただ一つの世界が存在するのみである」こと、それゆえ無限なるものへの回帰以外の何ごともあるべきではない」こと（『体系詳論』訳註（7）とその当該箇所参照）、「人間のうちに無限なるものへの憧憬が展開せしめられるべきであり」、そのためには「有限的なものの仮象が根絶されるべきである」こと（『序論』訳註（23）とその当該箇所参照）というのがそれである。――なお、「アレゴリー」については『世界の理論』訳註（3、9）とその当該箇所を参照されたい。また、自然とその作用を「一瞬の経過」と共に終わらせてしまわないために「生成」そのものの中に埋め込まれた「抵抗」については、『人間の理論』の訳註（21、26）を参照されたい。

（3）『アテネーウム』誌所載の断章集『イデーエン』の一つ（ID 2）。前訳註（2）とその当該箇所から、現象世界と現象世界内の有限的個体の一切は、「唯一無限の実体」（永遠に一なるもの、名状し難い不可視のもの）のさまざまな現象、顕現、形象、似姿、模写、あるいは描出である。「アレゴリー」とはこのような形象、模写、描出として「唯一無限の実体」を現象世界へと仲介する有限的な「別様の言い表し」である。そしてここではこのような仲介の意味が強調され、世界の万象をアレゴリーとして読み解く熟達者である「聖職者」にこの仲介者としての役割が委ねられているが、同じ『イデーエン』断章集には聖職者ばかりでなく、聖職者とまったく同一の使命を帯びた存在として芸術家がしばしば登場する。「ただ不可視の世界にあってこそ本来の聖職者である。いかにして彼は人間たちの間に現れることができるのか。彼はこの世では有限的なものを永遠なるものへと形作ること以外の何ごとも欲しないだろう。それゆえ彼は、彼の仕事がどのような名を持とうとも、一人の芸術家であり、また、あり続けるほかないのである。」（ID 16）——「［……］仲介者とは自己のうちに神的なるものを覚知し、そしてこの神的なるものをすべての人間に道義と行為、言葉と作品において告知し、伝達し、描いて見せるために、自己自身を破滅的に断念する者のことである。このような衝動が起こらないならば、そこで覚知されたものが神的でなかったか、ほんものでなかったかである。仲介することと仲介されることが、人間のより高い生のすべてである。そしていかなる芸術家も他のすべての人間たちのための仲介者なのである。」（ID 44）——

（4）「質料と形式との仲介項」となるのが「エネルギー」であり、それは「悟性」の概念に解消されるとして、「エネルギー」を人間の「宇宙的能力」としての、あるいは自然の汎生命論的構成能力としての「悟性」の本質に組み入れようとするシュレーゲルの見解については、『体系詳論』訳註（3）を参照されたい。また、このような悟性能力として捉えられた「エネルギー」の概念については、例えば一七九八年の断章には次のような記述が見出される。「エネルギーは力以上のもの、作用する力であり、単に敏捷性であるばかりでなく、確固として外へ向かって作用する力でもあり、それゆえ単に作用するだけでなく反作用する力でもある。」(PL III-43)——「エネルギーは普遍的な力、形成、前進の原理である。」(PL III-47)——また『イデーエン』断章集には「徳とはエネルギーと化した理性である」(ID 23)という言説も見られる。いずれにせよ「最高の形而上学的能力」として人間精神の全能力のピラミッドの頂点に立ってこれを統合する綜合的能力である悟性の「自然」の領域での発露として捉えられた「エネルギー」は、まさにその包括的な自発的能力としては「自己合意」(Selbstverständigung)であり、あらゆる既成の有限的形成物を解体し続けてゆくことをその「形成と前進の原理」とする「普遍的な力」であるという意味においてその作用は脱形成(Entformung)であると言えるだろう。

(5) この一文は、観念論にとってはほとんど自明ですらある「無限なるもの」も、「有限的なものの幻影」からついに脱却することができず、「有限的なものの仮象」のうちにしか「実在性」を見出すことのできない経験論的独断論者にとっては最も大きな解き難い謎であるに違いないという、この講義全体を貫くシュレーゲルの論争的命題である。

(6) 「有限的なものから無限なるものへのいかなる理性的移行も悟性的移行もあり得ない」のに対して、「その逆はアレゴリーを差し挟むことによって可能となる」という認識によって比喩的表現の場が大きく拓かれることになる(『世界の理論』訳註(2、3)とその当該箇所参照)が、本文の「宇宙は一つの芸術作品——一匹の動物——一本の植物である」は、『世界の理論』の構成要素の一つである「個体性」の概念——「世界は一つの個体」(『世界の理論』訳註(12)とその当該箇所参照)——を仲介概念とするアレゴリーの一つである。シュレーゲルの諸断章はこの種のアレゴリーに満ちているが、この講義と同時期に書かれた同種の断章を幾つか挙げておこう。「大地はすべての動物と植物の卵巣と雌しべである。——エーテルは男根と雄しべである。」(PL III-537)——「大地は地底において動物であり、空中において植物である。」(PL III-712)——「水は植物、炎は動物。あるいは光だけが植物だろうか。——空気は大地と同様に動物なのか。」(PL III-798)——「動物——植物——石は自然の大いなるカテゴリーである。自然は在り、世界は成る。」

（PL IV-1031）

（7）ここに「新しい宗教」の核心としてあらためて提示された、「ただ一つの世界が存在するのみ」であり、「真の生は死のうちにのみある」という根本命題については、『体系詳論』訳註（7、8）とその当該箇所を参照されたい。

（8）「予定調和」というライプニッツの用語についてシュレーゲルはケルン私講義『哲学の展開十二講』第一講の『哲学の歴史的特性描写』の中で次のような批判的分析を試みている。「身体」はいかにして「精神」に作用するかというデカルトの問題は、「モナド」という表象諸力以外のいかなる諸力も認めないライプニッツにとってはもはや存在しなかったにもかかわらず、ライプニッツはそのモナド論を展開する間にデカルトと同じ難問に直面する。すなわち各モナドは「一個の独立的、自己閉鎖的、自己完結的全体」を形成するという主張によって諸モナド間の「相互作用」——現実に生じている「相互作用」——はいかにして可能かという「まったく自然な問い」が発生したからである。ところでこのような問いが生じた以上は、とシュレーゲルは追及する、ライプニッツはこの「相互作用」のための「根源的な共通項」ないし「ある共通の源泉」——ここでの文脈に従えば、「精神と身体との根源的一体性」ないし「両者の根源的調和」——をこそ立証すべきであったのに、そうはせずに「予定調和」という「恣意的に案出された仮説」によって問題を回避しようと図ったため、デカルトの難問を再び抱え込むことになったのであると。その上でシュレーゲルは、ライプニッツのこの失策の原因を、「流出論」ないし「汎神論」の中へ引きずり込まれることへの恐怖に求め、さらにライプニッツがもし仮に神性の概念をキリスト教的な超越的存在者——「世界外的存在者」としてではなく、「ある根源的な中心的モナド」として捉えていたならば、諸モナド間の「相互作用」はこのような「根源的統一性」ないし「根源的調和」として完全に説明することができたはずであると結論づけている。シュレーゲルの「予定調和」批判については、『序論』訳註（58）とその当該箇所を参照されたい。

（9）「一性」（Einheit）とは「唯一無限の実体」であり、「多性」（Vielheit）とは「不断に生成する諸個体」の無限の多様性である。それゆえもしこの多様な個体群から成る現象世界に「実在性」、すなわち存在者としての実体的定点が与えられるべきであるとするなら、この定点は無限の「一なるもの」と有限の「多なるもの」との仲介項、あるいは「多なるもの」における「一なるもの」の顕現としての「アレゴリー」(写し絵)のうちに求めるほかはないというのがここでの主旨だが、この点については『世界の理論』訳註(2)とその当該箇所を参照されたい。また文中の「アレゴリーは有機的存在者と芸術作品のそれとに完璧に照応する」という点については、一八〇〇年の『アテネーウム』誌所載の『神話論』末尾の会話の一つに次のような発言が見られる。「芸術のあらゆる聖なる戯れは、世界の無限の戯れ、永遠に自己自身を形成し続ける芸術作品の遙かな写し絵にすぎない。」——「言葉を代えれば、すべての美はアレゴリーということだ。至高なるものは、まさにそれが名状し難いものであるがゆえに、ただアレゴリーをもってしか言い表せないのだ。」——またこの講義と平行して書き進められていった『レッシング論・完結篇』には、「至る所で有限的なものの仮象を永遠なるものの真理へと関わらせ、そうすることによってこの真理の中へ溶け込ませてしまうところのもの、すなわちアレゴリーによって、象徴によって、惑わしに代わる予示(Bedeutung)が登場するのである」という一節が見出される。またこのアレゴリーの歴史をもって「宗教の理論」であるとしている点については、アレゴリーの本義である「別様の言い表し」を「仲介者」の概念へ転義してその宗教的意義を強調している先の「原註」に対する訳註(3)とその当該箇所を参照されたい。

(10)「本能とは個体の特殊な様態であって、それによって個体は絶対的な実体のうちへと回帰しようとする。」——「ただ一つの世界が存在するのみ」であり、「それゆえ無限なるものへの回帰以外の何ごともあるべきではない」というのが、この講義全体の根本命題の一つである。世界とは「無限なるもの」の無限の自己有限化(個体化)の運動であると同時にこの運動の所産、すなわち無限の派生的諸個体の群集であり、この意味で世界とはこのような無限の諸個体の充満としての「唯一無限の実体」以外の何ものでもないのだから、「無限なるものへの回帰」とは、このようなものとしての「無限なるもの」の自己自身への回帰にほかならない。そしてこの「自己回帰」は、「唯一無限の個体」と見られる限りでの「世界」についても、世界内のすべての派生的個体についても妥当するものでなければならない。このような自己内回帰を促す力として「本能」の概念が、この講義中ただ一度、しかも「絶対的な実体」――「絶対的な個体」として顕現する限りでの「世界」の根源者（「無限なるもの」）への求心力ないし帰一力として働く「様態」というスピノザ的語法を借りて呼び出されているのが、「すべての運動は本能である」という本文に対するこの原註である。この講義と同時期の断章には、例えば「すべての運動は内的である。本能が一切の源泉であり、それゆえすべての存在者は自由である」（PL V-1219）といった言説が見られるが、その二年前の一七九八年の次の断章は、「個体」の「絶対的な実体のうちへの回帰」の問題を、個人と人類との関係において捉えている点で、この原註の意味を具体的に明らかにするものだろう。「全的人間とは、人類の中心点にまで到達した者をいう。人類の全本能を自己のうちで意図にまで形成する者が全的人間である。そのためには哲学と詩文学とが必要である。倫理的実践だけでは充分ではない。」（PL IV-305）――「本能の歴史的調和は、人類が現実にはすでに一つの人格であることを証明している。」（PL III-123）

(11) ここで言う「全体の展望」とは、「唯一無限の実体」（「無限なるもの」）の無限の有機的生成発展としての世界への歴史的展望――「世界は体系ではなく、歴史である」という一八〇四年のケルン私講義『哲学の展開十二講』の『自然の理論』の根本命題の意味での歴史的展望である。そしてあらゆる事物、事象はこのような歴史的全体性との不可分な関係のうちに組み込まれることによってはじめて真に理解され得るという、シュレーゲルの思考をその最初期の段階から規定し続けてきたこの「全体の展望」に、彼はこの講義と同時進行的に書き進めていた『レッシング論・完結篇』や、一八〇五年に始まるケルン私講義『序説と論理学』において「エンツィクロペディー的展望」の名を与え、これを彼の哲学および批評理論の必須要件として掲げている。――「現実の個々の現象は、それが属している世界全体との連関によって完全に規定されており、また、それによって説明される。」（『ギリシャ文学研究論』）――「全体的なものの包括的にして明確な展望なくしては個々のものを完全に正しく把握することなど不可能であることが立証されるだろう。」（『ギリシャ人とローマ人の研究の価値について』）――「ある作者や作品を理解する」とは、「それらをすべての芸術と学問のあの大いなる有機体（「エンツィクロペディー」）との関係の中で発生論的に構成すること」である。（『レッシング論・完結篇』）――「エンツィクロペディー」の概念については『序論』訳註（36）、『哲学の哲学』訳註（10）を参照されたい。

（12）「実体はただ一つであり、実体のほかには諸個体以外の何ものも存在せず」、「二重性があるところ、個体性はある」のだから、「空間と時間とはただ一つの有機体から自己自身を生み出す最初の個体と考えられねばならない。――時間は意識に、空間は実体に照応する。それゆえこれは一つの二元論である。」――「生成する宇宙、すなわち自然以外にいかなる宇宙も存在しない」（PL III-412）という意味での宇宙、「不断の生成」以外の何ものでもないがゆえに永遠に未完結的である唯一者、すなわち「最高の個体」である宇宙は、それ自体一つの無限に生成する有機的個体であると同時に、この生成の所産である同様に無限の派生的な有機的諸個体の充満でもあるような一個の無限の総体であるのだから、この根源的な個体（「唯一無限の実体」）と派生的な諸個体以外には何ものも存在せず、従って「空間」と「時間」もまた唯一無限の個体である根源的個体によって生み出された個体、というよりは「ただ一つの有機体から自己自身を生み出す最初の個体」としてすべての派生的個体のいわば原型を成す個体であるというのが、本文の補足的要約だが、全体の論理的連関が掴みにくいばかりでなく、ここではそれ以上の内容的展開もなく、「世界は未完成であるという命題は、世界は一つの個体であるという命題から出て来る。空間と時間とは、有機的に産出された最初の個体である」という同命題の反復によって打ち切られてしまう。こうしてこの講義の一隅に放置された空間・時間論の切れ切れの断片はしかし、三年後のケルン私講義『哲学の展開十二講』の『自然の理論』、とりわけその特別の一章を構成する『世界生成論』――「根源自我＝世界自我」の世界創造――において展開される独自の空間・時間論として蘇ることになるので、以下、この新たな論述をたどることで本文の空間・時間論をさらに補足ないしは敷衍することとしたい。

「根源自我＝世界自我」の世界創造は、「世界自我」(「唯一無限の実体」)が「無限の憧憬」に突き動かされることによって開始されるが、その活動の最初の段階において生じるのが根源自我の無限の全方位的自己伸長であって、この活動によってまず「空間」が創造され、次いでこの伸長がその極限に達して再び自己自身のうちへと押し戻されるという、伸長に続く収縮の段階に到って「時間」が産出され、そしてこの空間と時間の成立ののち、同様の伸長と収縮とを繰り返しながら「世界自我」の有機的形成の全歴史が螺旋的上昇線を描きつつ展開されてゆく。ところでシュレーゲルはこの『世界生成論』に先立つ予備的考察において、空間と時間をア・プリオリの直観形式としたカントの「超越論的感性論」を「経験論的見地」に基づく単なる「主観的直観」の理論として退け、「世界自我」という「最も観念的な存在者以上に実在的な存在者はない」という見地から、「世界自我の現実的な部分であり要素である空間と時間の実在性」を主張し、空間と時間についての独自の見解を次のように要約する。「空間と時間とは自我そのものの生命」にして「世界の吸気と呼気」であり、空間が「精神的な自己完結的な存在者」であるとすれば、時間は「世界そのものと同様に未完結的」であり、時間が「世界の生命」であるとすれば、空間は「世界の養分」であると。そして「空間と時間とは無限の世界自我の四肢であり部分である。両者は実在的な、生命ある、精神的な存在者にして力である」という言葉をもってこのケルン私講義の『自然の理論』全体の結語としている。「空間と時間そのものは最古の自我の根源的なファクターである。」(PL VIII-273)——「時間は世界そのもの、一切の生成の総体、生成する神性である。」(PL IX-234)——なお、本文中の「時間は意識に、空間は実体に照応する」という命題に関して言えば、上記『世界生成論』において「空間」は、「唯一無限の実体」である「世界自我」の「全方位的自己伸長」として成立するという意味で「実体」に属し、「時間」は、この世界創造過程において産出される「未来」と「過去」とが、前者は「自己伸長」

への無限の憧憬の意識であり、後者はこの「自己伸長」の極限において訪れる自己の本源への「想起」の意識であるという意味で「意識」に属するものと見ることができる。

（13）「世界が未完成である」限りにおいて「世界の完成」のために尽力することが人間の実践的使命であり、その限りにおいて人間は「神々の助力者」たり得るということだが、同様の主旨を含みながらも、人間と神々、あるいは神との微妙な関係を描いている同時期の断章を二点挙げておこう。「もしわれわれが自分自身を助けないならば、神々はわれわれを助けないだろう。――しかしわれわれは神々を助けるべきである。世界は未完成である。神は、すべての神話においてそうであるように変わり易く、不完全であると考えられねばならない。われわれは神の助力者である。」（PL V-1222）――「生成を考えたり、有限的なものを考えたりすること――これは神々にとってまったく不可能ではないにせよ、きわめて困難であるに違いない。――だから神々は人間的な事柄にはほとんど関わりを持たず、死すべき人間たちの祈りによってはじめてそうした事柄へと注意を呼び覚まされねばならないのだろう――そのことが助けになるとしてのことだが。」（PL VII-9）――

（14）哲学は「至高なるもの」の認識を目指す。しかしこの最終目標は、それへの無限接近というかたちでしか達成され得ない。すべての真理は近似値であり、それゆえ真理の無媒介的な伝達もまた絶対的に不可能である。にもかかわらず哲学的認識は伝達されねばならない。それはいかにして可能か。プラトンは彼のさまざまな対話篇においてアレゴリーの手法（「諸形象についてはただ形象的にしか語り得ない」）を駆使しながらその時々の話題にそのつどさまざまに対応することでこの問いの根源的なパラドックスを「きわめて完璧に描き出した」というのが本文の主意だが、シュレーゲルは一八〇三年に始まるパリ私講義『ヨーロッパ文学の歴史』の『プラトンの特性描写』においてこのようなプラトンの手法を、「至高なるもの」の最高の認識は感性的世界のさまざまな「衣装」を纏わせることによってのみ間接的に、近似的に、すなわち相対的に叙述ないし伝達され得るとする「至高なるものの相対的叙述不可能性」――

「至高なるものの叙述不可能性」は絶対的ではなく相対的である――の原理に貫かれたものであるとし、プラトンが「当時存在していた芸術や学問のあらゆるジャンル」を渉猟したのもこうした衣装選びのためだったのであり、例えば『パイドン』では「官能的で浅薄な宗教と神話へと堕落していた民衆を一切の真理と美の原初の深い源泉へと連れ戻そう」とする点で「哲学と同一の目的」を担っていた当時の「密儀」から言葉と衣装とを借用していると述べている。

（15）「有機的形成」、「有機体」の思想はこの講義の主導理念の一つだが、一八〇五年に始まるケルン私講義『序説と論理学』の『存在論』の章でシュレーゲルは、一切の現存在を貫く「普遍的な存在論的根本命題」として「無限の有機的生成と発展」の原則を掲げている。ここで彼が強調する「すべての事物の有機的連関」とは、「無限の一なるもの」と「無限の多なるもの」、「無限の統一性」と「無限の多様性、ないしは無限の充満」という両根源概念の結合から導出される複合概念であって、「有機的である」とは、「一なるものの統一性」と「多なるものの充満」とが緊密に結合しているもの、すなわち「それ自身が一つの全体でありながら、その各部分はそれぞれ完成されている」もの、「あらゆる分枝、部分が調和的に融合して一つの体系を成し、一つの目的のために互いに作用し合うことによってどんな部分も全体のために必要とされ、個々の分枝や部分はただ全体によってのみ規定され支配されているような一つの全体」をいう。ところでこのような「すべての事物の有機的連関」、「ある存在者の各分枝を合一させて一つの全体たらしめている生命溢れる統一性」に「真っ向から対立するもの」としてシュレーゲルがここで想定している「通常の見解」とは、「あらゆる部分と部分との間に原因と結果の全連鎖の糸を貫かせる」という充足根拠律による事物の「外面的」、ないしは「人為的」な連結、「機械仕掛けの器具や工芸品」に見られる各部分の単なるメカニックな結合だけで満足する機械論的見解であり、この見解の基礎を成す形式論理学に立脚した経験論的独断論である。

（1）「すべての人間社会は家族、位階制、共和制に還元される」という点については、『体系詳論』訳註（4）とその当該箇所を参照されたい。

（2）「通常の自然法の理論」とは、ケルン私講義『哲学の展開十二講』の第十講『自然法と国法』によれば、「すべての自然衝動ないしは自然必然性に関わるもの」であり、また「その他の大部分の法」は、自己目的的でも必然的でもない「人為的諸制度」に基づくものでしかないとされる。それゆえこのような「法概念」からは導出され得ない「家族と共和制の概念」の本来の源泉は「より高次のもの」、すなわち「人間の本質である自由」のうちに求められねばならず、この本来の意味において「法」とは、この人間の本質に依拠しつつ「矛盾律と充足根拠律に基づいて導き出される帰結」なのであって、「自由」が人間の本質である以上、「自由は毀損さるべきではない。なぜなら自由はある神聖にして根源的にして神的なるもの、無限の根源力の、神的自然の息吹なのだから」というのが、このケルン私講義の、そしてまたこのイェーナ大学講義の『人間の理論』の基本的見地である。

（3）人間の共同体としての「社会」のカテゴリーをシュレーゲルは一七九六年に発表された『共和制の概念についての試論』において、「自我は存在すべきである」というフィヒテ的な「純粋実践命法」から導出している。この「普遍的意志」の「絶対命令」は、経験世界においては「自我は伝達されるべきである」、すなわち「個々の経験的自我の集合体」である「人間の共同体は存在すべきである」という命題に特殊化される。この命題がカント的意味における「実践的学問」としての「政治」の基礎であり対象なのであって、もしこのような「人間共同体であることを目的とする」すべての人間社会を「国家」と呼ぶことができるならば、あの「普遍的意志」を経験的領域における「特殊な政治的活動」の「根拠」として要求する「平等と自由」こそがこの国家の性格を決定するはずであり、それゆえこのような国家は必然的に「共和制」たらざるを得ないというのがシュレーゲルの結論である。この人間の共同体の理念——人間は人間たちの間にあってこその人間である——は、この講義においてもシュレーゲルの政治社会思想の原点として貫かれてゆく。

（4）一七九七年の『芸術のリュツェーウム』誌に発表された『レッシング論』において、シュレーゲルは彼が生涯の師表と仰ぎ続けたレッシングの本領を文学よりはむしろ哲学に求めるべきであり、例えば『賢者ナータン』に横溢する哲学精神の光に照らして『ゲッツェ論駁』等の神学論争的諸作から『エルンストとファルク』、『人類の教育』へと到る一連の哲学的作品、とりわけレッシングの哲学精神の最も輝かしい発露の記録である断章群を読み解くことにこそレッシング再評価の鍵があると主張し、また、このイェーナ大学講義と平行して書き進められ、一八〇一年に刊行された評論集『特性描写と批評』に前作と併せて収録された『レッシング論・完結篇』においても、先の持論を再確認したあと、特にレッシングの断章的書法へのオマージュとして『鉄のやすり』と題する九十七篇におよぶ自作の断章を載せている。――ところで「教会は一つの徹頭徹尾精神的な共同体であるべきである。しかし一つの徹頭徹尾精神的な共同体に基礎を持つ社会はすべて、およそいかなる固定的な法律も憲法も受け入れる余地がない。このような社会は絶対的自由に基づき、無限に進展的である」という本文の一節と関連づけて言及されている『フリーメイソンについての会話』、正しくは『エルンストとファルク――フリーメイソンのための会話』は、一七七八年と一七八〇年に発表されたレッシング晩年の未完の対話篇で、秘密結社フリーメイソンをめぐってその実態に性急に迫ろうとするエルンストと、このエルンストの執拗な追及に対して全面肯定も全面否定も巧みに回避し続ける二枚腰のファルクとの間に交わされるどこまでも噛み合わないやりとりの中で、当時の社会体制に対する政治哲学的見解や提言が断章的に織り込まれてゆくというもの。――ちなみにシュレーゲルはイェーナ講義の三年後の一八〇四年に『レッシングの思想と意見』と題する彼自身の編纂になる三巻本のレッシング選集を刊行するが、その第三巻（『人類の教育』、『賢者ナータン』、『エルンストとファルク』の三作を収録）に付された論評の一つ『エルンストとファルク――フリーメイソンについての三回目の会話断片』の中で、レッシングの中断されたままに終わった『会話』の糸を再び取り上げ、現実志向のエルンストと内省的なファルクとの間に同様の噛み合わない応酬を交わさせたあと、後者が前者へ託す手紙の体裁で書かれた『哲学の形式』と題する一文において、「それ自体一つの秘儀、あるいは神的な秘密の学問と技法」であるような「神的観念論」の理想のために「古代のピュタゴラス教団の偉大な盟約」にも似た「不可視の、だが固く結束した盟約」を作り上げることこそが来るべき新時代の「真の哲学者たち」の使命であるとしている。――このような「いかなる固定的な法律も憲法も」受けつけず、「絶対的自由に基づき、無限に進展的」であるような「徹頭徹尾精神的な共同体」を基礎とする社会に、シュレーゲルは本文後段において「神の国」とも「黄金時代」とも呼び得る一種の聖なる「無政府状態」とも言うべき終末論的理想郷を重ね合わせ、これを人間が目指すべき「究極目標」としている。この点については『人間の理論』訳註(58)を参照されたい。

(5) 『人間の理論』は「社会のカテゴリー」の探究をもって始まらねばならないというのがシュレーゲルのここでの出発点であり(『人間の理論』訳註(3)とその当該箇所参照)、彼にとっては「最高善」といえどもこのカテゴリーの彼岸に遠望される超感性的概念でもなければ、「有徳であろうとする努力と幸福の探究とが一体的であるように行為せよ」という「純粋実践理性」の要請(『実践理性批判』第二部)に基づくカント的な純粋道徳概念でもなく、あくまでも人間社会におけるその構成員相互の諸関係の中での「有用性」と「正当性」とによって評価され、「共同体」と「自由」の促進という見地から人類へのその貢献度が論及されるというものでなければならない。シュレーゲルが「道徳の概念には生への関係が含まれている。道徳とは生の哲学である」と述べている(本文後出)のはこの意味においてである。哲学が「自己自身のうちから出て、生の中へ入ってゆく」という意味での「生の哲学」については『人間の理論』訳註(9、54)、および『哲学の哲学』訳註(3)とその当該箇所を参照されたい。なお、本文中の「超感性的なものはこうしたすべてを越えて崇高である」という一文の「超感性的なもの」とは、シュレーゲルにあってはあの「唯一無限の実体」としての「無限なるもの」であって、カントが「最高善」の導出において前提とした道徳的絶対概念としての「意志の自由」ではない。ちなみにカントの「最高善」についてシュレーゲルは一七九六年頃の初期断章の一つで次のような論駁を試みている。「カントは主観的な諸根拠から意志の自由を歴史の領域へと移したように、天上にも移した。従って最高善についての彼の定義は徹頭徹尾主観的である。――彼の領域を踏み越えるものはすべて超越的なのである。(あれほど不完全な天上に人はまたしても更なる一天を重ねなければならないのだろうか。)悪人の幸運と善人の不運に対する憤激は倫理的でもあり、有益でもある。しかしこの憤激は明確に規定されねばならない限界を持っているのに、この限界があの理不尽な虚構によって踏み越えられてしまうのだ。」(PL II-28)――

(6)「位階性の中心点」であるべき「教皇権」の問題についてシュレーゲルはケルン私講義『哲学の展開十二講』の最終講『国際法と結語』において、「位階制の中心点が世俗的支配と結びつき、それによって実効的権力となり、これに君主制的形態さえも付与されるに及んで、教皇の権力と皇帝の権力とは一体化するか、さもなくば互いに殲滅戦を展開するかのいずれかしか残らなかった」という歴史的事実を踏まえつつ、「従って最も重要なことは、位階制の中心点が世俗諸侯と本質的に結びつかないこと」であり、「教皇の実質的な全面的世俗支配は、それゆえ唾棄すべきものであって、「世俗的な統治権はある意味で教皇よりはむしろ司教たちにこそ帰属すべき」ものであるとしている。――このような教皇のあるべき姿についてシュレーゲルはすでに一七九八年の断章の一つで、「教皇的位階制は常にいかなる僧侶や学者たちの社会にとっても一つの理想であり続けるだろう」(PL IV-1538)と書いている。

(7)この箇所は、女性から「その弱さ」を理由に投票権を奪うことの非合法性を主張した『共和制の概念についての試論』以来のシュレーゲルのいわば女権論的発言の一端を示すものだが、家族関係――ここでは特に「相続」の問題――においてはいまだに「平等」という点で「共和制」は成立するに到っていないとするこの唐突な断章的一節を、シュレーゲルはこの講義の三年後に始まるケルン私講義『哲学の展開十二講』の第十講『自然法と国法』に挿入された一章『結婚』の中で次のように敷衍している。「自然法に従えば、所有の完全な共有制が成立していなければならぬはずである。われわれの市民社会の人為的で複雑な諸関係にあっては、言うまでもなく女性の所有権は多くの場合において特別な事前措置によって保証されていなければならない。このことは大抵の立法において娘たち（貴族の）が相続権に関して不利益を被っているので、なおさら必要である。娘たちのこうした不利益は、男性が徹頭徹尾主権者である旧来の自然法的な家父長制的階層の残滓の一つだが、しかしこのような関係が甚だ不当にも実定法の中に維持されているのである。所有地に関してのみ、そこを耕すという理由で男性に優先権を認めてもよいだろう。しかしその他のすべての財産については請求権の不平等は絶対に正当化されるものではない。すべてを勘案すれば、逆に息子たちは婚資を分与されるだけで満足し、財産の大部分は娘たちに与えられて然るべきだろう。」

（8）道徳性の根本概念は「形成」（外面的な洗練ではなく、自立性の展開としての）と「名誉」であって、それゆえ倫理性の普遍的な諸定式などは道徳性の根本命題がいかなるものかという問題に対してはまったく無力であるとした上での、このカントの道徳原理の批判となるわけだが、人間の固有性、独創性の展開のうちに道徳の本質を見ようとするシュレーゲルにとって、人間の意志に対して「汝なすべし」という絶対的な「客観的強制」をもって臨む「実践理性」の「定言的命法」の普遍的妥当性（『実践理性批判』第一部）、あるいはむしろその前提を成す普遍的な諸命題、諸定式——例えば「義務」の概念——ほど異質なものはなかったと言えるだろう。一七九八年から一八〇〇年にかけて書かれた以下の諸断章は、カント的思考と発想への反感と違和感に満ちている。「カント学派の言う義務とわれわれのうちなる招命と神性の声である名誉の戒律との関係は、干からびた草木と生きた幹に咲く瑞々しい花との関係である。」（ID 39）——「もろもろの感覚は、倫理的であるためには単に美しいだけでなく、同時に賢くなければならない。——名誉は倫理性の詩的原理である。」（PL III-111）——「名誉と平和とが諸国家間の現状の精神であるべきである。財産や本来の契約などは使いものにならない。」（PL IV-335）——「自然、愛、信仰、そして名誉が倫理性の源泉である。信仰は自立性と最も近しい関係にある。」（PL IV-370）——「本来、人間のあらゆる力は実践的である。われわれの諸理念が実現されるのがこの数世紀のうちであるのか、いまであるのか、といったことは普遍的精神にとってはどうでもよいことである。――名誉と平和とが、この道徳的見地からみた個々人にとっての最高善である。――人間の無限性と諸事物の神聖性。」(PL IV-1101)「愛の道徳は黄金時代に属し、義務の道徳はこれに次ぐ人類に属する。名誉と形成とがいまや時の流れとなっている。」(PL V-927)――「一切の自立性は根源的であり、独創性である。そして一切の独創性は道徳的であり、全的人間の独創性である。これなくしてはいかなる理性のエネルギーも、いかなる心情の美もない。」(ID 153)――シュレーゲルは一八〇四年に始まるケルン私講義『哲学の展開十二講』の第九講『道徳』においても、「名誉」を「全人間的なもの」、「実践的に適用された倫理的自由」であると定義し、道徳を義務の視点から扱うカントの方法は「最後には決疑論へと退化する」だろうと述べ、第十二講『国際法と結語』においては名誉を「最高の倫理的善」とさえ呼ぶのである。

(9)哲学とは「全的人間に関わるべき知」であるというこの講義の冒頭命題の本来の意味がここで明示される。すなわち自己完結的な「理論哲学」に始まり、次いでこの自己完結的状態の殻を破って自己自身の外へ出ることによって「生の哲学」となるが、この「生の哲学」の対象も内容も無限であるがために、「生の哲学」そのものを検証の対象として持つべく強制され、再び自己自身のうちへと回帰して「哲学の哲学」になるという、この講義全体の構想の基盤となる哲学の弁証法的循環の三態がそれである。この哲学の三態については『人間の理論』訳註(54)、および『哲学の哲学』訳註(3)とその当該箇所を参照されたい。また本文中に「第五章を参照されたい」とあるのは、『序論』から数えて五番目の「章」に当たる『哲学の哲学』を指すものと思われる。

(10)ここで「生の哲学」の進展を阻む二つの概念として俎上に乗せられる「意志の自由」と「自然の諸法則」とは、この講義、特に『人間の理論』において最大の争点の一つとなっているカント哲学、とりわけその道徳哲学の基底を成すものであり、世界を「自由」と「必然」、すなわち「理性的存在者の意志の自由」と「自然の必然性と法則性」という対立する二つの絶対的因果性の相関のもとに捉えるカントの二元論は、「ただ一つの世界が存在するのみであり」、それゆえ「無限なるものへの回帰以外の何ごともあるべきではない」(『体系詳論』訳註(7)とその当該箇所参照)、あるいは「生成する宇宙、すなわち自然以外にいかなる宇宙も存在しない」(PL III-412)、あるいは宇宙は「唯一無限の実体」としての「無限なるもの」の有機的生成発展以外の何ものでもない(『世界の理論』訳註(12、15)とその当該箇所参照)とするシュレーゲルの見地からすれば、許容しがたい世界分断の構図であり、それゆえカント倫理学の原理である「自由」による「自然」の克服という実践理性の要請もまた端的に背理でしかない。なぜなら自然のうちで生きて躍動する自由な諸力以外に実在的なものはあり得ないとする力動論的自然観(『序論』訳註(14)参照)と、人間を取り巻く地上的制約の抵抗を克服して「唯一無限の実体」である「無限なるもの」のうちへと回帰することをもって人間に与えられた唯一現実的な課題(『体系詳論』訳註(7)とその当該箇所参照)とすべきであるとする倫理的要請との融合・合体、あるいは、「自然は自由である」ということ(『自然の理論』の原理)と「人間は自由を目指すべきである」ということ(『人間の理論』の原理)との渾然一体的綜合に哲学の最終目標を見ようとするのがシュレーゲルの世界認識の基底だからである。このような世界把握におけるカントとの架橋し難い断絶が、この講義の随所にさまざまな形をとって立ち現れる激しいカント批判——カント哲学を「独断論的体系」の代表(『序論』訳註(27)とその当該箇所参照)に見立てるという意表を衝く反語的総括も含めて——の根源である。

(11) 前訳註箇所に続く同じ文脈でのカント批判の一つである。シュレーゲルはこの「不死性」の理念を先に「死のうちにのみ真の生はある」という宗教的命題として表明しているが(『体系詳論』訳註(8)とその当該箇所参照)、三年後の一八〇四年に始まるケルン私講義『哲学の展開十二講』の『人間の理論』において改めてこの問題を取り上げ、「不死性の本質」は「無限の神的生命」、「無限の神的自由」への「無限の憧憬」のうちに存するのだから、この憧憬の実現、すなわち「無限の神性」との合一において見出されるであろう究極の神的自由の実現のために、地上的な諸制約の軛のもとにありながら不断に努力することが、この世に生を享けた人間に与えられた真に実践的課題でなければならないとしている。従って「不死性」の理念は一切の道徳——人間の地上的努力目標としての——の源泉であり、かつまたその「保証」でもあるのだから、「意志の自由」という新たな因果性の導入は、この「保証」の絶対条件である「ただ一つの世界が存在するのみであり」、それゆえ「無限なるものへの回帰以外の何ごともあるべきではない」という「唯一無限の実体」の永遠の循環——自己超出と自己回帰との——を断ち切ることになるというのが、ここでのシュレーゲルの批判の論拠である（前訳註（10）参照）。——ちなみにカントは「不死性」を「最高善」の理念から導出している。カントによれば、一人格における「徳」と「幸福」——「自然と理性的存在者の全目的との合致」に基づく限りでの「幸福」——との完璧な一体化の実現が「純粋実践理性」によって要請される「最高善」の理念だが、この一体化の理想は、感性的世界に属する理性的存在者である人間的人格にあってはこの理想への「無限努力」というかたちでしか実現され得ない。しかしこの「無限努力」は「同一の理性的存在者の無限に持続する存在と人格性」、すなわち「魂の不死」を前提とせずには考えられないから、「最高善」という理想の実現は、実践的にはただ「魂の不死」を絶対条件とせずには不可能である。この意味で「魂の不死」は、カントにとって「最高善」の達成という「純粋実践理性の要請」を可能ならしめる前提としてすでに「道徳法則と不可分に結合」している概念である。結論だけを見れば、「道徳を保証するためには不死性だけですでに充分である。不死性とはまさに道徳が求めるところのものである」とするシュレーゲルの見解と合致するかに思われるが、しかしシュレーゲルは先のケルン私講義の『人間の理論』において、それがいかなる論拠に基づくものであれ、カントが前提としているような死後の「人格性」の存続、同じことだが「意識の糸」としての「記憶」の死後における持続は背理であるとしてこれを一蹴している。——なお『不死性』の問題については『人間の理論』訳註（51、52、53）とその当該箇所を参照されたい。

（12）両根源事実の一つである「同一性」とは、「ただ一つの世界が存在するのみである」という命題の基礎となる「永遠に一なるもの」、ないしは「唯一無限の実体」としての自己同一性の概念であり、「二元性」とは、「すべての現存在は有機的生成である」という命題の基礎となる「無限に二なるもの」としての「可変性と多様性」の概念であって、この両根源事実の綜合から「世界は唯一無限の実体の生成発展の無限の総体である」という根源命題が得られるが、この根源命題によって、このいかなる切れ目もあってはならないはずの無限生成の世界を切り裂く「意志の自由」に基づく「絶対的な因果性」のメカニズムと、これに対応するもう一つの因果性である「自然の諸法則」、すなわち自然必然性のメカニズムとが、「一蓮托生」の謬見として一挙に葬り去られる。「同一性」と「二元性」の両根源事実については『人間の理論』訳註(15)とその当該箇所を参照されたい。

(13)「カントの道徳論の成立はまったく個人的なものとして説明されねばならない。カントがただ歴史的にしか理解されないのは、彼が、例えばフィヒテやスピノザのように一つの中心点に関わっていないからである。」——カントの道徳論において客観的と言えるものは「名誉の原理」であるというこの箇所での『原註』を顧慮してもなおかつ理解しにくいこの一節は、「カントの道徳論は、倫理的世界のためにあたかも自然的世界におけるニュートンの万有引力のごとく普遍的であるような法則を見出したいという願望に発している」という新たな一節に直結していることから、カントの道徳論はもっぱらこの分野におけるニュートンたろうとする「個人的な」願望——あるいは名誉欲——に触発されたものでしかなく、それゆえカントを理解するには哲学史的影響関係を探るほかはなく、また、それだけで充分であるということが含意されていると見てよいだろう。事実、この講義の三年後に開始されるケルン私講義『哲学の展開十二講』の第一講『哲学の歴史的特性描写』において、シュレーゲルはカント哲学を種々雑多な思想断片の合成体として眺め、特にベイコンとニュートンの影響をカント哲学の「発生論的特性描写」のための不可欠な要素であるとし、カントが『純粋理性批判』の立案に当たってはベイコンの「建築術」の理念、すなわち「一切を最初の諸原理に到るまで究明し、従来の全思考法をその根底において検証し、この検証に基づいてもう一度根源的な諸法則を探索し、その最初の真の形態において提示する」ことによって「人間精神を根底からまったく新たに形成し直し、再構築する」ための設計図の理念をそっくり借用し、また、彼の道徳論の展開に当たっては、ニュートンが万有引力の概念のもとに自然界に確立したのとまったく同様の「端的に普遍妥当的で、確固として揺るぎない法則性」を道徳の中へも導入しようという「きわめて独創的で明敏な発想」に逢着するに到ったとした上で、こうした構想のいずれにおいてもカントは折衷主義ないしは混合主義特有の内部矛盾の葛藤から脱しきれず、哲学に「真の深さと一貫性」を与えるあの絶対的な「中心点」をついに見出し得なかったと結論づけている。

ところでカント哲学における一貫性と中心点の欠如――「カントがフィヒテやスピノザのように一つの中心点に関わっていない」――に対する同様の批判は、このイェーナ大学講義と平行して書き進められていた『レッシング論・完結篇』の中にも見られる。シュレーゲルによれば、ある作品を理解するということは「この作品をすべての芸術と学問の有機体との関わりにおいて発生論的に構成する」ことであって、このような構成に必要とされる基本概念が「形式と内実」、「意図と傾向」という「批評のカテゴリー」である。そしてこの両カテゴリーを二つながらに十全に満たしているのが、共に「対象に見出される一切の特性的なもの」が「唯一無二の中心点」へと還元されてゆくスピノザとフィヒテの思想構造であり、この両者にあっては「形式」は常に「内実」、すなわち「全体の唯一不可分な中心点」の表現、象徴、反映であり、この意味でスピノザの形式は「実体、恒常、堅牢、静止、単一性」であり、フィヒテの形式は「活動性、敏捷性、不断の前進」である。しかも両哲学者の形式は対極を成しつつ向かい合う相関概念を形成している。「意図と傾向」のカテゴリーに関しても、両者の意図と傾向とは「明快かつ純粋」に、すなわち「自己の傾向を無条件に叙述するか無条件に伝達しようとする意図」以外のいかなる意図も表現されていないほどに緊密な相関性を示している。これに反してそのような「絶対的中心点」を持たないカントとヤコービにあっては、両カテゴリーはまったく機能せず、「錯綜した迷路によって巧妙に隠蔽されて」はいても実質は無に等しい。すなわちカントの哲学には一個の揺るぎない思想体に相応しい中心点も徹底性も欠落しているというのが、ここでのシュレーゲルのカント批判の核心である。――同様の意味でのカント哲学へのシュレーゲルの批判的言辞は、すでに一七九七年の初期断章の幾つかにも見出される。「カントは振り子人間であり、空疎で、スピノザやフィヒテの強烈で徹底した力を欠いている。彼は折衷主義者のようにあれやこれやに対する感覚を具えており、自身、幾分かは美的な、幾分かは哲学的な、そしてたぶん僅かながら神秘的な熱狂さえも具えている。《実科学、政治学、芸術学、倫理学、論理学、教育学》。」(PL II-44) ――「彼の全体系はまさしく最も主観的なものである。強固で永続的な体系ではまったくない。」(PL II-45) ――

(14)「理性の普遍妥当的な基礎理論」(allgemein geltende Grundlehren der Vernunft) とここで言われているのは、「意志の自由」と「自然の必然性」という二つの独立した因果性によって両断された領域を一つの統一的世界へと形成するための結合機関としての理性の綜合能力のことであって、このような対立、分断、綜合というカント的な世界構成の図式にシュレーゲルは「無限なるものへの憧憬」と「有限的なものへの固執」という「相容れない二つの原理の混合」、すなわち「無限なるもの」を求めながら、依然として「有限的なものの仮象」を根絶できないままにあの「理性の段階」に留まり続ける哲学の避けがたい迷妄と欺瞞を見るのである。カント哲学を「経験論」の残滓を引きずる「独断論」の代表として批判するシュレーゲルの見解については『序論』訳註(27)とその当該箇所を参照されたい。

(15) 本文中の「第二の究極的事実」とは「同一性」(『人間の理論』訳註(12)とその当該箇所参照)を指す。ここではまず「二元性」は、そこで一切のものが始まる「第一の根源事実」として、「同一性」は、そこで一切のものが終わる「第二の根源事実」として提示されているが、しかし「第一の根源事実」に「われわれ自身が共に捉えられている」のは「われわれがいわば流出だからである」という理由付けは、それではどこからの「流出」であるのかという問いを必然的に伴う。「根源事実」は二つしか存在しないのだから、「流出」の源泉は「第二の根源事実」以外にはあり得ない。すなわち「同一性の事実」は、一切のものが終わるところであると共に、一切のものが始まり、一切のものがそこに捉えられているところの「二元性の事実」に先立つ、一切のものの「流出」の源泉でなければならないだろう。「流出」とはそれゆえ、「同一性」、すなわち「永遠に自己自身であり続ける永遠に一なるもの」としての「根源的唯一者」からの「二元性」、すなわち「一切の多様性の源泉」となるべき「永遠に二なるものの根源的二元性」への流出であり、これが、「われわれが共に捉えられている」ところの無限の多様性としての世界の誕生への第一歩であり、そしてこの第一歩は「意識」の成立をもって始まり、しかもほかならぬこの「意識」を介してわれわれはこの無限に生成する現象世界の源泉である「永遠に一なるもの」の根源事実を「知覚」するのであって、この知覚の根底を成すのが「主観的なものと客観的なものとの根源的同一性」を無媒介的に感得する能力としての「知的直観」であるというのが、この箇所でのシュレーゲル独自の「流出論」である。「人類は神性の流出であり、理性は回帰である。宇宙は流出であり、一なるものとしての自然と愛は回帰である。」（PL V-270）——この断章はこの講義の同時期のものだが、その三年後に始まるケルン私講義『哲学の展開十二講』の第五講『自然の理論』の中の『世界生成論』においてシュレーゲルは、「永遠のまどろみ」のうちにあった「永遠に一なるもの」としての「無限の根源自我」が「無限の多様性と充満」への憧憬に突き動かされて世界創造への無限活動を開始するという独自の「世界生成論」を展開しているが、自己自身のうちにまどろむ「根源自我」が無限の多様性への憧憬に駆られて「世界自我」となって自己自身を越え出てゆく運動態は、「流れ出てゆく」という流出論的発出のそれと重なるだろう。——シュレーゲルにおける「流出論」については『序論』訳註（18）および『体系詳論』訳註（7）とその当該箇所を、両根源事実としての「同一性」ないしは「神的一性」と「二元性」ないしは「神的二性」に関するシュレーゲルの数学的思弁については『序論』訳註（28）との当該箇所を、「知的直観」については『同』訳註（35）とその当該箇所を参照されたい。

（16）「唯一無限の実体」（「無限なるもの」）の有機的生成としての世界——この意味において「ただ一つの世界が存在する

のみである」――の中へ一つの「新たな因果系列」の「絶対的開始」を意味する特殊能力としての「意志の自由」の概念を導入するカント哲学に対するシュレーゲルの論駁については『人間の理論』訳註（8、10、12）とその当該箇所を参照されたい。

（17）ヤコービが想定している「遙かに高次のメカニズム」がどのようなものであるのか、ここではまったく説明されていないが、「私は不可知の意識を人間における最高のものと考え、この意識の場所を学問の手の届かない真なるものの在り処と考えている」という見地に立って、この真理の場所とその「尊厳」を「学問の領域の中に封じ込めて」しまったフィヒテの手法に対する違和感をフィヒテ哲学の批判の糸口にしている書簡体論争書『ヤコービよりフィヒテへ』は、「高次のメカニズム」なるものの輪郭を予測させる。この問題を含めてのヤコービのフィヒテおよび観念論への批判的論評については、本文後出『人間の理論』訳註（28）とその当該箇所を参照されたい。

（18）「生成する宇宙、すなわち自然以外にいかなる宇宙も存在しない」（PL III-412）のだから、宇宙は常にいまだ完成されざる生成の無限のうちにある。しかし宇宙を完成させることが人間に課せられた使命であるとすれば、その完成のために「常に一つの開始がなされねばならない」だろう。それはこの無限の生成の全体に関わる「一つの絶対的開始」を用意する「絶対的因果性の能力」でなければならないだろう。しかしそれはカントの「意志の自由」に代わる「愛」の能力であるだろう。このような「新たな絶対的因果性」、一切のものの根源的な開始としての「愛」については、夥しい数にのぼる断章が残されているが、ここには一七九八年から一八〇〇年にかけて書かれた三篇を挙げておこう。「ただ二つの啓示しか存在しないだろう。神聖のそれと愛のそれである。――自由と不死性にはいかなる啓示も不要である。それらは自明であり、いずれも愛に帰着する。」（PL IV-899）――「愛は神性の火花であり、この火花によって宇宙は自然となる。そして理性によって自然は再び神性のうちへと回帰する。――たぶん光もまた神話と共に最後にはようやく認識されるだろう。」（PL III-361）――「一切の生はその起源からして自然的ではなく、神的にして人間的である。なぜなら生は愛から生まれなければならないからである。精神なくしてはいかなる悟性も存在しないのと同様である」(ID 91)――このような生成の全体に関わる「絶対的因果性」、無限の生成のそのつどの絶対的開始としての「愛」についてのシュレーゲルの最も充実した証言は、彼が一八〇三年に開始されるパリ私講義『ヨーロッパ文学の歴史』の『プラトンの特性描写』においてヤーコプ・ベーメの哲学原理に言及している箇所である。「ヤーコプ・ベーメの哲学のように」とシュレーゲルは述べている、「根源原理を愛として、渇望として、志向として捉える哲学は、みずから生命と質料とを生み出すだろう。なぜならそれは意識そのものを至高の源泉、最も根源的で最も活気に満ちた力として捉えているから起こすだろう。それは生産的な、魔術的な力をもって新しい諸力を意識のうちに呼びであるからである」と。そしてもしプラトンが彼自身の「イデア論」の「アナクサゴラス的な制約」を脱して、「ベーメのように意識をその源泉、その根源に到るまで追跡し、その最も根源的で最高の形式を渇望と志向として捉えていたならば」、すなわち愛と憧憬の究極の知見にまで肉薄していたならば、彼は彼の望んだ「完成された観念論」へと導かれていったに違いないというのが、シュレーゲルのこの点でのプラトン批判の要点である。

なお、文中の「愛によってすべてが始まったのだから、愛によってすべては完成を見るだろう。この原理を自己のうちに認識した者、そのことによって創造者となった者は、あの根源事実を理解することができるようになるだろう」という一節での「根源事実」とは、「永遠に一なるもの」の「無限の生成」というかたちで綜合される「同一性」と「二元性」を指し(『人間の理論』訳註(12、15)とその当該箇所参照)、また「愛は無差別点である」という命題は、「二元性と同一性の両根源事実は愛の精神のうちにおいてのみ考えられ得る」という本文後出の一文によっても明らかなように、「愛」とはこの両根源事実を無媒介的に知覚する「知的直観」(『人間の理論』訳註(15)の当該箇所参照)の別形にほかならないことを示唆している。

(19) 根源事実「同一性」とは、ここでは「永遠に一なるもの」、「絶対的に不可分の無限の一性」としての「神性」の本質を、根源事実「二元性」とは、「一切の多様性と可分性と可変性」の源泉である「永遠に二なるもの」、「無規定的な無限の二性」としての宇宙生成の本質を意味するのだから、「神性」（同一性）はただ「生成」（二元性）のうちにおいてのみ考えられ得るとは、「神性」は「生成する神性」としてのみ考えられ得るということであって、ここで言う「神性」とはそれゆえ「生成する宇宙、すなわち自然以外にいかなる宇宙も存在しない」（PL III-412）という意味での、「自然は生成する神性の形象である」、あるいは「神性とは自己自身を表示するために世界を形成した」（『序論』訳註（40）とその当該箇所参照）という意味での「宇宙」ないしは「自然」であって、このような神的自然が、われわれ人間が直接交わることの許される「神性」、無限の多様性と可変性のうちに生成発展する自然として顕現する神性、すなわち「神々」である。そしてこのような「神々の現存在」を――「自然必然性」の絶対的支配を主張する自然観に抗して――「内的感覚」、あるいは「知的直観」によって直接的に捉えることができなければならないとする見地が、「人間たちと神々とは同じ一人の母親から生まれ、共に同じ空気を吸っている」（本文後出）と歌われた古代神話における擬人論を正当化する見地でもある。「精神以外の何ものも実在的ではなく――有限的な諸精神はある無限の精神なくしては無である。――しかしこの無限の精神は、啓示と同様、ただ与えられるだけのものではけっしてない。神は諸精神の一つの課題なのであって、これら諸精神が神を創るべきなのである。――神は世界の《うち》に存在するのではなく、世界のうちで生成するのである。――しかし神は世界の外ではむろん単に黙示録的なかたちでしか存在せず、学問的なかたちでは存在しないのである。」（PL IV-1277）――「神性の詩的形姿が世界霊であり、生成する神性、神々なのである。」（PL V-237）――「時間は世界そのもの、一切の生成の総体、生成する神性である。」（PL IX-234）――イェーナ講義の前年から一八〇四年に始まるケルン私講義の時期にかけて書かれたこれらの諸断章は、ケルン期に到って一段と深まってゆくカトリックへの傾斜にもかかわらず、シュレーゲルの思想の骨髄に浸透した神話的自然汎神論の根強さを示している。

（20）「われわれは世界と自然とを区別する。世界とはメカニズムの体系として考えられた全体である。自然は生成する神性の形象である。」――「世界」（Welt）と「自然」（Natur）とのこのような峻別がこの講義において充分に貫かれていないことについては、『体系詳論』訳註（2）とその当該箇所を参照されたい。

（21）「自然は生成する神性の形象」なのだから、もしこの「生成」の無限の進展を阻む何らかの「抵抗」が生成そのものの条件として生成そのもののうちに埋め込まれていないならば、「生成」は、それゆえ一切の「自然の作用」もまた、「一瞬にして経過して」しまい、生成の根源である「神性」以外の何ものも存在しなくなってしまうかもしれないという、世界過程そのものへの一種の危惧、ないしは怯えは、シュレーゲルの「世界生成の理論」としての歴史哲学に「摂理」の概念を持ち込むことになる。彼は一八〇四年に始まるケルン私講義『哲学の展開十二講』の『自然の理論』において、「生成の全体」にのみ関わる「無限に速い生成」に対して「個々の有限的存在者」にのみ関わる「抑止され、阻止された「無限に遅い生成」を想定することでこの問題を解決している、というよりはむしろ回避している。なぜならこのような解決策は、生の営みがあまりにも速く過ぎ去るべきでないならば、生の進行は抑止され、阻止されねばならないという循環だからである。生そのものがあまりにも速く過ぎ去るべきでないという判断、この「べきでない」という指令がどこから来るのかという点については、このケルン私講義においても最後まで伏せられたままである。なお、この「抵抗」の意味については本文後出の『人間の理論』訳註（26）とその当該箇所を参照されたい。

（22）「われわれはそれゆえ体系を打ち立てようとするモラリストたちに対しても異議を表明しなければならない。常にせいぜい一定数の概念や原則しか借用できないのだから、道徳を一つの体系に纏め上げることなどできるわけがないのである」という本文の一節への原註だが、ここで批判の対象となっている「体系的モラリストたち」が誰を指しているのかという点については、一七九八年のものとされる断章の一つが答えている。「カントを突き動かしたのは哲学者たちではなく、モラリストたち――ヴォルテール、ヒューム、それにルソーといった人々――だった。《彼は倫理的哲学との関わりのために批判主義者たろうとするほかなかったのである。》」(PL II-582)――また、原註の一文は、歴史家タキトゥスとトゥキュディデス以上に偉大なモラリストはいないという絶対評価によって近代のモラリスト、ないしは近代概念としてのモラリストへの論争的姿勢を明らかにするというシュレーゲルの論法と見てよいが、シュレーゲルがそもそも真のモラリストたることの資質をどこに求めているかは、「古代の将軍たちが戦闘に先立ち戦士たちに向かって語りかけたときのように、モラリストたちは当代の戦いの中で人間たちに向かって語りかけるべきだろう」という一八〇〇年の『イデーエン』断章集の一つ(ID 35)が、この原註を雄弁に補足しつつ答えている。ちなみに一八〇二年の断章の一つはこのようなモラリスト観に則っての、前二者にヘロドトスを加えた古代歴史家たちに捧げられた短いオマージュである。「道徳的精神なくしてはいかなる歴史学もない。この精神はもっぱらヘロドトス、トゥキュディデス、タキトゥスのうちにのみある。――彼らこそ実在する唯一の歴史家たちである。」(PL VII-129)

(23) 教育者としてのソクラテスの「倫理的形成の技法」についてシュレーゲルは一八〇三年に始まるパリ私講義『ヨーロッパ文学の歴史』の『ギリシャ哲学』の章において次のように述べている。「ソクラテスの哲学は道徳であって、宗教ではないから、その教義は生活習慣にまで及ぶものではなく、もっぱら人々の志操にのみ関わろうとしたにすぎない。彼はいかなる教団も組織せず、単に一学派を成したにすぎないが、それも種々さまざまな弟子たちの集団といった類のものだった。道徳哲学の本質がそうであるように、彼の教義の中心は思弁的命題の作成にではなく、実生活への応用と伝達に置かれた。彼の最大の功績は、彼が最も卓越した教師の一人だったことであり、この点で彼はキリストに比べることができる。」―― この時期以後のシュレーゲルの記述の中では、いわゆる「ソクラテス的イロニー」――「ソクラテスのイロニーは徹頭徹尾非意図的でありながら、しかも徹頭徹尾考え抜かれた比類のない擬装である」(LF 108)――を、教育者としてのソクラテスの「倫理的形成の技法」の不可分の要素と見るような視点や論法は影を潜めてゆく。

（24）一七九六年にカントの『永遠平和のために』に触発されたかたちで書かれたシュレーゲルの『共和制の概念についての試論』によれば、「政治的自由」と「政治的平等」は、従ってこの両概念なくしては成立し得ない「共和制」もまた、一つの永遠に達成不可能な「理念」であって、人類のあらゆる政治的・社会的進展は、「すべての国家は共和制たるべし」という「普遍的意志」の「純粋な実践的命法」によって人類の「経験的意志」に与えられたこの最終目標へ向かっての必然的な無限接近の過程にほかならないとされる。「共和制はすべての社会の原理である」というカントの理念は、カントの道徳論に対する批判的見地を前面に押し出しているこの講義においても、依然としてシュレーゲルの政治的信念として貫かれている。シュレーゲルの共和制論については『体系詳論』訳註（4）、および『人間の理論』訳註（1、3、62）とその当該箇所を参照されたい。

（25）「生成する神性の形象、ないしは歴史」として顕現する「全体なるもの」、宇宙、世界、自然は、「永遠に一なるもの」の原理である「同一性」と「無限の多様性と可変性」の原理である「二元性」という両「根源事実」を両極として現象する「生成と生命」の充満である。しかしこの命題がここでは「象徴」としてではなく、「本来の姿」において理解されることが要求される。哲学がその内的欲求に促されて自己自身のうちから出て「生の哲学」になるということ（『人間の理論』訳註（9）とその当該箇所参照）は、この「生成と生命」の充満のただなかへ踏み込んでゆくことであり、この充満のカオスを一つの世界へ構成すること——「そこから一つの世界が生じて来ることのできるような混乱のみがカオスである」（ID 71）——が「生の哲学」となった哲学の唯一の課題でなければならない。なぜなら「生成する神性」以外にいかなる「生」の形式も内容もあり得ないからである。これがその「本来の姿」において捉えられた「生成する神性の形象」としての世界である。「自然は生成する神性である」がゆえに「学問はすべて自然学である」（『序論』訳註（31）とその当該箇所参照）という命題が、ここでそのまま客語を「歴史学」に置き換えられるのである。「われわれの哲学はそれ自体が歴史である」（本文後出）という「哲学と歴史の一体性」については、『哲学の哲学』訳註（9）とその当該箇所を参照されたい。

（26）この箇所は、「生成」はそこに「生成」の進展を阻む「抵抗」が埋め込まれている限りにおいてのみ真に「生成」たり得るという意味で、本文前出の箇所（『人間の理論』訳註（21）参照）の反復だが、この「抵抗」が自然の領域においては「悪しき原理」（das böse Prinzip）として発現する点については、同じく先のケルン私講義『哲学の展開十二講』の『自然の理論』が、地上における個々の存在者の自由な自己展開に対する存在者自身の内なる抵抗である「自己保存」ないしは「自己性」（Selbstheit）の衝動として説明している。すなわちこの「自己性」の衝動が極端に発動して、他の存在者との一切の相互関係、一切の社会的・共同体的関係を拒否させてしまうまでに亢進し、その結果、当の存在者を完全に自己自身の内部に閉じ込め、孤立させるに到ったとき、このような「極端な利己主義」に変質した「自我性」が「悪しき原理」であり、これが「生成する神性の形象」であるべき「自然」という「真に現実的にして必然的な世界生成」のうちに「抵抗」として埋め込まれた堕天使「ルツィフェル」にほかならないというのが、このケルン私講義でのシュレーゲルの悪の起源論である。

（27）「理性」を単なる感性的所与のみに関わる現象処理能力、それゆえ対象の「ネガティヴな認識」の域を出ない分析的能力として、対象の「ポジティヴな認識」であるべき「真理」を目指すそれ自体が一個の「宇宙的意識」でもあるような「神的能力」としての「悟性」の下位に貶めるという、シュレーゲルにおける理性と悟性の序列の逆転については、『序論』訳註（26）とその当該箇所を参照されたい。ここで重要なのは、理性が「意識のメカニズム」、「思考におけるメカニズムの原理」と規定されて、真理探究のための哲学的能力としての資格を改めて剥奪されるばかりか、知一般の成立には「感性」と「想像力」というポジティヴな要素が不可欠であるとして、従来の知における理性の独占的支配までも改めて否定されていることである。ところでこの「感性」と「想像力」についてはここではこれ以上踏み込んだ説明はなされていないが、この四年後に始まるケルン私講義『序説と論理学』においてシュレーゲルは、概念形成の能力として「感性」、「想起」、「想像力」ないし「構想力」の三能力を挙げ、「感性」を外的対象の感受能力として現在的なものに限定された「感性的直観」の能力、「想起」を「無限の統一性」への遡及ないし回帰の能力としての「過去への能力」、「想像力」ないし「構想力」を「無限の多様と充溢」への「予感」に導かれつつ感性的直観の制約を脱して「自由な精神的創造」へと飛翔してゆく「未来の能力」として説明している。ところでこのケルン私講義において人間の「歴史的能力」の源泉としてこれら三能力の中心に位置づけられている「想起」については、哲学と歴史の一体性をその最終的帰結として掲げているはずのこのイェーナ講義(『哲学の哲学』訳註(9、10)とその当該箇所参照)ではまだまったく言及されていない。

(28)「知および理解とは何であるか」を知るための恰好の資料としてシュレーゲルがここに挙げている書簡体論争書『ヤコービよりフィヒテへ』は、しかしシュレーゲルが指摘しているような、「ヤコービはフィヒテの体系を意識のメカニズムの完成された叙述として描き出すことによってフィヒテを理解したと信じている。しかし彼はフィヒテをまったく理解していなかった」といった類のものとはまったく別種のフィヒテ批判を骨子として成り立っている。そこでこの『書簡』の論脈をやや詳しくたどってみる必要があるだろう。この講義や断章などでのシュレーゲルの手厳しい、ときには不当に手厳しいヤコービ批判の実態を掴むためにもである。

一七九九年に発表されたこの『書簡』でヤコービは、「真理そのもの」の根拠は「必然的に知の学問の外に存在する」とする「不可知論」と、「神は存在する、私の外に、それ自体として存立する生きた存在者として」とする有神論の見地から、フィヒテの「超越論的観念論」を「無神論」とは呼ばぬまでも「逆立ちしたスピノザ主義」、すなわち「物質なき唯物論」、「純粋にして空虚な意識が表象する純粋数学のごときもの」と総括する。そして「自我」以外の一切のものを無化し、いかなる「非我」の残滓も余すところなく自我のうちへと解体、溶解させるその「化学的プロセス」、「無から、無へ、無に対して、無の中で」という「純粋な絶対的収支決算」、あるいは「振り子運動」のうちで辛うじて均衡を保つ人間精神の「進行性無化」によって、最終的には「自我の外なる無」に突き当たるほかはないフィヒテの「思弁的理性」の行き着く果てを「ニヒリズム」以外にはあり得ないと結論づける。この痛烈なヤコービの論調は、フィヒテの学者としての、信仰者としての資質をゆめ疑うものではないと機会あるごとに誓いを新たにして見せながらも、批判の核心においては妥協のない徹底さと冷笑とをもって一貫しており、それは例えば、一夜の慰みに思い浮かんだという「手編み靴下の譬え話」に際立って発揮される。まず通常の編み方の靴下の最後の結び目をほどいて、それを「客観と主観の同一性」という糸に結びつける。すると靴下は糸の単なる往復運動によって経験的な添加物なしに仕上がってゆく。この靴下に縞模様、花模様、太陽、月など、どんな模様を与えるも勝手だが、こうして出来上がってゆくものの本当の姿は、「糸という自我」と「編み棒という非我」との間を漂う指という「創造的構想力」の所産以外の何ものでもない。この靴下は、真理の見地から眺めれば、ただの変哲もない糸である。何一つとして糸の中へ流れ込んだものはない。糸がすべてである。靴下の無限の多様性と多様な無限性は、「編むことを編むという空虚な作業」以外の何ものでもない。「無を欲する意志」、「絶対的に無規定的なもののうちでの自立と自由という虚ろな脱け殻」、「非人格的な人格性」、「自己無き自我という単なる自我性」、「純粋無垢の非本質性」——これが、「無限なるものの中身を空にするためには、まずもってそれをいっぱいに満たして一つの無限の無、一つの純粋な徹底的に即自的にして向自的なるもの」たらしめねばならないと主張するフィヒテの「無の知の哲学」の本質である。——

以上、『書簡』の主旨は、「フィヒテの体系を意識のメカニズムの完成された叙述として描き出すことによってフィヒテを理解」しようとする試みなどと言って済ませるようなものでは到底ない。確かにシュレーゲルが指摘しているような箇所はある。カントとフィヒテによって「人間精神のより高次のメカニズム」が発見され、「ホイヘンスやニュートンがかつて彼らの領域において成し遂げた」のと同じ偉業が哲学の領域においても成し遂げられ、これによって人間精神の「無用で、有害な浪費」が永遠に一掃されたことを称揚する箇所がそれである。しかしこの一見好意的な論評も多分に反語的な外交辞令でしかないことは、「実際、これはわれわれ人類にとって大いなる恩恵だった。ただし自分の無知の学問に熱中するあまり、二つの眼で熱心に自分の鼻先だけを盗み見するような真似さえしなければの話だが」と、明らかにカント＝フィヒテの追随者たちをあてこすった言辞からもうかがうことができる。ちなみにシュレーゲルが本講義でカントの道徳哲学の特質をニュートン物理学のそれと対比して論じているくだり（『人間の理論』訳註（13）とその当該箇所参照）は、明らかに『書簡』のこの箇所からの借用である。また、「フィヒテの体系はいかなるメカニズムをも自壊させようとするものである」とするシュレーゲルのフィヒテ理解は、むしろ本講義を貫くシュレーゲル自身の見地――世界を唯一無限の実体の有機的生成発展の歴史的総体と捉える見地――の、フィヒテに仮託しての表明と見たほうがよいだろう。いずれにせよヤコービの哲学的能力に対するシュレーゲルの不信感は、ヤコービの小説『ヴォルデマル』を「神の慈悲の深淵への死の跳躍」をもって終わる「道徳的放蕩」に見立てた論評（一七九六年）以来のものであって――「ヤコービは観念論を知らない。なぜなら彼は、哲学の恣意的な跳躍が同時に哲学の必然的な自己自身からの超出であり、しかもこのことが常に哲学の自己自身への回帰をもたらさずにはおかないということを洞察していないからである。」(PL V-459)――、特にこの『書簡』に対するシュレーゲルの反応はほとんど黙殺、というよりは意図的な誤読――もしそうでなければシュレーゲル自身の「知および理解」が問われかねないだろう――である。しかしこの切り捨てにも似た黙殺、ないしは誤読の隠された正体が現れるのは、この講義の四年後に始まるケルン私講義『序説と論理学』の補説『哲学諸体系の批判』においてシュレーゲルが、まるでこの『書簡』のヤコービに呼応するかのように、ただしフィヒテをスピノザに変換して、「純粋理性による認識」を唯一確実な認識と見なすその実在論的思考によっていかなる自由も許容しない「宿命論的体系」を「最も精密かつ学問的に仕上げた」スピノザこそ、「空無と虚無の底無しの深淵」としての「ニヒリズム」と呼ばれるに相応しい「哲学的混迷」の元凶であると総括するときである。実際、この時期すでにカトリック的有神論への傾倒を深めつつあったシュレーゲルは、スピノザの実在論を「宿命論」、ないしは「無神論」と断定する点においてほとんどヤコービの定義と断定（『スピノザの教説について』）に追随していると言ってよい。

（29）「いかにしてア・プリオリの綜合的判断は可能か」というカントの問いに対して、「ア・プリオリの綜合的直観によって」とするここでのシュレーゲルの回答は、カントにとっては回答としての態を成すものではなかっただろう。なぜならここで言う「ア・プリオリの綜合的直観」とは、「意識は無限なるものへの、だが無意識的な反省である」という両者（「無限なるもの」と「意識」）の絶対的相関を、すなわち客観的外界と主観的内界との根源的な紐帯を、それゆえほかならぬカントが求めた「ア・プリオリの綜合」そのものをすでに前提としているからであり、しかもこの紐帯の唯一可能な原理を、これまたカントが背理として退けた「知的直観」――「宇宙（極大）の根原的な根としての極小の知覚」――に求めているからである（『序論』訳註（35）とその当該箇所参照）。また、この「高次の直観」によって知覚される「両根源事実」としての「二元性」と「同一性」とは、この「無限なるもの」の「意識」の事実（永遠に二なるもの、無限の二性、一切の多様性と可変性の源泉としての二元性）と根源的一者である「無限なるもの」の事実（永遠に一なるもの、唯一無限の実体としての一性ないしは統一性、永遠の不動性と不変性のうちに安らう絶対的な自己同一性）（『人間の理論』訳註（12、15）とその当該箇所参照）を意味する。以上のことから、「いかにしてア・プリオリの綜合的判断は可能か」、あるいは「いかにして経験一般に普遍的に妥当する綜合的判断は可能か」というカントの問いに対するシュレーゲルの回答は、意識（主観的なもの）と宇宙（客観的なもの）との「二元性」とこの両者の根源的な「同一性」の直観によって――すなわちここでの一連の文脈に則して言えば、「理論」と「経験」との、すなわち自己完結的なア・プリオリの認識機構（純粋悟性概念のメカニズム）とその適用の場である現象世界との根源的合一を可能ならしめる「ア・プリオリの綜合的直観」としての「知的直観」によって、ということになるだろう。このような「ア・プリオリの綜合的直観」を前提することなしには「ア・プリオリの綜合的判断」は可能ではない、というよりはカントの問いそれ自体が可能ではないというのが、ここでのシュレーゲルの回答にならない回答、というよりは回答する必要のない回答、回答を越えた回答である。

「生成する宇宙、すなわち自然以外にいかなる宇宙も存在しない」（PL III-412）とする見地から、この根源的に永遠に一なるものの無限の生成の一元性を断ち切る何らかの「絶対的開始」、ないしは「新たな因果系列」、例えば「意志の自由」等の概念の介入を、それゆえ「理論」と「経験」との、「精神」と「自然」との分断を一切許容せず、「理論と経験との、感性と理性とのきわめて緊密な結合のうちにのみ知は存在し、悟性と真理は存在する」（本文前出）という主張において一貫しているシュレーゲルにとって、カントの問いほど無縁なものはなかったはずである。――「あの哲学は理論と経験とを完全に切り離す。われわれの哲学はこの両者を結び合わせる。」（本文前出）――それにもかかわらず彼が、もともと非カント的な、というよりは露骨に反カント的ですらあるこの講義の途中で唐突にほかならぬカントの問いを持ち出し、それへの非カント的な答案を提出して見せたのは、世界（非我）を自我の根源的活動の所産（自我＝非我）と捉え、それゆえもはやカントの問いを、少なくとも理論上は必要としなかったはずのフィヒテが『全知識学の基礎』第一部第三章の末尾で、（一）自我の根源的自己定立（自我＝自我）、（二）自我による自我に対する非我の反立（自我＝非我）、（三）自我も非我も共に同一の自我の所産であるという自我の根源的自己同一性（非我＝自我）のもとでの両者の綜合という弁証法をもってカントの問いへの「最も普遍的、かつ最も満足すべき回答」としていることに触発されたものと見てよいだろう。

（30）「信仰」は「知の対立物」である限り、「哲学」から完全に放逐されるべきであるとする主張だが、ここで言う「知」とは、「無限なるもの」と「意識」との絶対的相関のうちに成立する「全体なるもの」、すなわち「二元性」と「同一性」の両根源事実を両極としてのみ成立する世界、「永遠に一なるもの」にして「無限に多にして全なるもの」として生成する「神性」以外の何ものでもない世界の全的把握――全体性の分断、例えば経験と理論との分断を前提せずには成立し得ない原理（「意志の自由」や「自然必然性」等の特殊な因果性）を徹底的に排除し去った全的把握――「理性」と「感性」とによって代表される人間の精神的能力と自然的能力との共同的所産であるような全的把握――によってはじめて可能となる「知」であって、従って本文中の「意識と結びついている実在的な思考はすべて知である」とは、「無限なるもの」への「根源的反省」としてこのような全的把握と不可分に結びついている意識における思考のみが真の「知」の担い手たり得るということである。このような「知」をシュレーゲルは、本文前出の『人間の理論』訳註(19)に関わる箇所で、「内的感覚」、すなわち「知的直観」による「神性の現存在」の直接的な知覚と規定し、「われわれが神性の現存在を直接的に知っているのは、それがすべての知の源泉だからである」としている。それゆえシュレーゲルにとって「知」に抵触しない「信仰」があるとすれば、それは単なる理性認識を越えた内的な直接知としての「高次の諸概念への信頼」（本文後出）、「感性」によって「予感」されていたものがこの直接知を介して「確信」へと変わってゆくことへの「信頼」、それゆえ「感性」を介しての「自己自身および自然への信頼」と同義のものである。しかるに「自然」とは「生成する神性」以外の何ものでもないのだから、この「知」に抵触しない「信仰」とは、「すべての知の源泉」である「神性の現存在」――有神論的な「神」であるよりは「神々」と呼ぶほうが相応しい古代神話的・擬人論的存在者への信仰（『人間の理論』訳註(19)とその当該箇所参照）である。ところでこの講義を境に急速にキリスト教的有神論に軸足をずらせてゆくシュレーゲルにとって「信仰と知」の問題は、ときには修辞的な難問の中を漂っているかのようである。「信仰と知とはまったく誤った反立的命題ではないだろうか。」(PL II-941)――「宗教は知の中心点である。」(PL IV-1178)――「信仰もまた放逐されねばならないだろう。これに代わるものが感性――感触である。直観が感情と思考の中心を占めるだろう。」(PL V-1097)――「徹頭徹尾神秘的なものを可視的にするためには、哲学は単に無根拠の諸命題をもって開始するばかりでなく、矛盾する諸命題をもって開始しなければならない。無制約的な知が信仰である。」(PL V-1045)――「同一的意識が欠けているところ、愚行は生じる。予感の欠如は天才の欠如である。」

――信仰と知は真っ向から対立する。自然のうちにはただ信仰があるのみであり、神は知の唯一の対象である。《しかし両者は縒り合わされている。神智学もまた実験的である。》」(PL VI-123)――「知を欠いた信仰は正しい信仰ではなく――狭隘で空疎である。――信仰とは完成された知――すなわちそれ自体が詩文学の本質であるようなポジティヴな知の最高の精華である。」(PL Beil.VIII-154)――

(31)「自然における悪しき原理」とは、「生成する神性の形象」としての、あるいは「現実的となった神性」としての「自然」の作用が「一瞬にして経過し」、「神性があるか無があるかのいずれか」になってしまうこと、すなわち世界経過が瞬時にして終焉を迎えてしまうことを阻止するために「生成」そのものの中に埋め込まれた「抵抗」を言うが、これが「悪しき原理」とされるのは、この本来は「神性」の自己実現をゆるやかに成就させてゆくための方策――摂理――であるはずの「抵抗」がときには突出して強大となり、かえって「神性」の自己実現を不可能ならしめるほどの力として働くからであって、この阻害する力の究極の事例としてシュレーゲルが挙げているのが「ルツィフェル」である（『人間の理論』訳註（21、26）とその当該箇所参照）。ところで「神性を実現することが自然の無限の課題」である（『序論』訳註（40）とその当該箇所参照）のだから、自然のうちに自然のさまざまな形象として顕現する神性についての学問として人間に許された唯一の知の総括となるべき「自然学」は、「自然」の一瞬の成立と消滅を阻止することによって「神性」の自己実現の永続性を確保しながら、同時に「神性」の自己実現を遅延させ、ときには遮断するという点で「神性」の意図に逆らう「悪しき原理」でもある「抵抗」の二律背反的矛盾を自然学本来の課題として抱え込んでいる以上、その実践的側面においては、この矛盾を解決して人間に「悪しき原理」の、従ってまた「善と悪との区別」の本来の意味、すなわち「抵抗」の本来の意味を教えることのできる段階にまで高まらねばならない、というよりはこの高い境域をこそ「自然学」は、それゆえまたすべての学問も、その目指すべき「理想」としなければならないというのが、この一節の主旨である。

（32）この数行にわたって雑然と述べられている詩文学と哲学との、詩文学と諸芸術（質料的詩文学）との関係、ここでは特に述べられてはいない哲学と諸学問（質料的哲学）との関係について、シュレーゲルはこの講義の二年後の一八〇三年に始まるパリ私講義『ヨーロッパ文学の歴史』の『序文』の中でそれらを「エンツィクロペディー」、すなわち「すべての学問と芸術の有機体」の概念に組み入れるかたちで次のように総括している。哲学は「学問の精神」であると共にそれ自体「最も普遍的な学問」として他のすべての学問を包括し、詩文学は「芸術の精神」であると共にそれ自体「最も普遍的な芸術」として他のすべての芸術を包括する。哲学と詩文学はいわばすべての学問と芸術の「世界霊」、「共通の中心点」である。そしてこれらすべての学問と芸術とは――例えば数学、化学、物理学等々はすでに哲学のうちに含まれているものをそれぞれ固有の質料に従って特殊化して開示し、絵画、彫刻、音楽等々はすでに詩文学のうちに含まれているものを同様に特殊化して表現しながら――互いに結ばれ合って「その根が哲学」、その「最美の果実が詩文学」であるような「一本の樹木」を形成する。これが「すべての学問と芸術の有機体」としての「エンツィクロペディー」、あるいは「学芸」（Literatur）である。ところでこの「学芸」が関わる究極の対象は「無限なるもの」、すなわち「絶対的かつ純粋に善にして美なるもの」、「神性、世界、自然、人間性」以外の何ものでもないのだから――そして日常生活における自然的ないし人為的障害物の克服に関わる活動は「経済」ないし「政治」の概念に一括される――、これら高次の学問と芸術に真に相応する活動の場は「宗教」以外にはあり得ない。というよりは宗教こそがこれら「すべての学問と芸術とが流れ出てくる源泉」でなければならない。――また、イェーナ講義本文中の、「哲学は、自己自身のうちから出てゆき、そして生の哲学となることによって、詩文学と和合する」という一節に対応する箇所では、この「哲学と詩文学との和合」は「象徴」の概念を仲介項とする「哲学から詩文学への必然的な移行」として説明されている。すなわち哲学の本来の課題である「無限なるものの認識」は、この認識の対象と同様、無限であり究め難いものであり、常に間接的な認識の域を出るものでしかあり得ないから、この間接的な認識の伝達のためには、何らかの媒体による「象徴的描出」が不可欠となる。概念によっては汲み尽くされ得ない究極的なものは何らかの「形象」を仲介項に選ぶことによって招き寄せることができるかもしれないという期待から、「認識の欲求は描出へと向かい、哲学は詩文学へと向かう」のであって、「詩文学との和合」は、ここでは哲学の側から詩文学への接近を意味するものとなっている。なお「エンツィクロペディー」については『序論』訳註（36）、および『哲学の哲学』訳註（10）とその当該箇所を参照されたい。

（33）哲学と詩文学とはそれぞれ別個の道を通って人間的生の両対極を成す「道徳」（人間的なもの）と「宗教」（神的なるもの）との合一を目指すが、この合一の仲介項を哲学――ここでは「生の哲学」となった実践的哲学――は「政治」、すなわち人間の共同体的社会の原理としての政治に求め、詩文学は人間の実践的生とは無縁な「神話」に求めるというのがこの箇所の主旨だが、ここで言う「神話」とはすでに見たように、「自然は生成する神性の形象である」（本文前出）、あるいは「神性の詩的形姿がいわば世界霊であり、生成する神性、神々なのである」（PL V-237）という意味での自然的神話世界、「神」よりは「神々」、「同じ一人の母親」を人間と共有する「神々」が主役である擬人論的神話世界（『人間の理論』訳註（19）とその当該箇所参照）である。ところで同訳註箇所において、「擬人論を正当化する本来の根拠」となる「生成する神性」の哲学的意味を再確認するために「あの両根源事実（「二元性」と「同一性」）を翻訳しようとすれば」というかたちで提示されている神話問題を、ここで改めてこの講義の根本命題であるスピノザとフィヒテとの綜合という本来の局面に移して検討しておく必要があるだろう。なぜならこの講義の直前の一八〇〇年の『アテネーウム』誌最終巻所載の『詩文学についての会話』第二章『神話論』において、来るべき文学的新時代の土壌となるべき新しい神話的原世界の創出を目的として打ち出されたスピノザとフィヒテとの綜合、すなわち「一にして全なるもの」としての神的自然への絶対的帰依の表現であるスピノザの実在論（根源事実「同一性」）と世界創造的自我としての精神の絶対的活動への確信の表明であるフィヒテの観念論（根源事実「二元性」）との綜合としての「新しい神話」の理念が、「キリスト教的宗教」と古代ギリシャ・ローマの「神話的宗教」との対比を越えた神話概念の理想型として、この講義においても暗黙裏に継承されているからである。この新たな神話理論によれば、古代神話がその成立においてことごとく「自然」の所産であったのに対して、「観念論」という「精神」の活動の最も深い根底から成立し、しかもこの精神にくまなく浸透されて誕生してくる新たな「自然」とも言うべき実在論――その理想の伝達機関を「観念的なものと実在的なものとの調和に基づく詩文学」以外のどこにも持ち得ない一種の詩的実在論とも呼ぶことのできるこの新しい近代神話は、しかし古代神話と同様、「他のすべての芸術作品を包括し、詩文学の最古の永遠の源泉のための新たな河床となり、容器となり、しかもそれ自身他のすべての詩文学の萌芽を包蔵する無限の詩文学」でなければならず、そのためには「ある根源的で模倣し難い始原的なもの」、「いかなる変形を加えられたのちにもなお太古の本性と力とを仄かに輝き出させているもの」として、「想像力と愛によって醇化された周囲の自然の象形文字」と呼ぶに相応しいものでなければならない。このような「新しい神話」の理念に則して言えば、そしてこれに「どんな神話にも自然と愛が象徴的に表現されている」という本文の一節を加えて言えば、「詩文学」は「道徳と宗教」を「神話」という仲介項によって合一するという本文の命題は、神話の概念のもとに「人間的なもの」と「神的なるもの」の一切が合一され、そしてこの合一のうちに「詩文学」の、そしてまた「哲学」の全本質と理想が尽くされるということであって、この意味で本文中の、「神的なるものと人間的なものとの知を自己知識および自然の知識と結合させるとき、人は叡知のための全要素を余すところなく得たことになる」という命題もまた、「自己知識」を「無限なるものの根源的反省としての意識」(「二元性」)の明晰な自覚と読み、「自然の知識」をそのような意識において「われわれが知ることのできる唯一のもの」としての「自然」(「同一性」)の知識と読むことによって先の『神話論』の文脈の中へ引き入れて理解することができるだろう。なお、シュレーゲルにおけるスピノザとフィヒテとの綜合については、『序論』訳註(7)とその当該箇所を参照されたい。

（34）哲学はまず自己自身のうちにとどまってもっぱら自己自身のみを構成し、次いで自己自身のうちから出て「生の哲学」となり、最後には再び自己自身のうちへと回帰して「哲学の哲学」となるという、この哲学の展開の「三重性」は、この講義におけるシュレーゲルの方法論の基軸を成すものだが、ここでは「自己自身のうちへの回帰」という最後の一項を落としたまま唐突に「二重性」が持ち出されたものと思われる。哲学の弁証法的循環の三態については、『人間の理論』訳註（54）、および『哲学の哲学』訳註（3）とそれに関わる箇所を参照されたい。

（35）先に「知」に抵触する「信仰」は哲学から放逐されるべきであるとされた（『人間の理論』訳註（30）とその当該箇所参照）のとまったく同様に、「啓示」もまた、「感性」の発言を一切無視し、それゆえ対象との何らかの綜合的な関わりをも一切放棄して、ひたすら自己完結的な論理的必然性に基づく分析的諸命題のみで組み立てた絶対的に明証的な認識に固執する「孤立した理性認識」に比すべきものとして、哲学から排除される。通常は自然的・超自然的な神的所与と定義されている「啓示」の概念も、ここでは「意志の自由」と同様、「生成する神性」としての自然の唯一無限の因果性を断ち切る新たな「絶対的因果性」の導入以外の何ものでもない。とはいえ先の「信仰」の場合と同様、一七九八年からこの講義の前年の一七九九年にかけて書かれた「啓示」に絡む断章にも、修辞的な論法が目立つ。「人間のすべての精進、努力、志向は啓示、秘密、魔術である。」（PL III-214）――「自由（唯一自然な魔術）の本質は奇蹟と啓示のうちにある。そしてまた無限のうちにも。」（PL IV-56）――「神性は一つの秘密、不死性は一つの信仰箇条、そして自由は一つの啓示である。」（PL IV-59）――「ただ二つの啓示しか存在しないだろう。神性のそれと愛のそれである。――自由と不死性にはいかなる啓示も不要である。それらは自明であり、いずれも愛に帰着する。」（PL IV-899）――「哲学にとっての解明は、詩文学にとっての描写である。最高のポテンツにおいて両者は啓示へと移行する。」（PL IV-1316）――「歴史と神話とは、道徳と聖書的な啓示と同様、一つにならねばならない。」（PL V-155）――「宇宙についての教説は啓示でしかあり得ず、そしてまたそのようなものとして構成されねばならない。」（PL V-157）――「知が芸術と同様に天才の仕事であるならば、それは神的であり、啓示である。――特別な哲学的知というものは存在しない。」(PL V-271)――「本来の観念論は学問などではまったくなく、すべての学問への一つの導入であり――一つの合意、一つの恣意的な啓示である。」(PL V-953)――
(36)『宗教についての会話』(Gespräche über die Religion)とあるが、「信仰、奇蹟、啓示の概念」は宗教の本質とは見なされ得ないとする本文の内容から見ても、これは明らかにシュライエルマッハーの『宗教についての講話』でなければならず、シュレーゲル自身の記憶違いか、筆記者の聞き違え、ないしは誤記のいずれかと思われる。『序論』訳註(12)とその当該箇所を参照されたいが、ここでも「著者は名を明かさなかった」という同じ言い方がなされている。
(37)シュレーゲルがこの比較の対象として選んだのがアリストテレス以後の後期ギリシャ哲学の道徳論だったことは特徴的である。彼は一八〇三年に始まるパリ私講義『ヨーロッパ文学の歴史』の『ギリシャ哲学』の章でギリシャ哲学を前期と後期とに大別し、前期をさらにタレスに始まる自然哲学者たちの時期、次いでピュタゴラス、ソクラテス、プラトンに代表される時期、これに続くアリストテレスを中心とした時期に区分し、これを「創意の時期」と総称し、アリストテレス以後のすべての哲学者ないしは哲学的潮流――アカデメイア派、エピキュロス派、ストア派、新プラトン派等の諸流派――を一括して後期とし、これを「模倣の時期」と名づけ、しかもこれら後期の諸流派がその主張において「徹底的に一面的」であったがために諸流派の再統合に失敗した結果、不毛な「党派性」の発生を促すこととなったと解説する。ところでこのような「模倣の時期」についてシュレーゲルは一八〇四年に始まるケルン私講義『哲学の展開十二講』の『哲学の歴史的特性描写』においてさらに踏み込んだ分析を加えている。それによると「すでにプラトンとは比べものにならないほど博識だったにもかかわらず、独創性と創造力においては遙かにプラトンに及ばなかった」アリストテレス以後、「増大する学識」と共に創造力ばかりでなく、「自律的思考」の減退もまたいよいよ歴然たるものとなり、前期のギリシャ哲学に横溢していた「哲学精神の根源的な大胆さ、力強さ、高度の独創性、自由、自立性」はまったく影をひそめ、代わって「他人の諸原則や諸体系に関する知識」の集積と「批判的検証精神」とが諸流派の折衷的傾向と相まって時代の趨勢となったというのである。

　ではなぜシュレーゲルはこの大学講義の初舞台において世に問おうとした彼自身の哲学の諸原理を、敢えてこのような「模倣の時期」のまさに後期的精神の所産と比較しようとしたのか。この疑問に答えるかに見えるのが、ケルン私講義の先の叙述に続く箇所、すなわちストア派における「自然論」と「道徳論」との矛盾――「自然論」においては全面的にヘラクレイトスに追随し、「火」をもって「普遍的世界霊」と見なし、「周期的な世界生起と世界消滅」とを主張するという「際限なき宿命論」を展開しながら、他方、「道徳論」においては「絶対的自立性」、「最も自由かつ厳格な自己規定」と結びついた「絶対的完全性」を最高の理想として掲げるという矛盾――に言及している箇所である。ここでシュレーゲルは、ストア派が「自然論」において完全に放棄した「自由」を「道徳論」のためには堅持しようとした点に、互いに固有の諸法則をもって絶対的に対峙する二つの世界、すなわち「思弁的世界」と「道徳的世界」とを想定した上で、この両世界の対立を「道徳的信仰」によって解決しようとした「カントやフィヒテ」におけると同様の「自由と必然とのジレンマ」を見出すことができると結論づけるのであって、明らかにカントとフィヒテに狙いを定めたストア派理論の批判的分析と見られるこれら一連の記述は、彼自身の哲学をも含めたカント以後の哲学全体を一種の後期的残照のもとに眺めようとするシュレーゲルの歴史的立脚点を告げるものと見ることができるかもしれない。
(38)　古代人たちと対比された近代モラリストたちについては『人間の理論』訳註(22)とその当該箇所を参照されたい。
(39)　「熱狂」を「懐疑」の対極を成す哲学のポジィティヴな要素であるとする見地(『序論』訳註(5)とその当該箇所参照)から、ここで改めて古代の宗教的・世俗的生活の全体を支配していたと見られる「熱狂」の根源性が強調されているが、シュレーゲルはその古代ギリシャ文学研究期においてすでに「熱狂」の概念を古代ギリシャ精神史解明の鍵の一つと見ており、例えば一七九五年の『ギリシャ人とローマ人の研究の価値について』や、一七九八年の『ギリシャ人とローマ人の文学の歴史』において、横溢する根源的な生命力の沸騰としての「熱狂」に古代ギリシャ哲学の淵源を探り、それまでは自然とのホメロス的一体感の中に安住していたギリシャ精神がまるで「突然の飛躍」をもってするかのように「自然の後見」から身を振りほどいて自立を主張し始めるある決定的な歴史的瞬間を体験していることを突き止め、古代ギリシャ精神がその発展途上に迎えたこの「自律」の段階を、「オルペウス期」の「密儀とオルギア」に由来する爆発的な生の解放の歓喜としての「熱狂」の段階と呼び、この突如として打ち拓かれた未聞の局面に古代ギリシャ哲学発祥の原点を想定する。例えば「クレタのディオニュソス祭の儀式」に見られる「熱狂的陶酔と祝祭的狂騒」や、ストラボン描くところの「戦闘的な踊りのもと、喧騒と咆哮によって太鼓、シンバル、武器、ラッパ、そして荒々しい叫喚と共にすべてを恐怖で満たした太古の熱狂的なバッカス祭」は、「無限なるものの予感」、「捉え難きものの予感」が太古の精神に吹き込んだ極度の恐怖からの「自己解放の激発」にほかならず、こうした祭祀とそれに伴う「激情的な憑依者たち」の「聖なる陶酔」に、シュレーゲルはホメロス的な自然世界とはまったく異質な、ピュタゴラスからソクラテス、プラトンへと受け継がれてゆくギリシャ人の哲学的精神の源流を見るとしている。

(40)「友情」は「愛」と共にシュレーゲルのいわばロマン主義語彙辞典の中心概念の一つだが、ここで言う「友情の能力」がどのような能力であるかという点については、一八〇四年に始まるケルン私講義『哲学の展開十二講』の第二、第三、第四講の『意識の理論としての心理学』が一つの回答を与えてくれる。すなわち一切の認識対象を「自我」に対立する他者としての「非我」(Nicht-Ich)——たとえそれが自我自身の根源的活動によって産出されたものであるにせよ——ではなく、「自我」に向かい合って立つもう一つの「自我」としての「対我」(Gegen-Ich)と捉えることのできる根源的な直観能力の想定がそれである。「ただ一つの世界が存在するのみである」というイェーナ講義全体を規定する根本命題は、ケルン期に到って「唯一者根源自我の無限の生成の総体としての世界」、あるいは「根源自我の無限の生成によって産出される無限の派生的・個体的自我によって隙間なく満たされた世界」という世界生成論的命題へと拡張され、従って世界内のすべての存在者は、いずれも「根源自我」の派生的・個体的自我として互いにいわば血を分けた類縁者として相対し、互いを「もう一人の自分」、あるいは「君」と呼び合う存在であることを常に新たに確認し合うという関係を結ぶことになる。そしてこのような関係の中ですべての存在者が互いに取り交わす「親称的対話」(Duzen)こそが、「愛に満ちた合体」としての対象認識の極致であるというのがここでのシュレーゲルの帰結である。本文中の「友情の能力」は、まだ人間相互の関係概念の域に留まってはいるが、このような全対象へと拡張されてゆく形而上学的能力——「非我」なる「他者」を変じて「対我」ないし「君」たらしめる能力——としての萌芽をすでに内包していることは、一七九八年から一八〇〇年にかけて書かれた「愛」と「友情」についての幾つかの断章からも読み取ることができるだろう。——「いかなる友情も共感にではなく、もろもろの関係に、精神のシンメトリーに基づかねばならない。二つの精神が並び合っているとき、両者は触れ合い、互いに理解し合う気持ちになる。反感は愛に必要であり、これあればこそ双方から触れ合ってゆくのである。」(PL II-485)——「友情は抽象的結合であり、詩的、哲学的、倫理的である。愛は普遍的、個人的、神話的、自然的、歴史的な結合である。」(PL III-42)——「友情はひとかけらの結婚であり、愛は天辺から爪先までの友情である。」(PL III-53)——「形成の共感、共同哲学は友情の本質にして原理である。古代の哲学者たちはこの点で最も偉大な達人だった。」(PL III-242)——「伝達の限界は友情を損ねはしない。ただ各人が相手の中に何らかの無限なるものを予感するだけでよいのである。」(PL IV-269)——「友情は哲学的愛である。友情は師匠と弟子との間ばかりでなく、対等な者同士の間にもある。」(PL V-226)——「ある美しい精神の人が自分自身に微笑みかけるとき、それは美しい。また、ある偉大な天性の人が静かに、真剣に自分を眺めている瞬間は、崇高な瞬間である。しかし二人の友が同時にそれぞれの最も神聖なものを相手の魂のうちに明白かつ完全に見て取り、そして自分たちの価値を共に喜び合いながら各自の限界を互いに補い合うことによってのみ感じることが

できるとき、そのときこそが最高である。それは友情の知的直観である。」(AF 342)

(41)「義務の遂行」は、カントの主張するような実践理性の絶対的命令(「定言名法」)に基づく理性的存在者としての人間の自由意志の行為などではまったくなく、ありようは一種の「恣意の遊戯」にすぎないのだとする、シュレーゲルの辛辣な揶揄の一例である。「名誉」を人間の道徳的行為の源泉の一つに数えるシュレーゲルの見地については、『人間の理論』訳註(8)とその当該箇所を参照されたい。

(42)カントの道徳論とニュートンの物理学との関係については『人間の理論』訳註(13)とその当該箇所を参照されたい。また本文中で「彼の道徳論は内的人間の法律学となったのである。宗教は彼にとって単に道徳の発端でしかない」と総括するシュレーゲルの批判的論調は一貫して辛辣を極め、特に一七九六年から一七九七年にかけての初期断章には「道徳の法律家」カントへの激しい違和感が漲っている。「カントは義務のために真理を犠牲にした超道徳家である。彼の主観的に批判的なやり口がいわゆる実践的要請なるものの実践を誘発し、このことがまた打算の犠牲となった真理についてのさまざまな誤解や論理的他律とを誘発したのである。」(PL II-12)——「カントは政治学、美学、歴史学において強引に道徳化を遂行する。これに対して道徳学においては法制化を、すなわち政治化を遂行するのである。」(PL II-16)——「カントは正義の達人である。その限りにおいて彼の自然法はそれなりに高い価値を持つ。」(PL II-38)——「カントにはしばしば大言壮語や気取りはあっても、暖かさや感じる心はまったくない。」(PL II-115)——「カントは誰をも理解しないし、誰も彼を理解しない。活力よりも緊張が、虚栄が、形式主義が、道徳的杓子定規が、潑剌とした想像力を欠いた勿体ぶった本性がそこにある。」(PL II-625)——「カントは通俗的な経験的道徳性を絶対化し、そうすることで彼は超越的となる。」(PL II-649)——また、「神なき宗教以上に道徳的なものはない」という一七九九年頃の一断章(PL IV-1109)は、一七九三年に刊行されたカントの『単なる理性の限界内における宗教』への拒否反応と見ることもできるだろう。

（43）『道徳形而上学の基礎理論』（Grundlehre der Metaphysik der Sitten）とあるが、正しくは『道徳形而上学の基礎付け』（Grundlegung zur Metaphysik der Sitten）である。この書は一七八五年に刊行され、『実践理性批判』は一七八八年に刊行されている。

（44）ここで言う「メカニズムからの救出」と「予定調和からの救出」とは、世界は無限に生成する「有機体」としての「自然」であるとする見地に立ってのそれだが、「自然必然性」という「絶対的因果性」に導かれた「メカニズム」の世界も、精神と自然という二つの「絶対的因果性」の無限平行に苦慮した挙げ句の「予定調和」の案出も、共に「唯一無限の実体」の「有機的生成」という因果性（「悟性の因果性」）以外のいかなる絶対的因果性も認めないとする見地から背理として否定されることは、すでに見た通りである。なお「有機的生成の世界」と「メカニズムの世界」との対比については『世界の理論』訳註（15）および『人間の理論』訳註（10、20、27）とその当該箇所を、「予定調和」については『世界の理論』訳註（8）とその当該箇所を参照されたい。

（45）「世界は一つの有機体、一つの自然であるとするわれわれの理論に従えば、様相はまったく違ってくる」とあるが、ここで問題となるのは人間の「行為」であり、しかもこの行為の未完結性であるのだから、先に『世界の理論』の末尾において「通常の見解と真っ向から対立する」見解として掲げられている三つの命題のうち、「すべての現存在は有機的であること。それゆえ人間においてもまた然りである」というここでの命題と類似の第一命題よりはむしろ、そこから帰結される「ただ一つの世界が存在するのみであること」という第二命題と「世界はいまなお未完成であること」という第三命題のほうが、人間の倫理的行為を規定する原則としてここでは重要であるだろう。「倫理的形成においては」と、シュレーゲルは一七九八年の断章の一つで書いている、「哲学や詩文学におけるような完成も循環も単独では生じない。倫理学に見られるのは最速の変化であって、一瞬、一瞬が無限に多くの未来を孕んでいるのである。——動物的生には小規模ながら循環が、機械には完成が支配的である。」（PL IV-250）——世界が永遠に未完成であるように、人間の行為の倫理的形成もまた、永遠に達成不可能な最終的完成へ向かって不断に歩み続けること以外の何ごとも意味するものではないとすれば、この人間的努力に決定的な重みを加えるのが、この不断の歩みの一瞬、一瞬をそのつど新たな形成の未来を孕むものとして受容してゆくということであり、ここに人間の行為の真に倫理的価値は見出されるというのが、「瞬間の重要性」を指摘するこの断章の、そして講義本文の見地である。この見地はさらに「意志の自由」との関連において、「瞬間」は「過去と未来との所産」であるがゆえに「全能」であるとする見解へと導いてゆくが、この問題については『人間の理論』訳註(48)を参照されたい。

(46) 本文の「観念論は無限なるものの哲学であり、独断論は有限的なものの哲学である」という定義は、これまでの訳註においてすでにしばしば引証されてきたシュレーゲルの独断論論駁の基本見地であって、「無限なるものへの憧憬」が発展せしめられ、「有限的なものの仮象」は根絶せしめられるべきであり、そのためにはすべての知が「革命的状況」に置かれねばならないとする実践的原則(『序論』訳註(23、24)とその当該箇所参照)を一貫して堅持し、カントをさえもその「経験論の残滓」(有限的なものへの固執)を理由に「独断論者」の側へ追いやることを辞さなかった(『序論』訳註(27)とその当該箇所参照)ほどのシュレーゲルが敢えてここで、「観念論は従って本質的な点については独断論と争うことはまったくできない」という両体系の原理的な論争不可能性に言及しているのは、多分にフィヒテの定義の影響によるものと見てよいだろう。『全知識学の基礎』によれば、「私は存在する」という経験的意識に与えられている「純粋意識」、すなわち「自我は自己定立という純粋活動であると同時にこの活動の所産でもある」という「自我と存在との根源的同一性の意識」を主張し、しかもこの「自我の根源的直観」という境界線を堅持するのが批判的観念論であり、そこを跳び越えてゆき、「自我は存在するがゆえに存在する」のではなく、「自我の外なる」ある絶対的な何ものかが存在するがゆえに存在するにすぎないとし、一切の経験的自我をこの「外なる」絶対的な「無限の自我」、すなわち「神」の「様態」であると主張することによって体系の首尾一貫性を守ったのがスピノザの独断論である。そして批判的観念論を越え出てゆく哲学は必然的にスピノザの独断論に行き着かざるを得ないのだから、首尾一貫した体系は批判的観念論の極致である『知識学』とスピノザの思弁的独断論以外にはあり得ず、しかもスピノザの体系は「理性の追跡」のまったく及ばないところに建てられているために「無根拠」であり、それゆえ「論駁不可能」である。従って両体系はその根本原理において接点を欠いたまま互いに論破することも和合することも不可能な独立体として対峙するほかはない。

ところでこのようなフィヒテの見地に依拠しようとする限り、シュレーゲルは苦境に立たされることになるだろう。何よりもまずスピノザは彼にとってほかならぬ「無限なるものへの憧憬」を証しする哲学者として断じて「独断論者」ではない。次いで「フィヒテの観念論」と「スピノザの実在論」との綜合に彼自身の哲学の原理と理念のすべてを見出すことができるというのが『神話論』(『人間の理論』訳註(33)とその当該箇所参照)以来の、そしてこの講義全体をその根底において規定している根本命題だからである。しかしシュレーゲルがもしその気になれば、フィヒテ自身がこの両体系の綜合の可能性を必ずしも否定していないことを証拠立てる言質をほかならぬ『全知識学の基礎』の発言の中に見出せたはずである。フィヒテは『知識学』第二部の『理論的部門』そのものを――「自我」がここでの「唯一最高の実体」であるという留保を付加した上ではあるが――「体系的スピノザ主義」と呼ぶこともできるだろうとしているからである。なお、スピノザとフィヒテとの綜合については『序論』訳註(7、10)を参照されたい。また、本文中の「独断論の側」から増強される「文字」とは、これを武器として「無限なるもの」(「精神」)の発現を阻止しようとする「有限的なものの仮象」である。「文字と精神」については『序論』訳註(15)とその当該箇所を参照されたい。

(47) 原理的には論駁できない独断論に立ち向かえる唯一有効な手段としてここに挙げられている方法、すなわち「最もすぐれた独断論者たちを利用しながら、この独断論者たち自身よりも遙かに完璧に」独断論の全容を描き出して見せるという方法を、シュレーゲルはこの講義の三年後に始まるケルン私講義『哲学の展開十二講』の第一講『哲学の歴史的特性描写』において実践している。これは特に独断論論駁と銘打たれたものではないが、「実体概念」（「事物概念」）――「有限的なものの仮象」への固執――をいかにして、そしてどこまで克服し得ているかというまさにこの一点を試金石とした古代ギリシャからカント・フィヒテの「現代」に到るまでの批判的哲学史記述であるという意味で、内容的には「歴史的方法」による独断論論駁であると言えなくはないだろう。なお「特性描写」、「結合術的方法」、「発生論的方法」等の技法を包括する綜合的な方法論的複合体としての「歴史的方法」については、『序論』訳註（43、44、51）、および『哲学の哲学』訳註（9、10）とその当該箇所を参照されたい。

（48）この一節の論理構造は分かりにくい。まずカント的な自由概念をこの講義の基本文脈の中へ引き入れて読むならば、「全体なるもの」、すなわち「無限なるもの」は「無条件的、絶対的に自由」であり、「諸部分」、すなわちこの「無限なるもの」の各部分、あるいは「無限に生成する永遠に一なるもの」の「無限に多なる有限的・派生的生成」としての諸個体は「条件付きで自由」であるということになる。しかしここから一挙に「ここで最も重要となるのは瞬間である」以下の命題は帰結されない。この論理的間隙を埋めようとすれば、先の訳註（45）の箇所において示された人間の倫理的行為の規定を援用して、例えば、有限的存在者としての人間の倫理的形成の本質は人間に与えられた「条件付きの自由」の中で永遠に達成不可能な最終的完成に向かって不断に歩み続けること、しかもこの歩みの一瞬、一瞬をそのつど新たな倫理的形成の未来を孕むものとして受容しつつ「全体なるもの」の「無条件的自由」に参入することであるという一項を挿入しなければならないだろう。それにまた「瞬間は過去と未来との所産である。瞬間はここでは全能である」以下の新たな命題も、「全体なるもの」が同時に「永遠に未完なるもの」としてそれ自体が無限の生成の途上にあるという前提なしには成立し得ない。生成は終わりを知らないということが、「哲学は無限である」というこの講義の根本命題の支柱だからである。確かにここで強調される人間の倫理的形成にとっての「瞬間」の重要性、すなわちその実践的価値については、本文後出の「恣意」と「決断」の問題（『人間の理論』訳註（59）とその当該箇所参照）

に移されて再度論及されることにはなる。しかしこの倫理的意義のゆえにここで提示された「瞬間は過去と未来との所産である」という重要な命題は、これ以後さしたる展開もなく立ち消えとなる。この命題が明確な輪郭と意味を得て復活してくるのは、一八〇五年に始まるケルン私講義『序説と論理学』の『概念論』においてである。シュレーゲルはここで対象の「真に現実的な認識と記述」に耐え得る概念を、「想起であると同時に予感でもあるような直観」、すなわち「過去の表象」(想起)と「未来の表象」(予感)とを内包する現在の表象(直観)と定義する。従って「瞬間」、すなわち「現在」の問題はここでは単に人間の行為を規定する倫理的な関係概念であることを越えて、哲学一般に関わる中心的概念となるのである。このようなシュレーゲルの「概念論」については『序論』訳註(51)とその当該箇所を、「時間論」については『世界の理論』訳註(12)とその当該箇所を、また人間に「条件付き」で付与される「瞬間の全能」を「人間の力である悟性がすべてを圧して広がることができる」という意味においてのそれであるとしている文中の一節については、「悟性は普遍的意識、あるいは意識的宇宙である」と定義されている『序論』訳註(26)とその当該箇所を参照されたい。

(49)「神の現存在」と「魂の不死性」に焦点を絞ってのこの哲学史的略述を、一八〇四年に始まるケルン私講義『哲学の展開十二講』の第一講『哲学の歴史的特性描写』によって補足すると、シュレーゲルにとってスコラ哲学は、「貫徹され、勝利に満ち、全面的な支配権を獲得した、揺るぎなく基礎づけられた信仰」の時期に成立した「異論の余地なき普遍的真理」を弄ぶ「思弁的精神」のほとんど「中世の馬上試合」をさえ彷彿させる知的遊戯以外の何ものでもなく、この「一切の生から厳格に隔離された」ところで闘わされる彼らの極度に抽象化された存在論的論争は、教会の権威との不即不離の「思弁神学」の域を出ず、その主要な論題を構成する「神の現存在」と「魂の不死性」、およびこれと不可分の関係にある「自由」の概念もまた、「最高度の完全性」をもって遂行された「最高度の無内容性」へと萎縮してゆく道をたどるほかなかった。しかも――講義本文の文脈に則して言えば――このようなスコラ哲学の存在論的思弁の中へ引きずり込まれることによって先の両概念はあたかも哲学の本来の「分岐点」を形成するものであるかのような錯覚を後世に与えるに到ったのであり、この錯覚の持続という点でスコラ哲学の影響は執拗を極め、これへの抵抗運動として起こった「神秘主義」の激流に洗われたのちにもなお、デカルトからライプニッツを経てカントに到るまでの近代哲学者たちは「物質と精神」、ないしは「自然概念と自由概念」という分裂的状況からの脱却に苦しみ続け——この点でユダヤ神秘主義の「カバラ」に没頭したスピノザは「一なるもの」の原理、すなわち「唯一にして、端的かつ無条件に必然的であり、それゆえ永遠にして不変なる存在者」の原理を受け入れた上で、物質と精神とを「同一のもの」、ないしは「両面をもつ一つの事象」と捉えることによってこの難問を解決した、というよりはそれとの関わりを「断ち切った」のだが——、ようやくフィヒテが登場するに及んで、哲学はこの難問解決のための「より高い地平」に立つことを得たというのが、ケルン私講義の論述の流れだが、ここで言う「フィヒテの登場」とは、同じ『哲学の歴史的特性描写』中の『観念論』の項に見出される「生成する神性」の理念を引っ提げてのそれであって、「生成する神性」——フィヒテ的に変換すれば「生成する無限の自我」の理念によってはじめて「自然概念」と「自由概念」との対立を乗り越えた本来の意味での「自由概念」の確立を見るに到ったというのが、シュレーゲルが理解する限りでのフィヒテの自由論である。なお、「生成する神性」については『人間の理論』訳註(56)とその当該箇所を、スピノザとフィヒテの間に位置するライプニッツの存在の意義については『序論』訳註(58)とその当該箇所を参照されたい。また本文中、スピノザは「自由の概念」を「純粋悟性における人間の神聖性の概念へと解消した」(本文後出の訳註(51)に関わる箇所では「悟性を通じて人間の神聖性へと解消した」)とあるが、ここでの「純粋悟性」とは、「有限的なものの仮象を根絶する」ことをその最終目的とする「意識の最高のポテンツ」としての「悟性」(本文後出の訳註(57)に関わる箇所)であって、スピノザはこのような「悟性」を介して人間の神的本性と自由概念とを融合したというのが、この局面でのシュレーゲルのスピノザ解釈の一端である。

（50）「道徳を保証するためには不死性だけですでに充分である」という本文前出箇所とそれへの訳註（『人間の理論』訳註（11）を参照されたい。

（51）ここで批判の対象となっている「道徳的信仰」とは、「神の現存在」を「純粋実践理性の要請」（「神の現存在を想定することは道徳的に必然的である」）として導出し、これを論拠に「特殊な知」であるべき「信仰」と「理性」とを分断したカントの「純粋理性信仰」を指すが、これへのアンティテーゼとしてシュレーゲルは、スピノザとフィヒテの自由概念（本文前出の訳註（49）に関わる箇所参照）をさらに乗り越えるものとして、「徳は全能である」（本文後出）という命題のもとに「有限的なものの仮象」を根絶して全人類を「全体なるもの」の「絶対的自由」の中へ解き放とうとする「悟性」の全権——「悟性は道徳の唯一の立法者である」（本文後出の訳註（60）に関わる箇所参照）——を主張するのである。

（52）本文中の「宗教の本質は全体なるものとの合一にあり、その最終目的は神性、あるいは、そこにおいてすべての個人性が消滅するところの絶対的同一性である」という一節については、「ただ一つの世界が存在するのみ」であり、それゆえ「無限なるものへの回帰」以外の何ごともあるべきではなく、また「実在性を持つのはただ形成のみ」であって「諸力の作用」ではなく、そして「死のうちにのみ真の生はある」という、先に「宗教の二つの要素」として提示された命題（『体系詳論』訳註（7、8）に関わる箇所）を参照されたい。また、「宗教は、人間がその個体性を喪失し、そして自己自身を越えて高まってゆく限りにおいてのみ存在することができる」という原註については、「道徳性を保証するためには不死性だけで充分である」という本文前出の一節とそれへの訳註（『人間の理論』訳註（11）を参照されたい。ちなみに「宗教とはいわば死への憧憬である」という挿入的一文が、一八〇〇年の『アテネーウム』誌第三巻第二輯に載ったノヴァーリスの『夜への讃歌』の最終歌『死への憧憬』を念頭に置いてのものであることは、「いわば」というあまりにも明らかな出典への秘かな含羞を示す一字に表れている。

（53）これまで「意志の自由」の概念をめぐるカント哲学との確執に制約されて常に論争的な外皮を纏ってきた「不死性」と「神の現存在」の概念が、いまやそれぞれ「善なるものはすべて不死である」、「現実的なものはすべて神的である」という独自の命題として自由に、かつ簡潔に表現されるようになり、また「一切のものは一なるもののうちにあり、一なるものは一切である」というこれらの命題の基盤となった「定理」（『序論』訳註（10）とその当該箇所参照）も、同様に自由かつ簡潔に、しかも具象的な平明さをもって表現されるようになる。「ただ自然のみがあり、一切のものは一なるものであり、そしてこの一なるもの、全体なるものは自由であり、生きてあり、有機的である。個々のものは条件付きで自由である。有限的なものはまったく存在しない。それはただ全体なるものとの関わりにおいてのみ存在するにすぎない。」――そしてシュレーゲルはこの「全体なるもの」、「一にして全なるもの」、あるいは「一にして全なる自然」を「絶対的叡知」としての「神的なるもの」と一体化することによって、この「絶対的叡知」をある「特定の象徴」の表示でしかない「神」としてよりは、さまざまな象徴的な描出、すなわち「アレゴリー」を可能ならしめる「神的なるもの」、ないしは「神々」として捉えることのほうを適切であるとし、従ってまた「擬人論」を「宗教のための不可欠の手段」として容認すべきであるとする、この時期の彼の神話的自然汎神論を改めて確認するのである。この点については『人間の理論』訳註（19）とその当該箇所を参照されたい。

（54）「哲学の三つの時期」については『哲学の哲学』訳註（3）とその当該箇所を参照されたい。――ここで特に問題とされているのは、「自己自身のうちから出て、生の哲学となる」第二期において必然的に哲学に要求される「大衆性」であって、これは、例えば敢えて観念論と実在論とを衝突させることで先入観に揺さぶりをかけ、固定観念に縛られていた思考を解放して生気あらしめるための、いわば論争の酵素ともなるべき「通俗性」を意味する。そしてこのような哲学の通俗性、ないしは大衆性をシュレーゲルが新時代の哲学の伝達の容器としていかに切望していたかは、一七九九年の『アテネーウム』誌に発表された『哲学について――ドロテーアへ』の中で、一七九四年に刊行された

『全知識学の基礎』以来のフィヒテの諸作に対して、「大衆性の時代は到来した」という歓迎の言葉を贈っていることからも分かる。このことは一七九八年からこの講義の時期にかけて書かれた幾つかの断章によっても読み取ることができるだろう。「全体を作品としてではなくエセーとして扱う。――《一連の問題において――純粋に理論的なもろもろの争点の一切を包括する大衆的形而上学。フィヒテは大衆的形而上学の創案者である。》」(PL IV-841)――「人間性が真ん中にあること。これが通俗的真理である。この真理がやがて分解されて神性と自然とになるのである。」(PL III-181)――「大衆的な哲学の素材は時代のもろもろの知識ともろもろの傾向の総括である。――このような哲学はエンツィクロペディー的性質を帯びている。」(PL IV-976)――「良き哲学は繰り返し大衆化されねばならない。」(PL V-163)――「大衆性とパラドックス的性格は哲学の公共的形式である。」(PL V-1155)――「大衆性は文筆業の最も本来的な原理である。」(PL IV-244)

(55)「自己の個体性を放棄して自己自身を精神的に無化すること」のうちに宗教の本質を探ろうとする見地については、「無限なるものへの回帰」と「死を介しての真の生への覚醒」という宗教の両要素を仲介項として真の宗教の核心となる「犠牲」の概念に言及している『体系詳論』訳註(8、9)とその当該箇所を参照されたい。

(56)この箇所は、シュレーゲル自身に自覚されていたか否かにかかわりなく、「自然は生成する神性である」ということの講義全体の中核的命題の存立が問われる場面である。「永遠に一なるもの」としての「同一性」と「無限の多なるものを内包する無規定の二なるもの」としての「二重性」ないしは「二元性」、すなわち世界生成の根源的一者を表示する「無限の一性」と世界生成の無限の多様の充満を表示する「無限の二性」という「両根源事実」は、世界創造の絶対的原理と理念を担うものとして、「それ自体が神」であり、まさにそれゆえにこそそれは「想像力と愛」をもって、というのは「生との関わり」のもとに捉えられるべきものであり、また、そのように捉えられてこそこの両根源事実は「生成する神性」としての「神的自然」――われわれが「神」との、あるいはむしろ「神々」との交わりを結ぶことを可能ならしめる唯一の場である神話的宇宙――として顕現するのであって、キリスト教がより多く「同一性」、すなわち「一なるものへの回帰」の傾向を、古代の宗教がより多く「二重性」、すなわち「多なるものの充満」への傾向を示しているとはいえ、「神的なるものの描出」という原点においては両宗教のいずれにもその根底としてこの同じ両根源事実が見出されるというのが、「自然は生成する神性である」という自然汎神論的命題に関するシュレーゲルのこの時期の最終的決着であり(『人間の理論』訳註(19、53)とその当該箇所参照)、また、そうだったはずである。ところがこの最終的決着からシュレーゲルは、「それゆえ古代の宗教は過去の宗教であり、キリスト教は未来の宗教である」という更なる帰結を引き出す。「それゆえ」とは、古代の神話的宗教には「二元性」の根源事実への傾向が、キリスト教には「同一性」の根源事実への「回帰」の傾向がより顕著に認められるがゆえにということである。とすれば「二元性」、すなわち無限の多様性(「神々」)は「過去」の原理であり、「同一性」、すなわち「永遠に一なるもの」(「神」)は「未来」の原理であるということになるだろう。しかしこの転換はこの講義を支える不可分の主柱だった「両根源事実」を分割して、それぞれ別個のカテゴリーに配属させることを意味するだろう。しかも「神的なるものは現実に起こったものと見なされ、それはまた現実に生成しつつあるものと見なされるのである。過去の出来事がメカニズムの所産としてではなく、ある高次のものの摂理として考えられるなら、運命と希望が宗教における最も純粋にして最も客観的な概念となる。なぜならそれらは象徴的表現を最も必要としないからである。このことから宗教の最も自然な情調、すなわち忍従と希望とが導出されるのである」という一節は、「神」よりは「神々」の世界にこそ相応しいとされた「生成する神性」の顕現としての神話的・擬人論的宇宙を「摂理」の概念の導入によって「過去の宗教」へと追いやり、そうすることであの中核的命題そのものを啓示神学的なキリスト教的有神論の中へ吸収し尽くそうとする意志、いわば「生成する神性」そのものをキリスト教の祭壇の前にぬかずかせようとする意志の表明以外の何ごとをも意味しないだろう。にもかかわらずシュレーゲルは彼の神話的・自然汎神論的命題を彼の哲学の中核命題としてあくまでも堅持し続けるばかりでなく、「神は世界を無から創造した」という超越神的有神論をこの独自の汎神論的命題からの必然的帰結であるとさえ主張するのであって、ケルン私講義と同時期の一八〇五年の一断章は、この時期の彼の思想における神話的世界観感情とキリスト教的宗教信条との奇妙な混交状態を端的に示している。「無からの創造、キリスト教的三位一体、世界の時間的開始は、ただ生成する神性の概念によってのみ、完成された観念論によってのみ説明され得る。」(PL IX-21)——「二元性」、「同一性」の両根源事実については『人間の理論』訳註（12、15）とその当該箇所を参照されたい。

（57）「全体の個人に対する関係における法則性の標識と結びついた意識の最高のポテンツ」としての悟性については、『序論』訳註（26、51）および『人間の理論』訳註（49、58）とその当該箇所を、また、この「悟性」と共に「人間性の形成」のもう一方の要素であり、「すべての法則的なものがそこで途絶してしまう無限なるものの中へ有限的なものを追い立てようとする」能力である「想像力」については、『人間の理論』訳註（27）とその当該箇所を参照されたい。

（58）「一切のものは一なるものであり、そしてこの一なるもの、全体なるものは自由であり、生きてあり、有機的である。」——この本文前出の命題（『人間の理論』訳註（53）参照）によって予告されている、根源的一者「無限なるもの」の有機的生成発展の最終段階を意味する「絶対的自由」——有限的存在者である人間にとってはそれへの「無限接近」しか許されないとはいえ、この「相対的自由」を確保するためにも自分の目指すべき「理想」として掲げられねばならない「絶対的自由」——「有限的なものの仮象を根絶すること」をその「最終目的」とする「純粋悟性」がこの目的を達成したあかつきにおいて開かれるであろう、それゆえカント的「意志の自由」に基づくそれとはまったく次元を異にする「最高善」の境地とも言うべき「絶対的自由」——このような「神の国」とも「黄金時代」とも呼び得るような終末論的理想郷をシュレーゲルは「無政府状態」(Anarchie)と名付けるのだが、この無政府状態が、「有限的なものの仮象は根絶されるべきであり、それを行うためには一切の知は革命的状態に置かれねばならない」とする要求（『序論』訳

註（23、24）とその当該箇所参照）を掲げて出発したこの講義の行き着く最終場面であるとすれば、一七九五年の『ギリシャ文学研究論』において古代ギリシャ世界との対比によって近代世界の構造批判へと踏み込んでいったシュレーゲルが近代文化の混迷——「解体された美の断片、破壊された芸術の破片がひしめく混沌の海、あらゆる崇高と美と魅力のカオス」——を打開するための「美的革命」のモットーとして掲げた「無政府状態は革命の母である」という命題をここで敢えて逆用して、「革命」はその完遂のあかつきにおいてはその本来の「母」のもとへ帰り着くことになるのだろうかと問うことができるかもしれない。

（59）「絶対的決断」としての「恣意」に対する「瞬間」の絶大な威力は、本文前出の『人間の理論』訳註（45）に関わる箇所での文脈に従えば、一切の「メカニズムの体系」の連鎖を断ち切って、そこにメカニズムの世界とは異次元の「有機的」世界に本来属している人間の自由な行為の絶対的主体性を発現させることにある。また、「過去と未来の所産」としての「瞬間」、すなわち「過去」の集積と「未来」への展望とを包括する「現在」としての「瞬間」に「全能」を付与することによって人間の行為にもそれに準じた「条件付き」の「全能」を分与するという同じく本文前出の『人間の理論』訳註（48）とこれに関わる箇所からも明らかなように、「恣意」という人間の「絶対的決断」の瞬間は、その人間の倫理的生の一切を含んでいるはずなのだから、当然、「善と悪との絶対的な区別」をも決断の機能として具えていなければならないというのがここでの主旨である。この「絶対的決断」は、政治的概念としては「絶対的決定権を含む政治的な力の一部としての立法的権力」（『人間の理論』訳註（62）に関わる箇所）と定義されている。なお「恣意」一般、あるいは「客観的恣意」については『序論』訳註（48）とその当該箇所を参照されたい。

（60）「悟性」と「想像力」とその仲介項としての「法則も目的もない絶対的自由」、これが「人間の構成要素」であり「人間の形式」であって、「意識の最高のポテンツ」としての悟性（『人間の理論』訳註（57）に関わる箇所参照）が「道徳の唯一の立法者」であり、この悟性の「客観的目的」は「制限の破壊」による「絶対的自由」（「神の国」、あるいは「黄金時代」)としての「無政府状態」(『人間の理論』訳註(58)に関わる箇所参照)の達成にほかならず、この意味でこの「絶対的自由」は「最高善と一体的」である。——これが『人間の理論』を締め括るに当たっての、シュレーゲルのカントの道徳哲学批判の最終命題である。

(61)「すべての芸術と学問の有機的連関」とは、すでに見たように、「すべての芸術と学問の有機体」としての「エンツィクロペディー」、すなわち「詩文学」と「哲学」とを不可分な両対極軸として構成される全芸術・全学問の有機的複合体であって、このような複合体のいかなる部分、いかなる構成要素にも、人間の政治的共同体を成り立たせるための不可欠な両カテゴリー、すなわち「自律」と「同権」とがそのいわば法則的基盤として存在していなければならないというのがここでの主旨である。シュレーゲルの「エンツィクロペディー」構想については『序論』訳註(36)、『人間の理論』訳註(32)、および本文後出の『哲学の哲学』訳註(10)とそれぞれの当該箇所を参照されたい。

(62)「人類は一つの全体である」という理念に依拠する限りでの人間共同体は、「自律、同権、調和のカテゴリー」に基づかねばならないがゆえに「共和制」たらざるを得ない。人間共同体にあっては「共和制が最高の概念」であり、たとえその統治形態がどのようなものであれ、そこでの立法権の行使は民主主義を基盤とするものでなければならない。そしてこの二つの政治権力、立法権と統治権との仲介項として現れる第三の権力、すなわち行政権はその本質的性格において貴族主義的でなければならない。なぜなら「真の貴族制」とは「君主制と民主制という両要素の対立を介してのみ成立し得る」からであり、その意味でいかなる共和制も貴族主義的たらざるを得ない。これが『人間の理論』における政治論の最終帰結だが、この帰結は依然として一七九六年に書かれた『共和制の概念についての試論』の発想と論理の延長線上にある。カントの『永遠平和のために』における政治理念への共感と違和感とを同時に鳴り響かせている同試論によれば、上記三概念は次のように説明されている。(一)「普遍的意志の代替物」と見なされる限りでの「多数意志」は「普遍的意志」と同様に「神聖」であり、それゆえ「共和制は必然的に民主的」である。(二)しかしここで言う共和制は、「世襲貴族」とはまったく別種の「真の都市貴族」にその範を求めることのできるような「貴族制」、民衆の多数意志によって承認された「民主的な共和制においてのみ可能」であるような、いわば「合法的民主的貴族制」を意味するものでなければならない。(三)ところで本来の「君主制」とは、たとえその「統治形態が専制的」であっても、その「精神において代表制的、ないしは共和主義的」である場合においてのみ成立するものであって、このような君主制を本来の意味での専制と区別する試金石は、この君主制が「共和制を可能な限り促進する」ものであるか否かということである。——以上が、本講義の当該箇所に対応する『試論』の摘要だが、「民主制」と「君主制」とのいわば弁証法的綜合としての「貴族制」という本講義の視点は、すでに「位階制」を「家族」、「共和制」という人間共同体の政治的両要素の綜合的仲介項として捉えようとするこの『人間の理論』の冒頭命題にも明白に現れているが、これは「君主制」をもって「共和制」に代わる国家および社会体制の真の基盤と見なすようになる中・後期の政治思想への原理的転向の可能性を内包するものと見ることができるだろう。事実、この講義の前後の時期に書かれた幾つかの断章はシュレーゲルの政治思想の複雑な揺らぎを反映させている。——「革命はけっしてフランス革命だけにとどまらないだろう。——《ドイツの革命＝新しい位階制。——歴史学の器官は道徳の体系。》——道徳のための聖書的形式は革命的、聖書的、純修辞的著作。——古代の復活——古き神々の王国。」(PL IV-793)——「真剣な意味での位階制は聖職的権力なしには可能でなく、後者も君主なしにはあり得ない。世俗的権力が民主主義的であっても、全体は貴族主義的である。——《両者は輻輳している。——しかしそれぞれは異なる側面から出発しており——世俗的権力は執政官までしかゆくことが許されない。》」(PL V-227)——なお、本文中の「絶対的決定権を含む政治的な力の一部としての立法的権力」と定義されている「絶対的決断」と「恣意」との関係については、本文前出の『人間の理論』訳註(59)に関わる箇所を参照されたい。

第三部　哲学の自己自身への回帰、あるいは哲学の哲学

（1）「すべての哲学は宇宙の哲学である。」――本講義の第三部『哲学の自己自身への回帰、あるいは哲学の哲学』のモットーとして掲げられたこの冒頭命題は、「ただ一つの世界が存在するのみであること。それゆえ無限なるものへの回帰以外の何ごともあるべきではない」（『体系詳論』訳註（7）に関わる箇所）とする見地に基づいて構成され、論述されてきたこの講義の総括命題でもある。すなわち哲学は「宇宙の哲学」として始まり、「宇宙の哲学」として終わるということ、あるいは哲学は「哲学は宇宙の哲学である」という命題をもって始まり、「哲学は宇宙の哲学である」という命題をもって終わるということが、自己自身のうちから出て「生の哲学」となったのち、再び自己自身のうちへと回帰して「哲学の哲学」となった哲学そのものによって確認されるということである。哲学の展開の三態、あるいは三重性については、『人間の理論』訳註（9、54）、『哲学の哲学』訳註（3）とその当該箇所を参照されたい。以下、「すべての哲学は宇宙の哲学である」とする見地について一七九八年から一七九九年にかけて書かれたシュレーゲルの断章――ここまでの訳註にもしばしば引用されてきたものも含めて――を幾つか挙げておこう。「生成する宇宙、すなわち自然以外にいかなる宇宙も存在しない。」（PL III-412）――「宇宙を構成することが、古来、最も偉大な哲学者たちの最終目標だった。」（PL IV-191）――「宇宙の特性描写のみが哲学である。無限なるものの特性描写もまた然り。」（PL III-218）――「基礎的、超越論的、絶対的、体系的自然、哲学、詩文学、倫理学は神性と神話であり、物理学、歴史学は人間性である。宇宙の特性描写、《哲学のヘン・カイ・パン》はこれらのすべてを包括するだろう。」（PL III-177）――「形而上学は宇宙の構成であり、論理学は精神の学問にして芸術理論である。それゆえ両者は精神の両極である。」（PL III-189）――「精神、神、自然が一つになったものが宇宙である。」（PL IV-1150）――「宇宙とは世界、人類、理性、自然を包括し――同時にカオス、パン、コスモスであるような歴史的概念にすぎないのかもしれない。」（PL IV-1421）――このような断章によって哲学に与えられてきたさまざまな定義ないし特性描写を、ケルン私講義『哲学の

展開十二講』と同時期の一八〇四年の一断章は次のように総括する、「最高の形式において哲学は宇宙生成論以外の何ものでもないだろう」(PL X-181)と。

(2)ここで言う「二元論と実在論という相対立する両要素をその仲介項として合一する観念論」が、フィヒテの観念論(二元論)とスピノザの実在論との綜合としての独自の観念論——あるいはフィヒテの「反省の体系」とスピノザの「思弁の体系」とを綜合する「予見の体系」——であることはすでに明らかだが、この綜合を記述する際のシュレーゲルの用語法は、例えば「二元論は単に経験とのみ関わる。これに対して実在論は単に理論とのみ関わる。その性格は同一性である。一方、二元論の性格は二重性である。二元論においては二つの活動性があるのみであって、いかなる実体もない。実在論にあっては唯一不可分の実体があるのみである。ところでこの二元論と実在論とが観念論の両要素なのである」(『序論』の『観念論批判』の項)と明快に定式化されているほどには安定したものではない。第一、フィヒテの観念論をこの定義通りに「いかなる実体もない」二元論と規定し得るものかどうかは問題であろうし、また、例えば「生きた諸力の永遠の対立抗争」を原理とする「ヘラクレイトスの二元論」が、「世界本質を生命と精神とに還元する哲学はすべて観念論である」とする一括定義(ケルン私講義『哲学の展開十二講』第一講『哲学の歴史的特性描写』)によって観念論に分類されることから生じる二元論と観念論との混同、ないし同一視も、論述の一貫性を乱すもとになっている。——フィヒテの原理(二元性)とスピノザの原理(同一性)との綜合については『序論』訳註(7、10、39、50)とその当該箇所を、また、ヘラクレイトスの「二元論」とパルメニデスの「実在論」との綜合としてのプラトンの「観念論」については『序論』訳註(57)とその当該箇所を参照されたい。

(3)自己完結的な自己内活動態としての「理論哲学」から、自己超出的活動態として生のあらゆる領域へと浸透してゆく「実践哲学」としての「生の哲学」を経て、再び自己内回帰的活動態へと方向を転じ、この「生の哲学」のすべての内容(個別的学問および芸術の一切)を引っ提げて自己自身のうちへと帰還して「哲学の哲学」となり、これら個別的な哲学的構成体としての「生の哲学」の一切をあらためて哲学それ自体の対象とすることによって再構成するというこの哲学的展開の三態、あるいは哲学の三重の循環的運動――その根底には「ただ一つの世界が存在するのみであること。それゆえ無限なるものへの回帰以外の何ごともあるべきではない」という世界認識（『体系詳論』訳註（7）に関わる箇所参照）が横たわっている――については、『人間の理論』訳註（9、54）とその当該箇所を参照されたい。シュレーゲルはまたこの講義と同時期の断章の一つでこの哲学的展開の基本形を観念論の方法的基礎であるとして次のように書いている。「観念論の方法は観念論そのものと同様に敏捷かつ可変的である。――観念論は自己の方法の中から出て、あらゆる学問の方法の中へ入ってゆくことができなければならないが、それはしかし常に再び自己の方法の中へ流れ戻ってくるためである。」（PL V-608）――なお、「哲学の哲学」の対象となる「理論と経験の結合」と「すべての芸術と学問の結合」の問題については、前者に関しては特に「いかにしてア・プリオリの綜合的判断は可能か」というカントの問いに対するシュレーゲルの回答（『人間の理論』訳註（29）とその当該箇所）を、後者に関しては、「すべての芸術と学問の有機体」としての「エンツィクロペディー」に関わる箇所（『序論』訳註（36）、『人間の理論』訳註（32）、『哲学の哲学』訳註（5、10、33）とその当該箇所）を参照されたい。

（4）哲学の三態に基づく三時期ないし三部門の分類の正しさは「歴史によって裏書きされている」というのがここでのシュレーゲルの確信だが、しかしこの「裏書き」は実証性を欠いている。本文の記述をやや敷衍しつつたどれば、ここで言うギリシャ哲学がそれをもって始まったとされる「超越論的自然学」とは、タレスに始まる諸流派の自然学的思弁に一括される自己構成態としての「理論哲学」であって、これを哲学の「第一幕」とすれば、これに続く「第二幕」は、この自己完結的な思弁圏から脱却して哲学を人間の問題たらしめようとしたソクラテスとその弟子たちによって形成される「生の哲学」ということになる。しかしこれに後続すべき「第三幕」は哲学史上いまだその形跡を見出すことができないというのであれば――すなわちこの「第三幕」の主題であるべき「哲学の哲学」の達成は「全体なるもの、無限なるものに関わる諸学問の知識」なしには不可能なのだから、この意味で哲学の歴史はいまもってこの最終段階に到達するまでに成熟しておらず、それゆえ「われわれはいまようやくこの第三幕に取り掛かろうとしている」ような状態にあるというのであれば——、あの「ソクラテスとその弟子たち」によって書かれ、かつ演じられた哲学の「第二幕」とシュレーゲルがこの講義によって書き始めつつあるというその「第三幕」との間の二千年を越える哲学的空白は、ひたすらこの最終幕を渇望しながらそれを書く作者も演じる役者もいなかったヨーロッパ哲学の全面的無能ぶりを証明するに等しいことなのだから、この点についての実証的な跡づけを一切省いてしまっているシュレーゲルは無責任の誹りを免れないところだろう。確かに一八〇四年に始まるケルン私講義『哲学の展開十二講』の第一講『哲学の歴史的特性描写』においてシュレーゲルは、古代ギリシャ哲学からカント＝フィヒテの「現代哲学」に到るまでの全ヨーロッパ精神史を、「有限的な仮象の根絶」（実体概念の廃棄）、あるいは「無限なるものへの憧憬と回帰」という価値基準に則って批判的に記述しようとする試みに挑戦することになるが、しかしそこではもはや哲学のあの弁証法的な「三態」ないし「三時期」という発展モデルは姿を消してしまっている。

（5）生の全域に関わる哲学（生の哲学）の内容のすべてをその対象とする「哲学の哲学」は、それゆえ「芸術と学問との結合」、すなわち芸術の概念に包括される一切のものと学問の概念に包括される一切のものの結合をもって哲学の最終目標であるとする見地の表明であると同時にこの目標の実現の場でもあるのだから、哲学者ばかりでなく芸術家もまた彼自身の「哲学」によって——「天才と芸術とをもって哲学する」ことによって——この事業に参加すべきであるというのが、ここでの、というよりはすでに『アテネーウム』誌刊行以前からのシュレーゲルの一貫した主張であり——「近代詩文学の歴史全体は次のような哲学の短いテクストに対する絶え間のない註釈である。すなわち、すべての芸術は学問となり、すべての学問は芸術となるべきである。詩文学と哲学とは合一されるべきである。」（LF 115）——「哲学と詩文学とが切り離されている限りでは、なされるべきことはすべてなされ、完成されている。ゆえにいまや両者を結合すべき時である。」(ID 108)――、そしてこの主張がいまこの講義において哲学の側から改めて提起されたということである。しかしこのことはまた、すべての芸術と学問の合一の理想に哲学者も彼自身の「詩文学」によって参画すべきであるという要求を含意しているはずであって、事実、シュレーゲルは一七九七年の断章の一つで、「いやしくも想像力を具えているほどの者ならば詩文学を学ぶことができなくてはなるまい。それも哲学者の一人一人が一篇のロマーンを書くまでにならなくてはなるまい」(FPL V-107)と、哲学者への誘いの呼び掛けを記している。ここで哲学者にも要求されている「ロマーン」とは、同年の『リュツェーウム断章集』の一つによって「ある独創的な個性の精神的生の全体の便覧、すなわちエンツィクロペディー」(LF 78)と定義されていることからも明らかなように、哲学の最終場面、すなわち「哲学の第三幕」を構成すべき「哲学の哲学」に到ってはじめて達成されるであろう「すべての芸術と学問の有機体」、人間の精神的生のすべての活動と所産の有機的統合としての「エンツィクロペディー」への「詩作する哲学者」(AF 249)の実作的参加を意味するものであるだろう。このような意味での「エンツィクロペディー」については『人間の理論』訳註(32)とその当該箇所を参照されたい。

(6)「実在性はただ理念のうちにのみある」こと、「すべての知は象徴的である」こと、「すべての真理は相対的である」こと、そしてこれらの諸命題から帰結される「哲学は無限である」ことが一連の公理として述べられている箇所(『序論』訳註(15、16、17)を参照されたい。――「哲学の形式は無限であって――このことはすでに次のこと、すなわち哲学には無限に多くの始まりがあるということを内包している。」(PL V-1049)――

(7)「絶対的真理」の否認については、同じく『序論』訳註(16、17)とこれが関わる箇所を参照されたい。

(8)「論争的方法の演繹」とは、「誤謬は根絶されるべき」であり、そして「絶対的真理は容認され得ない」のだから、誤謬の摘発の不断の続行、永遠に終わることのない続行こそが真理探究そのものであるとする見地の正当性の論拠の導出を意味する。そしてこの論拠となるのが、『序論』において提示された二つの根本命題、すなわち「無限なるものへの憧憬がすべての人間のうちで展開せしめられるべき」であり、「有限的なものの仮象は根絶されるべき」であり、そしてこれを行うためには「すべての知が一つの革命的状態に置かれねばならない」とする要請である。この根本命題については『序論』訳註（23、24）とその当該箇所を参照されたい。

（9）「生成する宇宙、すなわち自然以外にいかなる宇宙も存在しない」（PL III-412）のだから、そして「宇宙を構成することが、古来、最も偉大な哲学者たちの最終目的だった」（PL IV-191）とすれば、宇宙を構成する哲学の方法もまた必然的に宇宙生成の諸法則によって規定される。というより哲学は宇宙生成の歴史的構成、あるいは哲学的に構成された歴史的宇宙であって、この意味において哲学と歴史とは一体的である。このことを一八〇四年に始まるケルン私講義『哲学の展開十二講』の『自然の理論』は、「世界（宇宙）は体系でなく歴史である」という簡潔な命題に総括している。従って「哲学の仕事は必然的に論争をもって始まる」とは、世界生成の無限を意図的に切断して不動の何ものかに仕立て上げようとする体系的思想家たちの非歴史的ないし没歴史的ないし超歴史的固定観念を打ち砕くことが哲学的論駁の第一歩であるということである。「歴史と哲学とは一つのものである」というシュレーゲルの見地は初期以来の諸断章にも刻印されている。「最初の近代哲学は倫理哲学であり、第二のそれは批判哲学であるから、第三のそれは歴史的でなければならない。」（PL II-543）——「哲学は、むろん哲学の歴史以外の何ものでもないだろう。ただし歴史が正しく理解されていればだが。」（PL III-187）——「シモニデスが詩文学を語る絵画、絵画を黙せる詩文学と呼んだように、歴史は生成する哲学、哲学は完成した歴史と言うことができるだろう。」（AF 325）——なお、このような哲学の構成のために要求される「歴史的方法」については、『序論』訳註（43、51）とその当該箇所を参照とされたい。

（10）三重の弁証法的運動態として構成されるシュレーゲルの「超越論的哲学」の最終的総括とも言うべき三つの成果、すなわち「論争の正当化」、「歴史と哲学の合一」、「すべての芸術と学問の有機体」としての「エンツィクロペディー」の理念は、そのままシュレーゲルにとって宇宙（対象）読解の技法としての「批評理論」の構成要素となる。このことを示すなまなましい証言が、この講義と平行に書き進められていた『レッシング論・完結篇』であって、この新たなレッシング論においてシュレーゲルは「批評」の必須条件として何よりもまず「エンツィクロペディー」の理念とその実践とを要求し、この「すべての芸術と学問の有機的連関の全体」とこの連関の「法則と歴史」以外のどこに「積極的批評」、すなわち真の対象理解とその記述のための「客観的法則の源泉」を見出すことができるのかと挑発的疑義を呈した上で、そもそも作品を理解するとは、作品をこのような有機的連関の全体との関わりの中で「発生論的」に、すなわち「歴史的」に再構成することにほかならないのだから、このような有機的連関に組み入れられることを拒むような作品、そこから救いようもなく脱落してゆくような作品、「芸術と学問の発展に何ら寄与し得ないような作品」はことごとく「本来存在することすら許されない」駄作として批判的検討の埒外へ放逐すべきであると主張し、これを「批評」の領域における「論争の正当化」のための「絶対的主観性」に基づく「実践的原則」であると結論づけている。また一八〇四年の『レッシング論』の一つ『批評の本質について』においても、シュレーゲルは「歴史と哲学との最も緊密な合体」を実現することが「批評の最高の課題」であるとし、この合体――ある事象を概念的に規定するだけでなく、この事象をその発生から完成に到る生成の全過程を再構成すること――を可能ならしめる「発生論的＝歴史的」技法を特に「特性描写」と呼ぶのである。この意味で「批評」はシュレーゲルにとってもう一つの「哲学の哲学」、あるいは「哲学の哲学」の実践と言えただろう。「宇宙の特性描写のみが哲学である。」(PL III-218)――「真に厳密な哲学は宇宙の特性描写以外の何ものも含まないだろう。」(PL II-494)――「特性描写は批評の仕事である。」(PL II-846)――「本来の批評は、歴史的な歴史(Historische Historie)に、すなわち宇宙に関わってゆく。」(PL IV-152)――このような「特性描写」の概念については『序論』訳註(43)とその当該箇所を参照されたい。

(11)「独断論者は彼の哲学を論理学をもって始める」とは、求める結論をすでに前提としている論理学、すなわち独断論者が求めることができると信じている「絶対的真理」を帰結すること以外のいかなる機能も果たし得ない徹頭徹尾明証的な分析的命題や推論のみから成る自己完結的な思考機関でしかない論理学をもって始めるということであって、このような絶対的真理の論理学には「有限的なもの」、というよりは「有限的なものの仮象」のメカニズムを打破してこれを越え出てゆく力はない。これに対して「生成する無限なるもの」としての「宇宙」の哲学である「われわれの哲学」においては、この無限生成の「全体」(生の哲学の全体)を総括し得る哲学の最終場面である「哲学の哲学」に立ち戻ってはじめて、この総括をこの総括に到るまでの全過程ともどもに描き出すことを可能ならしめる宇宙読解の機関としての論理学が成り立ち得るのであって、このような論理学をシュレーゲルは、ケルン私講義『序説と論理学』において「生成の存在論的論理学」として、単なる有限的なものの限界内を経めぐるにすぎない一般形式論理学に対置するのである。シュレーゲルのこの新たな論理学については、『序論』訳註(4、43、51)、および本文後出の「新しい三段論法」に関する箇所(『哲学の哲学』訳註(28)を参照されたい。

(12)「文字と精神」については『序論』訳註(15)を参照されたい。「創意工夫のパラティウムの丘」とあるのは、哲学的創意の源泉としての「精神」を、古代ローマ全市がその上に築かれていたローマ七丘の中央に位置するパラティウムの丘に譬えたもの。

(13)「絶対的真理は容認され得ない」ことが「思想と精神の自由のための原典」(本文前出の訳註(7)に関わる箇所)であるとするシュレーゲルにとって、真理への絶対的懐疑もまたこの原典に抵触する。いずれも精神を枯渇させ、永遠に到達不可能な真理への無限接近であるべき哲学の生命を絶つからである。ここでシュレーゲルが「真理に関して」として言及している同時代の三人の思想家は、いずれもこの意味での絶対的懐疑論者、すなわち「懐疑」と共に哲学のもう一方の要素である真理への「熱狂」(『序論』訳註(5)とその当該箇所参照)を欠いた懐疑論者である。

ザーロモン・マイモン(一七五三―一八〇〇)は、「質料が欠落した客観自体」は不可能であるとして、われわれの表象の形式ばかりでなく質料までも人間意識の根底から導出し、そうすることによってカントの物自体を廃棄しておきながら、それ以上には深入りせず、明証的な認識は数学と論理学（超越論的哲学の意味での）しかあり得ない（『超越論的哲学についての試論』）とする地点にとどまったというのが哲学史上の位置づけだが、このような明証性を知の基準と見る見地こそが、シュレーゲルにとってはあの真の哲学的認識への一切の努力の放棄を意味する懐疑論にほかならない。マイモンが「理性の知」を理論的にも実践的にも適用不可能であると説いているという批判は、この点を指摘したものと見られる。――「カントの客観性はマイモンによってひどく不器用に否認される。これについてはこの時代の終わりに到ってはじめて決着を見るだろう。彼が言ったことのすべては、たぶん論駁可能だが、すべては彼の存命中に明らかにされるだろう。」（PL II-397）――

（14）『カントの批判哲学についての書簡』によって批判哲学の伝播に大きく貢献した最初期のカントの信奉者の一人とされるカール・レオンハルト・ラインホルト（一七五八－一八二三）もまた、感性の受動性と理性の能動性との不一致というカント哲学の矛盾を、この両能力を共に含む表象能力一般の源泉であるべき「意識」という根源事実によって解決しようとしながらも、この根源事実を一つの明証的な真理として導出し得るとしたこと（『人間の表象能力の新しい理論の試み』）が、シュレーゲルにとってはマイモンと逆の意味での懐疑主義的固執にほかならないということになるだろう。また、ラインホルトの哲学の「変わり易さ」とは、彼がカントを離れたのち、フィヒテ、シェリング、ヤコービと信奉する対象を転々と変えてゆくその移り気を衝いたものと思われる。――「カント派のソフィストたちの最初の人物であるラインホルトは、本来の意味でカント主義を組織化したが、また誤解をも確立した。――根拠の探索者――。」（PL II-5）――

（15）哲学史的にはライプニッツを信奉する啓蒙思想家として位置づけられ、また医学者でもあったエルンスト・プラートナー（一七四四－一八一八）の懐疑主義については、フィヒテも一八一二年に行われた『論理学の哲学との関係、あるいは超越論的論理学』についての講義での懐疑主義論駁において、プラートナーを「単に懐疑主義を表明するばかりでなく、それのみが唯一可能な哲学であるとさえ言明」する「自分の知る限りでの最も徹底した懐疑論者」と呼び、論駁すべき好個の実例としてプラートナーの『哲学的箴言集』の一節を挙げている。

（16）「歴史哲学もまた批判的でなければならない」という命題がカントの批判主義の意味でのそれでないことは、「有限的なものの仮象は根絶されねばならない」としてカントをさえも「有限的なもの」の幻影に惑わされて経験論的残滓を捨て切れずにいる独断論者の一人に数える（『序論』訳註（27）とその当該箇所参照）シュレーゲルの徹底した観念論的見地からしてすでに明らかである。ここで言う「批判的」とは、「歴史的であることが批判的であることを包括する高次のもの」としてのそれ、非歴史的見地に対して徹底的に批判的であることをその自己批判的原理として内包しているような「歴史哲学」だけが「批判的歴史哲学」と呼ぶに値するという意味でのそれである。「理性の限界規定をもって始まる哲学」を批判的であると見る一般的見解に対して、「理性の諸限界を否認すること、これが観念論の本質である」と反論するシュレーゲルの反批判主義については、この項に続く訳註（17）とこれが関わる箇所を参照されたい。

（17）「理性の限界」を規定することから始めよという批判哲学の要求を背理として退けるシュレーゲルの反批判主義は、すでにこの講義の四年前の一七九六年に書かれた初期断章の一つでも激しく吐露されている。「（シェリングとフィヒテに対抗して）認識可能性の諸限界の彼岸における定立はすべて超越的であるとする主張は自己撞着であり、すべての哲学に終局をもたらすものである。のみならずたとえ理論的な絶対者が定立されるとしても、認識可能性の諸限界は依然としてまったく未知のままである。――もし人が此岸と彼岸とに同時にいないならば、いかなる限界も決定することはできない。それゆえわれわれが何らかの仕方で（たとえ認識する者としてではないにせよ）認識の限界の彼岸に達することができないなら、この限界を決定することは不可能である。」（PL Beil.II-23）――「限界規定」へのこのような反感が単にカントの批判主義に対してのそればかりでないことは上記の断章からもうかがえるが、この断章とほとんど同時期の別の断章では、「フィヒテが論駁されねばならないのは、彼が『知識学』を哲学と同一視している点である。これは察するに神秘主義に由来するものと思われる。——絶対的限界の定立は絶対的非我の定立以外の何ものでもない」(PL Beil.I-104)として、フィヒテの方法が名指しで批判されている。そしてそもそも「理性にはいかなる限界も与えられ得ない」のだから、「理性の諸限界を否認すること、これが観念論の本質なのである」とする本文での批判主義論駁が暗にフィヒテを標的にしていることは、この講義の前後に書かれた断章とその翌年の一八〇二年に書かれた次の断章によっても明らかである。「フィヒテと彼の哲学に対する唯一重要な対応策は、観念論を絶えず先へと押し進めてゆくことである。」(PL V-324)——「観念論は有限的なものの根絶と無限なるものの定立とに結びついている。」(PL VI-4)。

(18)「全体なるもの」からの哲学の出発が「時間的なものではなく、発生論的なものと解されねばならない」ということについては、シュレーゲルの時間論を含む『世界の理論』訳註(12)とその当該箇所を参照されたい。

(19)「実在性を自己のうちで合一している」ような「絶対的叡知の想定」、これが「観念論の本質」を成すものだが、いわゆる神智学者たち——「もっぱら自己の想像力のみに身を委ねるだけで、この絶対的叡知には見向きもしない人々」として一括総称されている神智学者たちもまた、本来の意味での「哲学的形式」を欠いているとはいえ、独自の「天才と想像力」によってこの「観念論の真実」に達することもあり得るという、神智学に対してやや距離を置く視点からの発言に終始した主旨の一節だが、しかしこの講義の前後に書かれた断章の中には、この神の直接知とその法悦を説く神秘主義思想への積極的な共感が表明されているものも少なくない。「絶対的客観とは、同時に再び主観でもあるような客観、すなわち神のみである。神智学はそれゆえ絶対的哲学である。——神智学にとって構成するだけではまったく不充分である。神智学は宇宙を構成すべきなのである。」(PL III-561)——「観念論の帰着するところ無であるということは、観念論が根本において神智学であるという命題と同義である。すべての哲学はネガティヴな神智学であり、これに対して詩文学はポジティヴな神智学であると言えるかもしれない。」(PL V-468) ――「最高のポテンツにおける真の直観が神智学である。」(PL V-765) ――「感性界は諸精神の相互作用の影である。これらの諸精神（すなわち一切のもの）が神智学である。それゆえ自然は神性の象形文字である。」(PL V-907) ――「自己を神智学にまで高めた物理学者と数学者だけが哲学者と見なされ得るのではないだろうか。」(PL VI-96) ――そしてパリ・ケルン時代（一八〇三―一八〇七）に入ると、この時期のいつ頃のものかは特定できない断章の一つでシュレーゲルは、「最高度の観念論に対しては神智学以上に相応しい名称はない」(PL Beil.VIII-75) とまで書くのである。

(20)「悟性の共同の錬磨と誤謬の根絶の技法」としての「狭義」の哲学は「弁証法的」ないしは「弁論術的」でなければならないとするシュレーゲルの見地については、本文後出の「ソクラテスの弁論術（弁証法）」に関する『哲学の哲学』訳註(29)とその当該箇所を参照されたい。

(21)「広義」の哲学は「無限なるもの」の全体に関わり、この全体を包括することを最終目的とするがゆえに、この目的達成は「無限接近」以外にはあり得ず、哲学的営為の全行程は「無限的」、「無限界的」であるから、このような哲学にとっての真に有効かつ妥当な推論――すなわち「経験と理論」とを結合させ、「現象から事実への道」を完成させるために不可欠な推論――の論理形式としてシュレーゲルがここで提唱するのが「アナロギー」（類推）であって、彼はこの講義の四年後の一八〇五年に始まるケルン私講義『序説と論理学』の『推理論、あるいは三段論法』の章において、単に経験の分析に終始するだけの形式論理学的三段論法に基づく明証的な確然的推論に対して、永遠に完結することのない「無限に生成する宇宙」の全容、その歴史的展開の全過程を余すところなく「特性描写」することに耐え得る真に哲学的な三段論法を、「蓋然性、あるいはアナロギーによる推論」と呼ぶ。「アナロギーは宇宙の特性描写のための原理である。」(PL IV-213) ――ところで宇宙は「永遠に一なるもの」の「無限の多なるものの充満」であり、「無限の統一性」と「無限の多様性」の渾然一体であるのだから、「宇宙の特性描写」も無限に多様であり、それゆえ「アナロギー」もまた無限に多様である。「観念論にとっては」とシュレーゲルは一七九九年の断章の一つで書いている、「無限に多くのアナロギーが存在しているはずである。だからして人は観念論の真理についてイロニーなしにはほとんど語ることができない。観念論は無限に真理であるが、しかしこの真理の無限性はけっして完成されることがない」(PL V-1028)と。そして彼はこのイェーナ講義と同時期の断章の一つでアナロギーの正当性を、ほかならぬ「諸理念の原理にして諸原理の理念」である「定理」として提示されているこの講義の根本命題(『序論』訳註(10)とその当該箇所参照)そのものによって証明しようとする。「一つの真理は他の諸真理から帰結されるということは、すべての真理は一なるもののうちにあるということをすでに前提している。一切のものは一なるもののうちにあり、一なるものは一切のもののうちにある、これがアナロギーの魂である。」(PL V-1131)——なお、アナロギーの問題については本文後出の『哲学の哲学』訳註(25、26)とその当該箇所を参照されたい。

(22)「超越論的見地」については、本文前出の「三段論法の極小としての超越論的見地と極大としての純粋悟性」に関わる『序論』訳註(46)とその当該箇所を参照されたい。

(23)「経験と理論」を結合させ、「現象から事実への道」を完成させるために——ここでは「学問的還元」のために——不可欠な推論の論理形式として要求される「アナロギー」については、本文前出の訳註(21)とその当該箇所を参照されたい。

(24)「独断論は哲学の哲学をもって始まる」という一文は混乱を招くかもしれない。なぜなら「哲学の哲学」とは、ここまでの論述に従う限り、哲学の自己内回帰という哲学的展開の最終的綜合の局面——「哲学の哲学が可能となるのは、哲学が諸芸術と諸学問の大きな全体(無限の実在性)の中の一部分を成すにすぎないものとなるとき」——であるはずであるのに、独断論はほかならぬこの最終局面を出発点とするという発想、ないしは語義の転換が唐突だからである。しかし本文前出の「独断論者は彼の哲学を論理学をもって始めるが、これに対してわれわれは論理学をもって哲学を閉じるのである」という『哲学の哲学』訳註（11）に関わる箇所をこれと突き合わせれば、ときとして言葉足らずのシュレーゲル論法に惑わされずに済むだろう。ここで独断論の出発点とされている「論理学」も「哲学の哲学」も、シュレーゲルのこれまでの独断論批判に従えば、共にもっぱら形式論理学的諸原則に従う分析的命題のみによって構築され、その限りにおいて完璧な一貫性を保ってはいるが、認識の拡張（綜合）にはまったく寄与しない単なる形式的思考の自己完結的機構でしかない論理学、ないしはこれに依拠する「理論哲学」であって、哲学的思考がこのような論理形式の呪縛のうちに囚われている限り、「すべての芸術と学問の有機体」ないしは「エンツィクロペディー」の構成という「哲学の哲学」に求められる真の課題である「哲学の第三幕」の舞台造りなどは期待し得べくもないというのが、シュレーゲルのこの箇所での主旨である。実際、シュレーゲルが「論理学」と「哲学の哲学」とを敢えて同一視していることは、「哲学の哲学、あるいは質料的、実在的な論理学を構成するためには」という本文中の言葉からも見て取ることができるが、しかしこの同一視によって彼が要求しているのは、独断論の形式論理学によって分離されてきた「経験」と「理論」とを再合一させ、「経験の助力」のもとに真の「経験の理論」を打ち立てるための、すなわち「宇宙の特性描写」――「宇宙の特性描写のみが哲学である」（PL III-218）――のための哲学的論理学を創出することであり、このような論理学――「われわれの三段論法」（本文後出、訳註（28）に関わる箇所参照）――をシュレーゲルは本来の意味での「哲学の哲学」と一体的なものと考えるのである。シュレーゲルの「新しい論理学」については『序論』訳註（4、43、51）および『哲学の哲学』訳註（21）とその当該箇所を参照されたい。

（25）「質料的、実質的な論理学（前訳註箇所参照）の現実的適用に関してシュレーゲルが「真に哲学使用に耐え得る」推論として「新しい三段論法」ないしは「アナロギー」による論法を掲げていることはすでに見た通りだが（『哲学の哲学』訳註（21）とその当該箇所参照）、ここでは「アナロギー」が「全体なるものの永遠に完成されない知」を「あたかも完成されているかのように」描き出す「一種の天才」とも呼ぶべき能力として捉えられ、そしてこの能力が前提されている限りにおいて「全体なるもの」(宇宙)への人間的関与のすべてを「宇宙のための一つの新しい言葉」として読み解く見地が提示される。以下、この講義の前後の時期に書かれた「アナロギー」についての断章を幾つか挙げておこう。「プラトンとアナロギーを介して宇宙へと連れ戻そうとする哲学的対話との関係は、シェイクスピアと演劇との関係に等しい。」(PL IV-1235)——「すべてのアナロギーはまた無限接近でもある。」(PL IV-1406)——「宇宙の理論に関わらねばならないアナロギーなくしてはいかなる歴史学も存在しない。」(PL IV-1446)——「アナロギーの究極の根拠は原理ではなく、秘儀である。」(PL V-80)——「アナロギーはたぶん矛盾律と根拠律との綜合であって、結合術的案出の技法の最初の萌芽を含んでいる。」(PL V-267)——

(26)「類似性の真理がアナロギーである。そうしたさまざまな類似性を知覚する力が結合術的精神である」という本文後出の定義を先取りして言えば、われわれの有限的な現象世界を「無限に多くの創意、案出、発見」によって豊かなものにするのが、無限に多くの「類似性の真理」ないしは「真理の近似値」の切れ切れの断片を知覚し、それらをさまざまに組み合わせ、結び合わせる能力、すなわち「アナロギーを駆使する」能力としての「結合術的精神」であるのだから、この能力はまた、「有限的なもの」の圏域内を経めぐるだけの、それゆえ「有限的なものの仮象」の幻影から脱することができずにいる「経験論者たち」のうちにもその「魂」として宿っていなければならないというのがこの箇所の主旨である。このような結合術的能力をシュレーゲルが「機知」の能力と一体的に捉えて、哲学的資質の必須条件の一つに数えていることはすでに見た通り(『序論』訳註(44)とその当該箇所参照)だが、『アテネーウム断章集』には次のような一節が見出される。「すべての機知は普遍的哲学の原理にして機関であり、また、すべての哲学は普遍性の精神、永遠に混合と分離を繰り返すあらゆる学問の中の学問、いわば論理的化学以外の何ものでもないのだから、あの絶対的な、熱狂的な、徹頭徹尾質料的な機知——この分野での達人がスコラ的散文の両巨頭ベイコンとライプニッツであり、前者はその最初の一人、後者はその最大の一人だったわけだが——の価値と尊厳は測り知れない。」

（AF 220）――「機知」が、それゆえ「結合術的精神」がすべての哲学者にとって、従ってまた「経験論者」にとってさえも彼らの論述の「魂」でなければならないということが、この断章においても含意されていると言えるだろう。ただしシュレーゲルは一八〇四年に始まるケルン私講義『哲学の展開十二講』の『哲学の歴史的特性描写』において、ベイコンを経験論者の鼻祖的存在として位置づけているが、ライプニッツは半ば観念論哲学者の系列に組み入れている。

（27）独断論に身を置かぬ限り、絶対的真理はあり得ず、従って絶対的理解もまた可能ではない。ところで絶対的理解は、絶対的伝達可能性を前提としてのみ可能であるのだから、絶対的理解の不可能性は絶対的伝達可能性の否定を意味する。それゆえ「理解可能性」についての本文中の二項目のうち、ここで問題となり得るのは、「伝達する者」に対して、「ある種のやり方でこの伝達があたかも理解可能性の概念のうちに含まれているかのようなふりをすべきである」ことが要求されるという第二のケースである。これは、「ソクラテスのイロニーは徹頭徹尾非意図的でありながら、しかも徹頭徹尾考え抜かれた比類のない擬装である」に始まる『リュツェーウム断章集』の一つ（LF 108）で、このイロニーが「無制約的なものと被制約的なものとの、完璧な伝達の不可能性と不可欠性との解決し難い相剋の感情を含み、かつ喚起する」ものと定義される箇所に通じるのであって、この相剋の感情がここでは「この伝達があたかも理解可能性の概念のうちに含まれているかのようなふりをする」という意図的擬装として表現されている。しかしここではまた伝達する側と伝達される側、あるいは理解させようとする側と理解しようとする側との間に横たわる「絶対的理解の不可能性」の避け難い裂け目を埋めるための仲介項として、いわば相対的伝達可能性の器となる「描出」が想定され、その際、描出は描出されるもの（描出の対象）の成立の歴史的過程を同時に描出の内容として含んでいるもの、すなわち「発生論的ないしは歴史的」なものでなければならないことが要求される。この講義と同時期に書かれた断章の一つは、このような伝達の本質を的確に言い表している。「あらゆる会話や伝達は還﹅元﹅、すなわち根源的なものへ連れ戻すことであるべきである。ソクラテスの会話や伝達は一貫してそうしたものである。」（PL V-1073）――なお

「発生論的」、「歴史的」等の概念については『序論』訳註（43、51）とその当該箇所を参照されたい。

（28）ここで言う「二様の思想の絶対的同一性」とは、「定義と証明」を必須条件として成り立つ「独断論」における絶対的同一性と、「構成と演繹」を必須条件として成り立つ論理学である「われわれの三段論法」における絶対的同一性であり、前者が形式論理学の根本命題である「同一律」と同義のネガティヴな「同一性」であるとすれば、後者は無限の生成の多様を内包するポジティヴな「同一性」であり、前者を基礎とする「定義と証明」のみによって対象の単なる分析的認識の集積に終始するのが実用的能力としての「理性」であるとすれば、無限の対象の「構成と演繹」、すなわち思考の「実験」としての「結合術的精神」によってそのつど可能な綜合的認識に肉薄してゆくのが「形而上学的能力」としての「悟性」である。これが「絶対的同一性」をめぐって再度繰り返されたシュレーゲルの独断論論駁だが、シュレーゲルの言う「われわれの三段論法」の基礎となっている「根源事実」としての「同一性」については『人間の理論』訳註（12、15）とその当該箇所を、また「悟性」の機能については『序論』訳註（26）とその当該箇所を参照されたい。

（29）この講義の四年後の一八〇五年に始まるケルン私講義『序説と論理学』の『論理学の歴史』の章でシュレーゲルは、「ソクラテスとプラトンの弁論術（弁証法）」の特質を次のように総括している。当時は書物の類がきわめて乏しかったために、哲学的思想の伝達手段の主役だった対話が「方法的、規則的に論争する技術」として発展したが、ソクラテス、とりわけプラトンはこの「単なる論争術」としての対話を、人間の内部に住む二つの魂、「感性的で低次の、情念的な魂」と「精神的で高次の、神的な魂」との軋轢から避け難く生じる内的分裂と抗争としての人間のうちなる「自己対話」へと高め、そして哲学的反省のすべてをこの「自己対話の不断の続行」以外のどこにも求めず、従って哲学の本質は何らかの完結した体系の構築を目指すことにあるのではないと主張した。そもそも「制約された人間悟性」には「哲学の聖域」、すなわち「最高にして無限の真理の認識」に達することは永遠に拒まれているのだから、この人間悟性になし得ることと言えば、せいぜい「聖域」への途上に横たわる偏見や誤謬のすべてを根絶しようと決意すること、次いで「最高にして無限の真理」への「無限接近」によって近似的に予感されるものを何らかの暗示のかたちで表現しようと努めることくらいである。こうしてソクラテス＝プラトン的対話哲学は体系哲学の機関としての論理学こそ持たなかったが、これに代わる独特の弁証法〔弁論術〕的技法を発展させたのであって、これが「イロニー」と「アナロギー」である。イロニーとは、「私は何も知らないということを知っている」という「無知の知」を武器として相手（ソフィストたち）の知的倨傲と欺瞞の仮面を剥ぎ取る技法であり、アナロギーとは、技巧的な抽象や詭弁に疎い無学な人間たちの「自然的悟性」を卑近な日常生活や周囲のさまざまな出来事から得られた実例や比較を介して導き、真の哲学的認識の一端に触れさせようとする技法である。――ソクラテス＝プラトン的弁論術〔弁証法〕についてのこのケルン私講義の総括は、四年前のイェーナ大学講義の精神と方法の総括と言えるだろう。なぜなら「人間のうちに無限なるものへの憧憬が展開されるべきである」こと、「有限的なものの仮象は根絶されるべきである」ことを講義の開始の第一命題として掲げ、「論争の正当性」の主張を講義の最終命題の第一項目として掲げ、そして「アナロギー」のうちに真に哲学的使用に耐え得る唯一の推論の形式を見出そうとするシュレーゲルにとって、ソクラテス＝プラトン的対話の精神と方法は、その再興なくしては「真の哲学の精神が再び花咲くことはあり得ない」と言わせるまでにシュレーゲル自身の哲学のいわば髄液となっているとさえ言えるからである。――「哲学はイロニーの本来の故郷であり、このようなイロニーをわれわれは論理的美と定義したい。というのも実際の対話であれ、書かれた対話であれ、それがまだ完全に体系的な哲学になってさえいないならば、どこでもイロニーを行使し、かつ要求すべきだからである。」（LF 42）――「イロニーはパラドックスの形式である。善にして同時に偉大なるものはすべてパラドックスである。」（LF 48）――「論理学はすべて弁論術〔弁証法〕たるべきであり、弁論術〔弁証法〕はすべてソクラテス的たるべきである。」（PL V-537）――「アナロギーとイロニーとはたぶん三段論法の内的ファクターであるだろう。」（PL V-1022）

（30）この一節は、先に「哲学の哲学のための観念論の成果」として総括されている二つの要点（『哲学の哲学』訳註（9、10）とその当該箇所参照）の最終確認である。第一点は、「歴史が仲介概念となって経験と理論との合一を可能ならしめる」のだから、「哲学は徹頭徹尾歴史的であるべきである」、というより「哲学はそれ自体が歴史であるべきである」ということ。第二点は、「哲学の仕事は必然的に論争をもって始まる」ということである。ところで「結合術的方法」と「発生論的方法」とが合流して「歴史的方法」を形成するのだから、この方法が「それ自体が歴史である」ところの哲学の方法でもあるとすれば、一般に「綜合的方法」と呼ばれているものも、それが哲学者たちによる個々の特殊例の域を越えたものたろうとするならば、当然それ自体が歴史化されたもの、すなわち「歴史的方法」と呼ばれるものとならざるを得ない。そもそも「綜合」とは「経験と理論との合一」であり、そしてこの合一（綜合）は歴史を仲介項としてのみ可能であるという見地に立つ限り、カントの主観的・超越論的機構と客観的・経験的世界との「ア・プリオリの綜合」もフィヒテの「自我と非我の根源的綜合」も等しくその方法論的基礎を「歴史」のうちに持っているとしなければならないだろう。また、総括の第二点、「哲学の仕事は必然的に論争をもって始まる」ということも、哲学における誤謬、すなわち「有限的なものの仮象」とこの仮象への固執と不可分に結びついた体系的・非歴史的思考の根絶のための「論争の正当化」の再確認であって、この意味において論争の最も実効的な手段として先に挙げられた「弁論術的（弁証法的）方法」（前訳註（29）の箇所参照）もまた「歴史的方法」のうちに包摂されることになるだろう。このような「綜合的方法」に対する「歴史的方法」ないしは「発生論的方法」の優位性については、パリ・ケルン時代（一八〇三―一八〇七）の、いつ書かれたかは特定できない断章群の一つによっても確認できるだろう。「真の方法は綜合的と呼ぶより発生論的と呼ぶほうが適切である。前者は分析に対する否定にすぎない。後者は歴史、詩文学、批評等々の真の方法をも包括している。発生論的なものは、学問的観点において見れば、結合術的なもの、構成、そして夥しい分析から成り立っている。（それは裂け目などではないのであって、絶え間ない移行もまたこの発生論的方法に属しているということなのである。〕」(PL Beil.VIII-41)――なお、「結合術的方法」と「発生論的方法」とが合流して「歴史的方法」を形成する「歴史的方法」については、『序論』訳註(43、44、51)とその当該箇所を参照されたい。

(31)「関心を引くもの」(das Interessante)と古典的なもの(das Klassische)という対概念の、この講義の最終場面での突然の登場は、これに続く論述をかなり分かりにくいものにしている。この両対立概念は、シュレーゲルが一七九七年に発表した『ギリシャ文学研究論』において「自然原理」に基づく古代ギリシャの「自然的形成の文化」と「自由原理」に基づく近代(古代没落以降の全歴史)の「人為的形成の文化」とを対立軸とした新たな近代文化史論への糸口を模索していた時期の二項対立的概念の転用だが、特に「関心を引くもの」の概念は、明らかにカントが『判断力批判』において「美的判断」の第一の条件とした「無関心性」への反語的逆用として、「絶対的独創性」をもって価値基準の「最高の尺度」とする近代文学の主観主義、いわば「悟性の化学的実験」にまで逸脱した「自由原理」の発動に対して与えられた反立概念である。それゆえこのような概念は、スピノザの実在論とフィヒテの観念論との綜合に基づく独自の観念論的宇宙の展開を約束しているこの講義の論理的連関の中にそのまま整合的に収まるはずのものではない。そこには明らかに概念の改変、ないしは修正が先行していると見なければならない。すなわち本文中の、「われわれは個人において関心を引くところのものを表現する概念を求めなければならない。これが古典的なものの概念である」という命題と、「個人のうちにあって個人として実在的であるところのものが古典的である」という命題とが、これに先立って「関心を引くもの」について述べられている箇所での、「いかなる個人も歴史たり得る存在であり、また、そうあることが許される存在である」という命題を介して、「古典的」であるとは個人において真に個人であるところのもの、すなわち個人の「歴史」であるという命題へと綜合され、これによって「古典的なもの」と「関心を引くもの」という両対立概念もまた綜合され、新たな対比概念を形成していると見なければならない。なぜなら「歴史」の概念を介して「関心を引くもの」(「善と悪との決着のつかない闘争」)に基づく論争の概念と「古典的なもの」(「エンツィクロペディー」の担い手としての）の概念とがすでに一体的なものとして前提されていないならば、「歴史学とエンツィクロペディーおよび論争との緊密な結合は、関心を引くものと古典的なものの概念によって明らかである」という後続命題が自明のものとして成立するはずはないからである。いずれにせよ『ギリシャ文学研究論』の両対立概念のここでの唐突な出現と共に始まる一連の論述は、先に「哲学の哲学」の三要素として挙げられている「論争の正当化」、「歴史と哲学との合一」、「すべての芸術と学問のエンツィクロペディー」の緊密な関係（『哲学の哲学』訳註（10）とその当該箇所参照）の再度の確認の作業の中に、シュレーゲルのかつての力作の断片がいわば原色のまま織り込まれてしまったというのが実情だっただろう。とはいえ『ギリシャ文学研究論』刊行の翌年の一七九八年のものと思われる断章の一つは、すでにこの両概念の綜合を先取りしている。「関心を引くものはエネルギーに基づき、古典的なものは熱狂と宗教とに基づく。最高の美は同時にこの二つのものでなければならない。」（PL IV-216）――

（32）「天才」とは、個人的な概念でのそれであれ宇宙的な概念でのそれであれ、「ある永遠の実在性」を産出する「精神的な力」なのだから、「精神的な実在性以外のいかなる実在性も想定しない」見地、すなわち「観念論」の見地に立つ限り、個人的な作品においてであれ、宇宙的規模の作品においてであれ、この実在性は「天才」の所産である。ところで「世界（宇宙）は自然である」という先の最終的展望（本文前出）によれば、この宇宙規模の作品とは「自然」にほかならない――「生成する宇宙、すなわち自然以外にいかなる宇宙も存在しない」（PL III-412）――のだから、「観念論は自然を一個の芸術作品とも一篇の詩とも見なす。人間はいわば世界を詩作するのだが、彼はそのことにすぐには気づかないだけである」という命題は観念論そのものの本質から帰結されるというのが、ここでのシュレーゲルの「天才論」の主旨である。ところで「天才」という一般概念から一挙に自然（宇宙）をある大いなる天才による芸術作品ないしは詩的作品であるとする結論をあたかも自明のこととして無造作に導き出す論法は、この時代の自然観の公分母とも言うべきものであるにしても、ここでのシュレーゲルの筆法は、この講義に先立って刊行されたシェリングの

『超越論的観念論の体系』の序論や結論部に散りばめられている、例えば次のような命題を想起させる。「われわれが自然と呼んでいるものは、神秘な不思議の書物の中に封じ込められた一篇の詩である。」――「客観世界はただ根源的な、いまだ無意識的な精神の詩である。」――もっともこの講義の前年の一七九九年に書かれた幾つかの断章にも同様の見解がさまざまな視点から述べられている。「観念論においては経験は一個の芸術作品と見なされる。神秘論は人間性と形成の諸要素からもろもろの有機体を生み出す芸術と学問である。神秘論なくしては詩文学も哲学も道徳も宗教もけっしてあり得ない。」(PL IV-673)――「最も重要にして最高の自然の姿は一人の偉大な没落した詩人の詩の断篇に似ている。この詩人が神である。」(PL III-402)――

(33)「哲学は一つの改革を構成すべきである。」――これは「無限なるものへの憧憬がすべての人間のうちで展開せしめられるべき」であり、「有限的なものの仮象は根絶せしめられるべき」であり、それを行うためには「一切の知がある革命的状態に置かれねばならない」としたこの講義の根本命題(『序論』訳註(23、24)とその当該箇所参照)に対するいわば最終総括であって、哲学は「改革」ないしは「革命」されるべきであるという命題はここに到って、哲学はこの「改革」ないしは「革命」を「構成」すべきであるという新たな地平へと移され、さらなる哲学的課題として今後の展開に託されたことになる。そしてこの将来の課題とは、哲学のあの三重の弁証法的展開の最終段階に達してはじめてその全容を見渡すことが可能となった「諸芸術と諸学問の有機的な全体」、すなわち「エンツィクロペディー」の構想を実現するための新たな思考の機関としての論理学、先に「われわれの三段論法」(『哲学の哲学』訳註(21、24、28)とその当該箇所参照)として予告された論理学の創出である。このような論理学、「すべての芸術と学問とを一つに結合するような学問、それゆえ神的なるものを産出する技法であるような学問」――これはこの講義の四年後に始まるケルン私講義『序説と論理学』において「生成の論理学」として一応の結実を見るのだが――を、シュレーゲルはしかしここに到って「魔術」という新たな概念の中へ引っ攫い、課題解決の展望を課題もろとも未知の次元へと押し流してしまうことで講義を閉じる、あるいは打ち切るのである。「魔術」の概念の特質は、ノヴァーリスのいわゆる「魔術的観念論」がそうであるように、およそいかなる概念規定も受けつけようとしないその非概念性ないしは超概念性にあるのだが、この講義の前後に書かれた以下の諸断章はしかし、書き手がこの概念に何を託そうとしているかをかえって濃密かつ鮮明に告げていると言えるかもしれない。――「真の魔術とは神性へと向かう想像力をもってする実験である。」(PL V-131)――「魔術とはすなわち、諸精神の王国における神的なるものの技法である。」(PL-V-259)――「すべての形而上学は常に神智学をもって終わる(アリストテレスとプラトン)。ここでの最終命題は――実在論である。芸術論における第一命題は観念論化された実在論――最終命題は、魔術において再び実在論化された観念論。――むろん最高のポテンツにおいてこのような神智学と魔術とに基礎づけられるのが歴史学と修辞学である。――そしてここで意図されていることもまた、神智学と魔術とを説明すること以外の何ごとでもない。――哲学になし得ることを、詩文学も別の側面からなし得る――詩文学そのものが――機知と哲学の陳述とを介して――歴史学と修辞学となり、かつ、そのようなものであることによって。」(PL V-680)――「魔術は絶対的観念論であり、神智学は絶対的実在論である。」(PL V-794)――「哲学の絶対的実在性への傾向。観念論は絶対的実在論であり、これが観念論のための最良の呼び名である。神秘主義と経験論は独断論の両ファクターである。」(PL V-1174)――シュレーゲルはこの最後の二つの断章によって「絶対的観念論」としての「魔術」を「絶対的実在論」としての「神智学」から区別しながらも、「哲学の傾向は絶対的実在論へと向かう」という大前提に基づいて、「魔術」をこの最終的な「絶対的実在論」の中へ組み入れ、こうして「神智学」と一体化した「絶対的実在論的観念論」としての「魔術」こそが、この講義の本来の主題であるスピノザの実在論とフィヒテの観念論(二元論)との綜合に与えられる最も相応しい呼び名であると結論づけようとしているかのようである。

訳者解説

一　フリードリヒ・シュレーゲルの書法と論法

「私の哲学は諸断章の体系、諸構想の進展である。」(PL II-857)

初期ロマン派機関誌『アテネーウム』廃刊後、急遽イェーナ大学で学位を取得した二十八歳のフリードリヒ・シュレーゲルは、一八〇〇年十月二十七日、教授資格の取得は先送りという慌ただしさで、イェーナ大学私講師としての初舞台に臨んだ。そして初体験の悪戦苦闘――彼は無謀にも自分用の講義ノートも受講者向けの講義要綱も一切なしという型破りの即席講演で押し通したのだ――の末、翌一八〇一年三月二十四日、この生涯ただ一度の機会となった大学講義を終えた。以来、この講義についてはそれが行われたというイェーナ大学の公式記録以外には何一つそれを実証する具体的な資料が残されていなかったがために、初期フリードリヒ・シュレーゲルの思想的諸断章の哲学的総括の記録であると同時に新たな諸構想への進展の契機を豊かに孕んでいたこの特異な「作品」も、一時の毀誉褒貶の取り沙汰の静まりと共に忘却の闇の中を漂流することとなる。しかし二重の強運がこの講義を漂流と散逸の淵から救う。一つは、この未整理の研究ノートをそのまま読み上げるにも似た重複と飛躍の多い雑然たる講義を最後まで辛抱強く筆記してくれた聴講者が少なくとも一人はいたこと――ただし講義の期間に比して筆記の量が少なすぎないかという疑問はいつまでもつきまとうだろう――、もう一つは、本訳書の『凡例』にも記した通り、ほとんど一世紀半に近い埋没ののち、この聴講者の無署名の、それゆえもはやその名を突き止めるよすがとてない、いわば永遠の無名氏による筆記録がフリードリヒ・シュレーゲルの有力な研究者の一人の所有に帰し、『ケルナー校訂本』として蘇ったことである。

ところでシュレーゲルは講義の模様を、開講後三ヵ月の一八〇一年一月二十三日付けのシュライエルマッハー宛の手紙で「まずまずの首尾だ」と報告したあと、次のように続ける。「学ばねばならないことが多々ある。自然哲学の諸元素とか、プラトン、スピノザ、それにフィヒテなどについてこれからどう整理してゆくかということだけでなく、そうしたものをいかに語るかということも含めてだ。講義はほとんど草稿なしでやっている。私にはそれしかできないのだ。それすらしばしば非常に困難になる。それというのも私はいま問題と取り組むのに忙しくて、何を頼りにすればよいのかまるで見当がつかないからなのだ。講義要綱を読み上げることができるようになってはじめて、私にも本当の講義が可能になるということなのだろう。聴講者はおおよそ六十人で、そのうち十人余りはむろん聴講料未納者だが、この点を考慮してもまあ悪くないというところだろう。講義要綱がないばっかりに、彼らは講義について来るのに難渋している。しばしば彼らは私のパラドックスに感情を害することもある。始めのうちは特にそうだった。しかし私とても、若い連中がつねづね多大の関心を示しているテーマの一つで熱く盛り上がって見せれば、いつかは講堂を再び一杯にするぐらいのところまではゆくだろう。というのも私の揚げ足取りや論争癖のために講堂がほとんど空になってしまったことがあったからなのだ。

[……]」

これは親しい友人宛に正直にさらけ出して見せた自分の仕事場の混乱ぶりだが、この同じ混乱ぶり、講義要綱さえ作れなかったほどの舞台裏の未整理状態を集まった六十人の聴講者を前にやはり正直にさらけ出して見せてしまったのが、ほかならぬこの講義だったと言えるかもしれない。残念なのは、論述の混雑を忠実に写し取ってくれていた(と思われる)筆記者氏が、シュレーゲルが弄したという「パラドックス」や彼の引き起こした騒動については一言も書き留めていないことである。もし筆記者氏が、例えばシュレーゲルの『リュツェーウム断章集』に眼を通していて、「哲学はイロニーの本来の故郷」(LF 42)であり、「イロニーはパラドックスの形式」であるばかりでなく、「善にして同時に偉大なるものはすべてパラドックスである」(LF 48)といったシュレーゲル特有の反語的論法や論争癖に関心を持っていたならば、講壇上のシュレーゲルの姿を生々しく伝える情景の片鱗なりと書き残しておいてくれたかもしれない。それはともかくこの講義に対する当時の学界の反応、というより反感の一端を、われわれは彼と同世代の生まれでその強烈な個性によって次代の思想界を主導することとなる二人の若い哲学者の証言から知ることができる。この時期すでにイェーナ大学の員外教授だった二十五歳のシェリングと、まだ教授資格試験を受けるに到っていなかった三十歳のヘーゲルの辛辣な批判がそれである。

この講義に自分も居合わせていたと称するヘーゲルは、その十五年後、ハイデルベルク大学教授となっていた一八一六年に『大学における哲学講義について』と題してベルリーンのフリードリヒ・ラウマー教授宛に書き送った手紙の中で、「自分がまだイェーナにいた頃に体験した」という「超越論的哲学に関する講義を引っ提げてのフリードリヒ・シュレーゲル登壇」の模様を回顧し、「彼は六週間で彼の講義を終えましたが、半年ものあいだ期待し、そして受講料を払っていた聴講者たちを必ずしも満足させるものではありませんでした」と前置きしたあと、こう続けている。「私たちが見たのは、高貴なものと低劣なもの、卑近なものと遠大なもの、輝かしいものと暗いものを、しばしば意味深げに、しばしばひどく浅薄に、ごった煮的に沸き立たせ、しかもとりわけそれ自体が曖昧模糊としていて恣意的でもある自然と精神の領域を巧みに利用してゆく想像力の助けを借りて、普遍的な諸理念に広範な活動の場を与えるというやり口でした」と。ヘーゲルはまた、一八二六年に同じラウマーとルートヴィヒ・ティークによって編纂・刊行された『ゾルガーの遺稿集と往復書簡集』への書評においても、特にイェーナ講義を名指してのものではないが、およそ哲学に対して常に「判定を下す」という高慢な態度に終始し、「哲学的内容、哲学的諸命題について、それどころかこれらの諸命題の論証過程についてさえ一言の説明もなく、ましてやそれを証明したためしも論駁したためしもなく、もっぱら「高雅な場所」から「事物を見下し」つつ「哲学することの大地」へ降り立とうとする「イロニーの父」フリードリヒ・シュレーゲルの「神のごとき不遜」、あるいは「イロニーの高み」に立って言えば、「魔王ないし悪魔のごとき不遜」を難詰している。

当時イェーナ大学に在職していたシェリングの反応は激越だった。哲学の聖域に突如闖入してきたこの旧知の門外漢——とはいえこの時期すでに自然原理に基づく古代ギリシャの「自然的形成文化」と自由原理に基づく近代ヨーロッパの「人為的形成文化」という二項対立的構図を立論の基盤としながら汎ヨーロッパ的な文化史記述の可能性を探ろうとした一七九七年刊行の『ギリシャ文学研究論』によってシラーの『素朴文学と情感文学』と張り合い、翌一七九八年に兄アウグスト・ヴィルヘルムと共に創刊した『アテネーウム』誌に発表した断章集や論評によって人間の精神的生の全域を包括する「進展的普遍文学」の理念や、近代文学の基底となるべき「新しい神話」の創出といった一連の「ロマン主義綱領」を次々に打ち出し、その上さらに一七九九年に刊行した小説『ルツィンデ』によって大いに世間を騒がせてきたこの著名な門外漢——は、シェリングの眼には明らかに同年三月に刊行された自著『超越論的観念論の体系』の向こうを張っての大学デビューを狙う危険なライヴァルと映ったに違いない。

シュレーゲルの登壇を知って急遽旅先からイェーナに駆け戻ったというシェリングは、はやくも講義開講四日目の十月三十一日付けのフィヒテ宛の手紙の中へ激しい憤懣をぶちまけている。「この冬は当地で過ごすことになるので、旅行を続けることが不可能となりました」と書いたシェリングは一気に本題に突入する。「それに手放していた超越論的学問をフリードリヒ・シュレーゲルが引き継ぐつもりになっているからでもあります。揺るぎなく基礎づけられた土台があんなやり方で破壊され、しかも真の学問的精神——その素地はいまもって当地に残っています——に代わって詩的・哲学的ディレッタンティスムスがいまやシュレーゲル一派から学生たちの間にまで感染してゆくのを、私は拱手傍観しているわけにはいかなかったのです。フリードリヒ・シュレーゲルは私が帰る前に、しかも内密にかなりの数の予約聴講者を募っていました。しかし私が行った四回の講義によって彼はすでに打倒され、とうに葬り去られています。いわば自業自得でもあります。ほかならぬここでもまた、彼は自分の殻から抜け出せず、文字通りの世迷い言を述べ立てたのですから。当代の人々の中ではあなただけが綜合的方法を体得しているというかつての彼の言葉もいままでは、綜合的方法はこれまでほとんど試みられたことがなく、それを完全に実行できるのは自分（フリードリヒ・シュレーゲル）以外にはないという言葉に取って代わりました。——しかしその同じ文脈で彼はこうも明言しているのです、体系を望むことは無意味であると。［……］」

ところでヘーゲルがシュレーゲルの講義の期間を「六週間」としている論拠は不明であり、また「私が行った四回の講義によって彼はすでに打倒され、とうに葬り去られています」とシェリングが主張するその四回の講義なるものも未確認であることから、そもそもこの両人がシュレーゲルの講義に本当に出席していたのだろうかという疑惑は打ち消し難く残り、この両批判の資料的価値を少なからず減殺している。にもかかわらずシュレーゲルの哲学的資質そのものに疑義を突きつけた両哲学者の手厳しくも底意地の悪い批判は、たとえそれが仮想の論敵シュレーゲルに対する彼らの先入見と予断の産物であったとしても——特に「哲学を嘲弄」する「イロニーの父」シュレーゲルに対するヘーゲルの攻撃は執拗を極める——、なまじいの支持表明などよりも遙かに鋭くシュレーゲルの特質を衝き、かつ、際立たせるという反語的効果を発揮している。なぜなら非論証性、詩的・哲学的ディレッタンティスムス、体系放棄ないし忌避という、二人のドイツ観念論の担い手を自負する本職の哲学者によっていみじくもシュレーゲルの致命的欠陥として指摘されたこの三点——これは現在においても通用している、というより踏襲されているシュレーゲル批判のまさに三点セットだが——は、この指摘に対してシュレーゲルが、哲学における本職とはそもそも何を意味するものなのかという反問と共に投げ返すことのできる彼固有の哲学的資質そのものだったからである。

彼はまずヘーゲルの批判にこう反撃することができただろう。確かに自分の講義が雑多な概念、雑多な命題、雑多な定理や公式が論拠も立証もなく、それどころか前後の文脈との関わりもなく唐突に出現して、それらが非論証的に積み重なり、折り重なって理解の筋道を塞いでしまい兼ねない言葉の雑踏であることは認めよう。だがこの雑踏——ヘーゲルの言う「ごった煮的な沸騰」こそが自分の本領なのだと。そこはまさしく「そこから一つの世界が生じて来ることのできるような混乱のみがカオスである」(ID 71) という意味での生成するカオスの充満、成り出でようとして犇くさまざまな形象世界の発酵の坩堝——「私の哲学は諸断章の体系、諸構想の進展である」——にほかならず、そこを生まれ故郷とする者だけが、「講義は草稿なしで」やるしか自分には手がないと言い、しかも「私はいま問題と取り組むのに忙しくて、何を頼りにすればよいのかまるで見当がつかない」と弱音を吐きながらも、自分の領土に根を張った地生えの者特有のふてぶてしさ、傍若無人の落ち着き、臆面もない饒舌をもって、ときには「パラドックス」を弄して聴講者たちの反感を買いながら言いたい放題を続けることができたのだと。そもそも自分が生涯かけて不断に書き綴ってゆくように追い立てられ続けたあの『哲学的修行時代』に代表される優に二万点を越す膨大な遺稿断章群——雑誌に発表された『リュツェーウム断章集』、『アテネーウム断章集』などはその片鱗にすぎない——も、畢竟、どこまで行っても常に「問題と取り組むのに忙しい」人間のその時々の「ごった煮的な沸騰」の記録だったのだと思えば、このイェーナ大学講義もまたそのような未完の哲学的雑記帳、永遠に未整理かつ未完成の研究ノートのほんの一頁にすぎないと言えるだろうと。

ヘーゲルの批判の第二点、すなわちイロニーと絡めてシュレーゲルの論述の非論証性、というよりは論証放棄の「高雅」な怠慢を衝くヘーゲルの追い打ちに対しても、シュレーゲルは「論理的な証明などは存在しない」という本講義『序論』での命題と併せて、「主張したり定立したりするのは、説明したりするのと同様、本来の意味で不粋である。哲学するとはこれすべて予見することである。ただし方法をもって」(PL V-1016) という、講義と同時期に書かれた一断章を投げ返すこともできただろう。実際、哲学をもって「イロニーの本来の故郷」(LF 42) であるとし、そのイロニーを「無制約的なものと被制約的なものとの、完璧な伝達の不可能性と不可欠性との解決し難い相剋の感情を含み、かつ喚起し」ながら「絶え間ない自己パロディー」の中を「最も自由なライセンス」を確保しつつ躍動する精神の「徹頭徹尾非意図的でありながら、しかも徹頭徹尾考え抜かれた比類のない擬装」(LF 108) と定義し、さらにこの擬装を目まぐるしくも千変万化する「自己創造と自己破壊との不断の交替」(AF 51) と言い換えることができたシュレーゲルの断章的書法の地平に立って眺めれば、言うところの折り目正しい論理学的文法に則った論証性なるものは一種の職業的な持病ないしは悪癖でしかなかっただろうからである。

シェリングの批判の矛先は、「詩的・哲学的ディレッタンティスムス」と「体系を望むことは無意味」とする体系忌避ないし放棄の二点に向けられている。まず第一点だが、これは本職の哲学者を自認する当時の大学教授たちが「シュレーゲル一派」という名称に象徴される新興の急進的文学集団に抱いていた共通の違和感、というよりはむしろ文学的混入物への衛生学的拒否感情とも言うべき嫌悪感を表現する冷笑的な常套句の一つと見られなくはない。しかし哲学的営為と文学的営為との渾然一体の理想を表現する「ロマン主義文学」――「幾つもの体系を内包する最大の芸術体系から、詩を作る子供が素朴な歌のなかへ漏らす溜息や接吻にいたるまで」のおよそ人間の精神的生の分断されたあらゆる領域を合体・融合させ、それゆえ「ジャンルを越えた、いわば詩芸術そのものとも言うべき唯一のジャンル」を形成し、しかも「常に生成の途上にあり、永遠に生成するのみで、けっして完結され得ない」ことを本質とする「進展的普遍文学」(AF 116) の理想――「近代詩文学の歴史全体は次のような哲学の短いテクストに対する絶え間のない註釈である。すなわち、すべての芸術は学問となり、すべての学問は芸術となるべきである。詩文学と哲学とは合一されるべきである。」(LF 115) ――「哲学と詩文学とが切り離されている限りでは、なされるべきことはすべてなされ、完成されている。ゆえにいまや両者を結合すべき時である。」(ID 108) ――、このような哲学と詩文学との渾然一体の理想を掲げるシュレーゲルにとってシェリングの批判は、それ以外にどんな哲学が私に可能だろうか――「私はロマン主義哲学者である」(PL II-815) ――と撥ねつけるほかに抗弁のしようがないものだっただろう。というより当のシェリング自身の『超越論的観念論の体系』の文中に「客観的世界はただ根源的な、いまだ無意識的な精神の詩である。哲学の普遍的な機関――そしてその丸天井全体の要石――が芸術哲学である」とか、「われわれが自然と呼んでいるものは、神秘な不思議の書物の中に封じ込められた一篇の詩である」といった、まさしく彼言うところの「シュレーゲル一派」と通底する哲学と芸術との根源的同一性の確信を謳い上げる詩的・哲学的混成命題が散り嵌められているのを知っていたに違いないシュレーゲルからすれば、シェリングの批判はむしろ大いに心外だっただろう。

従ってシェリングの矛先がシュレーゲルの思想的生命の根幹にまで届くのは、批判の第二点、すなわち「綜合的方法」を完全に遂行できるのは――ここでは「超越論的哲学」の体系的構築を達成できるのは――自分だけだと豪語しながら、「その同じ文脈で体系を望むことは無意味である」と言ってのけるシュレーゲルの二枚舌に向けられたそれであるだろう。しかしシェリングが指摘する「体系を望むことは無意味である」という発言箇所は、文字通りのかたちではこの講義のどこにも見当たらない。強いて探すとすれば、「哲学の性格」を規定するための「アフォリスムス」の一節(『序論』)に、「哲学の形式は絶対的統一性である」とした上で、「ここでは体系の統一性などは問題にならない。なぜなら体系の統一性は絶対的ではないからである。何かが体系となるやいなや、それは絶対的ではない。絶対的統一性とはいわば諸体系のカオスのごときものであるだろう」と述べている箇所がこれに近いかもしれない。それはともかく、シェリングのここでの憤懣は「同じ文脈で」という一語に込められていると見てよいだろう。彼がこの開講後四日目の講義のどこをどのように聞いたにせよ、「体系を望むことは無意味である」としか彼の耳には聞こえなかった言葉がほかならぬ超越論的哲学の体系的構築を自負している講義者シュレーゲル自身の口から発せられるという理不尽――具体的にはスピノザの「思弁の体系」とフィヒテの「反省の体系」とを綜合する「予見の体系」なるものを構想すると称しながら(『序論』とその補説『体系詳論』参照)、実際の講義の場ではこの当の構想を非論証的な切れ切れの断章の連なりのうちに雲散霧消させてしまい兼ねない(としかシェリングには思えない)シュレーゲルの論法が発散する体系拒否の体臭――にシェリングは耐え難い苛立ちを覚えずにはいられなかったということだろう。

この苛立ちが当代の体系的哲学の代表者たろうとするシェリングに彼のかつての同志の『アテネーウム断章集』の一つ、

「体系を持つことも体系を持たないことも、精神にとっては等しく致命的である。ゆえに精神はこの二つながらのことを結合すべく決意しなければならないだろう」(AF 53) を想起させたとしても不思議はないという推測は成り立つ。もしそうならば――この推測は親密な友人としての一時期を共有した二人の関係から大いに可能である――、シュレーゲルは、「誰もが超越論的哲学を体系化しようとしているが、そんなことをすればそれは超越論的哲学であることをやめてしまうだろう」という一七九七年の断章 (PL II-760) をシェリング側の証拠書類として喜んで進呈したかもしれない。この断章こそ超越論的哲学の体系を望むことは無意味であると明言しているのだから。「体系を持つことは精神にとって有害である。」「体系を持たないことは精神にとって有害である。」「ゆえに精神は体系を持つことと体系を持たないことを結合すべきである。」――このシェリングにとって奇怪な二律背反とその解決は、明らかにこの時期のシェリングの体系的思考の理解を越えていただろう。シェリングの理解は、これを「体系を望みながら」、「その同じ文脈で」、「体系を望むのは無意味である」という論理の文脈に書き換えての理解だっただろう。そしてこの理解からはみ出してしまうパラドックスは彼にとって「文字通りの世迷い言」以外の何ものでもなかっただろう。だがこの「文字通りの世迷い言」こそが「私は断章的体系家にしてロマン主義哲学者にして体系的批評家」(PL II-815) であり、「私の哲学は諸断章の体系、諸構想の進展」(PL II-857) であるという自覚の中で思想家としての自己の本質を掴んでいたシュレーゲルの一歩も譲れぬ哲学的書法と論法の原点だったのであって、湧き出るがままに、溢れ出るがままに書き留めた遺稿断章集『哲学的修行時代』はこの種の哲学的「世迷い言」の貯蔵庫とも呼べるものだろう。「断章は超越論的哲学の形式である。」(PL II-771)――「構想を作成し、断章を補完することが観念論の仕事である。」(PL II-880)――「普遍哲学のための本来の形式は断章である。」(PL II-1029)――「最大の体系ですら断章にすぎない。」(FPL V-930)――「どんな体系も断章から成長するほかはない。」(FPL V-496)――「断章は普遍性の精神であり、かつ形式である。」(PL V-478)――「真の哲学的書法はフィヒテの方法と断章(すなわち無規定的な構成におけるそれ)との綜合である。」(PL VII-255)――「断章は私にとって伝達の本来の、そして最良の形式である。」(PL VIII-106)――

以上が、ヘーゲルとシェリングの両批判によってかえって浮き彫りにされたフリードリヒ・シュレーゲルの書法ないし論法の特質である。しかしここにシュレーゲルが答えなければならない難問が一つ残されている。上記『アテネーウム断章』の後段、「ゆえに精神は二つながらのことを結合すべく決意しなければならないだろう」とは何を意味するのかということ、すなわち「体系を持つことと体系を持たないこと」という「二つながらのこと」を結合するとは何を意味し、またそれはいかにして可能かということである。「歴史的方法によって」というのがこのイェーナ講義でのシュレーゲルの解答である。「世界は体系ではなく歴史である」という、この講義の三年後に始まるケルン私講義『哲学の展開十二講』の根本命題の一つがここですでに予告されている。「生成する宇宙、すなわち自然以外にいかなる宇宙も存在」せず（PL III-412）、そして「宇宙を構成することが、古来、最も偉大な哲学者たちの最終目標だった」（PL IV-191）とすれば、この不断に生成する宇宙の固定化としての体系的把握は宇宙そのものの歪曲ないし圧殺でしかないだろう。しかし一方、「生成する宇宙以外にいかなる宇宙も存在しない」とは、宇宙はそのような不断の生成でありながら「永遠に一なるもの」であるということを排除しては成り立ち得ない命題である。それゆえこの「永遠に一なるもの」を、それが内包する生成の無限、すなわち「無限に多なるもの」ともども殺すことなく生かし切ること、いかなる体系化も受けつけない宇宙生成の全体をまさに一つの全体、「一にして全なるもの」として「生きたまま」掴み取り、読み解き、記述してゆくことはいかにして可能かということが、シェリングにとっては不条理の極みとも聞こえたあの二枚舌的二律背反の解決に責任を取らねばならないシュレーゲルの次なる課題でなければならなかったはずである。そして「すべての哲学は宇宙の哲学である」（講義第三部『哲学の哲学』）とすれば、哲学とはいかなる体系化をも拒む宇宙生成の体系的構成（「体系を持つこと」と「体系を持たないこと」との結合）のパラドックスの描出——「宇宙の特性描写のみが哲学である」（PL III-218）——としての「歴史哲学」以外にはあり得ず、また、そのようなものである限りでの歴史哲学だけが、体系の檻の中へ押し込めようとすればたちまち哲学であることをやめてしまう体系忌避のプロテウスを押さえ込むための唯一の捕獲手段であるというのが、ここでの、というのは、哲学とは歴史哲学にほかならず、それゆえ歴史哲学とは類語反復にすぎないとするこの講義の最終場面での目下の課題に対するシュレーゲルの最終答案である。

体系構築の意志とこの意志への根源的疑念との不断の相剋とその克服への願望は、「一つの体系を持っている者は、いかなる体系も持っていない者と同様、精神的に失われている。この二つながらのことをこそ結合しなければならない」(PL II-614)という、一七九七年の初期断章に刻まれて初めて一つの言葉となって自覚されて以来、最初期のギリシャ文学研究期の終わりと重なり合う最初期の哲学的醗酵期(一七九六―一七九七)から『アテネーウム』誌刊行の三年間(一七九八―一八〇〇)を経てこのイェーナ大学講義へと達し、さらにこの時期に続くパリ・ケルン時代(一八〇二―一八〇七)における私的諸講義(『ヨーロッパ文学の歴史』、『哲学の展開十二講』、『序説と論理学』)等によって成立する中期思想圏を貫ぬいて、カトリックへの改宗(一八〇八)後の後期思想圏に到ってもなお、対象認識と対象理解の問題をめぐってシュレーゲルの思考と書法の根底を絶えず揺さぶり続けてゆく永遠の通奏低音なのであって、一八二九年のドレースデンでの彼の最後の公開講義『言語と言葉の哲学』の第十講の草稿が、「全的に完成された完全な理解そのもの〔は〕しかし」とまで書かれたところで訪れた突然の死によって断ち切られていることは象徴的である。

以上を差し当たっての前置きとして、このイェーナ大学講義の本体の中へと迷い込み、「難渋する」聴講者のためにシュレーゲルに代わって「講義要綱」なるものを作成してみようというのが解説者の次なる仕事だが、それに先立ってシュレーゲルの論法――論証という連続的な敷石を「不粋」として退け、意図的・非意図的に省略論法的な非連続性の迷路に誘い込んでゆく、いわば飛び石的論法の特質を余すところなく伝えている断章を一つ挙げておこう。それは『アテネーウム断章集』の一つで、「私の哲学は諸断章の体系、諸構想の進展である」という先の初期断章への自註と言えるものだが、同時にそれはまたイェーナ大学講義『超越論的哲学』への簡潔な、とはいえ――彼自身のイロニーの原理からすれば――「意図的にして本能的な」言葉足らずの手引きであるとも言えるだろう。

「構想とは、生成する客観の主観的萌芽である。完全な構想とは、まったき主観であると同時にまったき客観、分割し得ない生きた個体ともいうべきものでなければならないだろう。その起源からすればまったく主観的、かつ独創的であり、かくかくの精神においてしか可能ではないようなものであり、その性格からすればまったく客観的、自然的、かつ道徳的に必然的である。未来から来る断章とも呼べるかもしれないこのような構想に対する感覚が、過去に由来する断章に対する感覚と異なるのは、ただその方向の違いだけであって、後者の方向は進展的であり、前者のそれは逆進的である。その本質的な点は、いずれも諸対象を無媒介的に観念化すると同時に実在化し、補完し、部分的に対象をそれ自体のうちで完結させる能力である。ところで観念的なものと実在的なものとの結合ないし分離に関わるところのものこそが超越論的であるのだから、断章と構想に対する感覚は歴史的精神の超越論的構成要素と言うことができるだろう。」(AF 22)

二　講義要綱作成の試み

「ただ一つの世界が存在するのみであること。それゆえ無限なるものへの回帰以外の何ごともあるべきではない。」(本講義『体系詳論』)

この講義は、『序論』とその補説『体系詳論』、第一部『世界の理論』、第二部『人間の理論』、第三部『哲学の自己自身への回帰、あるいは哲学の哲学』という構成からも予想されるように、哲学的展開の全体を弁証法的な三重構造の運動態として示そうとする。そこで講義の最終的総括である『第三部』を中心に『序論』から『第三部』までの所々方々に未整理かつ不統一に散らばっている主要な諸概念を一纏めに圧縮した上で、講義内容をその前後の時期に成立した諸作品、諸講義からの証言を援用しつつ再構成することによって「講義要綱」作成の課題に応えようとすれば、大略次のようなものになるだろう。

哲学はまず自己自身を構成する自己完結的な「理論哲学」として出発し、次いで自己のうちから出て「生」の中へと踏み込み、道徳、宗教、政治、文学、芸術、科学等々、人間の自然的・社会的・精神的生の全域にわたって実践的に関わる「生の哲学」となり、そして最後にこのようにして獲得されたもろもろの「生の形式と内容」の学問的諸成果のすべてを引っ提げて再び自己自身のうちへと回帰して「哲学の哲学」となるという循環を全うする。「哲学の哲学」とはそれゆえ「生の哲学」の活動とその成果のすべてを再び自己の哲学的反省の対象として取り戻すことによって自己自身をも取り戻し、かくしてこの循環の全容を展望し得る地点を確保するに到った哲学、すなわち「生の哲学」の哲学、いわば「累乗された哲学」である。ただしこの全うされた循環は哲学そのものの終結を意味しない。生の内容は無限であり、従って「生の哲学」の課題もまた無限であるのだから、哲学の最終目標はこの目標への無限接近以外の何ものでもなく、それゆえ全うされた循環もまた無限循環のそのつどの一巡であるにすぎない。

まずこの講義の「理論哲学」に相当する『序論』において、哲学は絶対的なものの絶対的定立という絶対的恣意ないし決断をもって開始される。哲学は絶対的なものを絶対的に志向する。絶対的でないものはすべて廃棄されねばならない。絶対的なものはしかし「無限なるもの」のみである。この「無限なるもの」が端的に定立されねばならない。しかしこの端的に定立されるものに対して定立するものが絶対的に残る。これが「無限なるものの意識」である。この「無限なるもの」と「無限なるものの意識」とが哲学の対極的な両根源要素である。スピノザの実在論は「無限なるもの」のみに向かい、フィヒテの観念論は「無限なるものの意識」のみに向かう。しかし「真の哲学」はこの対極的両根源要素をその中間、すなわち「無差別点」にあって綜合するものでなければならない。この仲介的無差別点が「実在性」の概念である。もともと「意識」は「無限なるもの」への根源的な、しかし無意識的な反省であり、「無限なるもの」はそのような「意識」に対してのみ実在性を持つのだから、真の哲学はこのような両対極の絶対的相関を保持しながら両対極を仲介するものでなければならない。

「一切のものは一なるもののうちにあり、一なるものは一切のものである。」——これがこの仲介の定式である。そしてこの定式に基づいて宇宙生成の「無限に多なるもの」のすべてを「永遠に一なるもの」のうちに統合し、宇宙を無限の有機的生成（一なるものの多）として展望する見地が得られる。すなわち「無限なるもの」（一にして全なるものとしての神的自然ないし宇宙の理念）のみに向かうスピノザの「思弁の体系」と、その対極を成す「無限なるものの意識」（絶対的活動態としての根源的主観ないし自我）のみに向かうフィヒテの「反省の体系」とを綜合して一つの新たな体系、すなわち無限の宇宙ないし自然の全域を「生成する神性」の顕現——「自然とはいわば現実となった神性である」——の諸相として捉え、かつ構成する新たな体系を可能ならしめる見地が得られるのであって、これが「超越論的見地」であり、この見地に立って構築される「超越論的哲学」の体系（ここではスピノザの体系とフィヒテの体系との綜合）が「予見の体系」である。ここで言う「予見」（Divination）とは、宇宙（自然）を「生成する神性」として眺める眼を獲得した思考であり、また、「思考する」とは「神性を思考する」ことにほかならないことを覚知するに到った思考が「予見」である。「哲学するとはこれすべて予見することである。ただし方法をもって。」（PL V-1016）

この原理論に続く『世界の理論』では、このような「永遠に一なるもの」が「自己を無限に有限化する」ことによって成立する「有機的生命体」（永遠に一なるものの無限の自己客体化ないし個体化）としての世界（現実的自然界）の特質が、多分に自然哲学的な思弁、独特な個体理論、独自の実在論的時間・空間論を交えながら論じられ、次いで『人間の理論』では、この「永遠に一なるもの」の自己実現の場が自然界から人間社会へと進展することによって生じる幾多の倫理的・宗教的問題が、カントの『永遠平和のために』に触発されて書かれた一七九六年の『共和制の概念についての試論』以来の共和制擁護論の残響と中期以後のカトリック的君主制支持への序奏とを微妙に入り混じらせながら、「道徳と宗教とを統合する政治」という枠組みの中に位置づけられてゆく。特に道徳に関しては、一切のメカニズムを排除する自然と精神との根源的一体性の表現である「生成する神性」の理念によって、自由の原理と自然の原理との相剋に基づくカントの道徳的二元論のメカニズムが批判の対象となる。そして最後に『哲学の哲学』に到ってこれら一切の成果、「生の哲学」の全複合体、「生の一切の経験と理論の結合体」、「予見の体系」の最終的結実、すなわち無限に生成・発展する人間の精神的生の活動とその所産のそのつどの全内容が、「すべての芸術と学問の有機体」として定義づけられる「エンツィクロペディー」の概念のうちに包摂されてゆく。

ところでこの講義と平行して書き進められていった『レッシング論・完結篇』(一七九七年の『レッシング論』の続篇)においてシュレーゲルは同じこの「エンツィクロペディー」の構想を、対象認識ないし対象理解としての「批評」の技法と最包括的な「文学史」記述の技法との渾然一体的関係のうちに成立するであろう「未来学」として打ち出す。批評とは対象理解の作業以外の何ものでもなく、しかもこの作業はある対象とその対象が属する一つの全体との有機的連関を前提することなくしては不可能である。この全体との有機的関連が「すべての芸術と学問の有機的組織体」としての「エンツィクロペディー」であって、これが「積極的批評のための客観的法則の源泉」であると共に、文学史記述の本来の機関、すなわち一八〇〇年の『アテネーウム』誌第三巻所載の断章集『イデーエン』の一つ(ID 95)において掲げられた「一冊の無限の書物」、「書物それ自体」、「絶対的書物」の理念に従って言えば、人間の精神的生の生産と所産のすべてを「永遠に生成する一冊の書物」として構成ないし編集することを最終目的とする文学史記述の本来の機関でなければならない。こうして一七九八年の同誌所載の断章集の一つ(AF 116)で掲げられた「ロマン主義文学」の理念——「永遠に生成するのみで、けっして完結され得ないことを本質とする」ばかりでなく、一切のジャンルを超え、一切のジャンルを包括するがゆえにジャンルそのものともいうべき唯一のジャンルであるような、「一にして全」なる宇宙文学とも言うべき最包括的な「進展的普遍文学」の理念は、本講義『第三部』の最終場面において「すべての芸術と学問の有機体」としてのエンツィクロペディーの理念に合流する。そしてそれは一八〇三年に始まるパリ私講義『ヨーロッパ文学の歴史』においてすべての学問を統合する「最普遍的な学問」としての哲学と、すべての芸術を統合する「最普遍的な芸術」としての詩文学との不可分の複合体として、その

「根」が哲学、その「果実」が詩文学であるような「一本の樹木」を形成する「学芸」（Literatur）の理念へと敷衍され、次いでこの「学芸」の理念のもとに古代ギリシャからフィヒテとティークに代表される最近世代のヨーロッパに到るまでの最包括的な文化史の記述を意図した一八一二年のヴィーン公開講義『古代・近代文学史』にその最終的な結実を見るのである。

以上が、「哲学は一つの改革を構成すべきである。諸芸術と諸学問の有機的全体とは、これらの芸術と学問の一つ一つが全体となるというかたちでのそれである。政治が宗教と道徳とを結合するように、すべての芸術と学問とを一つに結合するような学問が、それゆえ神的なるものを産出する技法であるような学問があるとすれば、それは魔術以外のいかなる名称によっても表示され得ないものであるだろう」という言葉をもって閉じられるイェーナ大学講義『超越論的哲学』の補足的概略だが、ここで留意すべきは、哲学のそのつどの最終目標を意味する「エンツィクロペディー」の見地が「哲学の哲学」、すなわち「自己自身のうちへと回帰」した哲学によって獲得されるということ、その運動形式から見れば自己自身のうちへと回帰することが哲学の目指すべきそのつどの最終目標を意味するということである。

このような循環の必然性をシュレーゲルは『体系詳論』において、「ただ一つの世界が存在するのみである。それゆえ無限なるものへの回帰以外の何ごともあるべきではない」という命題に託している。しかしこの命題はその前段と後段とが「それゆえ」によって結びつけられ得るような論理的関係を持っていない。それは中間命題を欠いた省略三段論法である。スピノザ的な全一的な神的自然の顕現としての宇宙とフィヒテの自我の無限の宇宙生成的活動との綜合からは、無限に生成する唯一永遠の宇宙の理念——「生成する宇宙、すなわち自然以外にいかなる宇宙も存在しない」（PL III-412）——は帰結されても、この無限生成の最終目的が「無限なるものへの回帰」であることは導出され得ない。ということはそこに無限の前進がそのまま無限の逆進、すなわち自己の発出が発出の瞬間から発出の源泉への帰還の途上にあるとする別系の思想の混入がなければならないということである。この別系の思想は、先の「無限なるものへの回帰」の命題に続く「死のうちにのみ真の生はある」という命題によって、あるいはそれに先立つ『序論』の中の「自我が無限なるものへ接近すべくいわば流れ出てゆくことによってのみ、われわれは無限なるものを思考することができる」、あるいは『人間の理論』の中の「われわれはいわば一つの流出であり」といった、共に「いわば」を伴う挿入命題によってその片鱗を覗かせているが、このような「無限なるもの」へ向かっての旅立ちがそのまま「無限なるもの」のもとへの帰郷、というよりはこの帰郷への永遠の途上であるという意味での果てし無い循環的進行、あるいは永遠に達成され得ない「神性との再合一」を目指して果てし無く繰り返される循環的回帰の思想が、スピノザの体系とフィヒテの体系との綜合として成立する「予見の体系」に独特の流出論的相貌を与えるのである。

事実、シュレーゲルは一八〇四年に始まるケルン私講義『哲学の展開十二講』の第一講『哲学の歴史的特性描写』において「アレクサンドリア学派」の最も重要な特質の一つとして流出論を挙げ、一切のものは「唯一絶対の完全なる存在者」、すなわち「神」からの「流出」にすぎず、それゆえその本源において「神」のうちにあり、「神」によってあるとするこの学派共通の認識を、「法悦」という一種の「叡知的直観」の教説と融合させたプロティノスの特筆すべき哲学的業績に言及し、さらに一八〇五年に始まるケルン私講義『序説と論理学』の付論『哲学諸体系の批判』においては、エジプト、ペルシャ、ヘブライ等の東方諸国において栄えたのち、ピュタゴラス、プラトンを経てこの新プラトン学派へと伝えられた流出論的思弁の全体系を、「輪廻」、すなわち「魂の遍歴」の教説を中核として形成されたインド起源の「神秘思想」の大きな流れの中で捉えようとする。そして一八〇八年に刊行される『インド人の言語と叡知について』においてもシュレーゲルは、「本来の、しかも最古の意味」で輪廻と不可分に結びついていた流出論を「迷信の最古の体系」のうちに見出される「神についての最も純粋な概念」、「真理の代わりに登場した最初の体系」であるとし、さらに彼の最後期三講義の一つ、一八二八年のヴィーン講義『歴史の哲学』においても、「輪廻と流出」の思想に貫かれたインド神話の「驚嘆すべき特質」として「至高の真理」と「感性的誤謬」との、「最も粗野で荒唐無稽な虚構」と「最も抽象的な形而上学的神学、最も純粋な自然的神学」との比類のない共存を挙げるのである。

近代ドイツ哲学の衣装を纏いながら、ときには「無限なるものへの憧憬」と「有限的なものの仮象の根絶」、「生成する神性」等の概念として、例えば「不死性」をめぐってのカントの道徳哲学批判の武器となり、例えばスピノザとフィヒテの綜合の本質と性格を決定する宗教的根底となってイェーナ大学講義全体のいわば固執低音として響き続けてゆくシュレーゲル独自の流出論的思想は、講義の随所に証明不要の「神的概念」として出現する「両根源事実」、すなわち絶対不変と非生成の原理である「永遠に一なるもの」としての「同一性」と、生成と多様性、分裂と対立の原理である「無規定的な二なるもの」としての「二元性」という宇宙生成の対極概念のうちに、また、例えば「観念論は自己のうちから出てゆかなければならず、それゆえ常に実在論を希求するのである」(PL V-451)、あるいは「実在論は最後には再び観念論のうちへと流れ戻ってゆく」(PL V-462)といった命題のうちに見て取ることができる。しかしそれは常に断章的、断片的な形姿をとって突出してくるために、ときとして文脈の一貫性を故意に断ち切ってしまうかに思わせ、そこに奇妙な分かりにくさを残存させる。この講義の論述の一貫性を妨げているものがあるとすれば、それはシュレーゲル特有の飛び石的書法と論法に加えて、このような別系思想の混入による重層性もその一因を成していると言えるかもしれない。

三　綜合への渇望　スピノザに向かって差し伸ばされた手

「観念論は絶対的実在論であり、これが観念論のための最良の呼び名である。」(PL V-1174)

この講義において「すべての芸術と学問の有機体」としての「エンツィクロペディー」構想の基礎となったスピノザの実在論(思弁の体系)とフィヒテの観念論(反省の体系)との綜合(予見の体系)は、この講義の直前の『アテネーウム』誌第三巻第一輯、第二輯(最終号)に連載された『詩文学についての会話』第二章『神話論』における両体系の綜合の試み、すなわち来るべき「新しい文学」の共通の土壌となるべき「新しい神話」の可能性をフィヒテの「観念論」の胎内からフィヒテの観念論の精神に浸透されて誕生する新しい詩的・スピノザ的「実在論」――「すべての哲学は観念論であり、そして詩の実在論以外にいかなる真の実在論も存在しない」(ID 96)――のうちに見出そうとする試みを前史として踏まえている。

近代文学の致命的欠陥は、古代ギリシア人たちにとって神話がそうだったような共通の中心点が失われていることである。ゆえにわれわれの課題は来るべき未来の文学全体の共通の基盤、「母なる大地」となるべき「新しい神話」の創出である。しかしこの新しい近代神話は古代神話とは正反対の道をたどって到来するほかはない。古代神話が「若々しい想像力の最初の開花」として自然の胎内から誕生し、自然を範として成熟したものだったとすれば、自然との緊密な連携の道を断ち切って久しい近代人にとって、この「新しい神話」は自然という古代の原理に代わる近代の原理である「精神」の「最内奥の根底」から精神そのものの力によって生み出されねばならない。従ってそれはまさに精神の所産であるがゆえに「あらゆる芸術作品のうちで最も人為的なもの」たらざるを得ないが、しかしそれが「新しい神話」であるためには、「他のすべての芸術作品を包含し、太古以来の詩の永遠の泉のための新たな川床となり、容器となり、そしてそれ自身他のすべての詩の胚芽を内蔵する無限の詩」として、他のすべての神話と同様、「ある根源的で模倣し難い始原的なもの」、「端的に解き明かし難いもの」、「いかなる変形を加えられたのちにもなお太古の本性と力とを仄かに輝き出させているもの」でなくてはならない。

このような精神の根底からする新たな神話的原世界創成の可能性をシュレーゲルは「現代の偉大な現象」である観念論、すなわち「自己自身を規定し」つつ、しかも絶えず「自己自身を越え出てゆき、そして再び自己自身へと回帰する」精神の永遠の循環運動をその本質とする観念論、「実践的視点からすれば、われわれ自身の力と自由によって実現されるべき革命の精神、革命の原則」であり、「理論的見地からすれば、全力を尽くして自己の中心を見出そうとする人類の苦闘の一現象、一表現」である観念論と、この「観念論の胎内」から誕生しながら、同時に観念論の無限の循環運動を支える基底となるべき「同様に無限の実在論」との根源的相関のうちに見出そうとする。そしてこの相関をシュレーゲルは当面その名を伏せたまま、だが当時の誰の目にも明らかな二人の哲学的対蹠者であるフィヒテとスピノザとの綜合、すなわちフィヒテの世界創造的自我の観念論と、「一にして全」なる神的自然への絶対的帰依の表現であるスピノザの実在論との綜合という哲学的課題として提示する。しかしこの課題の解決をシュレーゲルはただちに詩人の手に委ねようとする。なぜならここで達成されるべき綜合、すなわち「新しい神話」の実質として観念論の胎内から観念論の精神に浸透されつつ誕生する「新しい実在論」としての綜合は、「その理想の伝達機関」を「観念的なものと実在的なものとの調和に基づく詩文学」のうちにしか見出し得ないような詩的現実としてのみ可能だからである。ところでこのような新たな次元において成立する詩的現実についてシュレーゲルはすでに一七九八年の『アテネーウム』誌所載の『断章集』の一つで言及し、「そのすべてが一貫して観念的なものと実在的なものとの関係」において成り立っているような詩文学を「超越論的詩文学」(Transcendentalpoesie)と呼び(AF 238)、さらに同じ断章集の別の一つで、このような詩文学の「最高の」実例を「超越論的詩文学の唯一の体系」とも言うべき「ダンテの予言的な詩」に見るとし(AF 247)、また、一七九七年の断章の一つでも、「ダンテの作品は超越論的詩文学の集大成である」(FPL V-696)と書いているのであって、この点から見る限り、来るべき新時代の文学の共通の基盤として要請される「新しい神話」の創出とは、シュレーゲルにとってすでにスピノザとダンテによって耕されたかつての沃野――「近代文学はダンテをもって始まり、近代哲学はスピノザをもって始まる」(FPL V-1036)――の新たな時代の地平での復興、フィヒテを新たな耕し手に加えての再開発の試みだったと言うこともできるだろう。いずれにせよ一七九七年の断章の一つで、「学問と芸術とが渾然一体となっている唯一の人、無限の理性の神官」(PL II-1050)と讃えられたスピノザは、いまやダンテと共に「新しい神話」の一方の祭神となるのである。

ところでカント以後、あるいは明確に自覚されたという意味ではむしろフィヒテ以後、観念論と実在論との綜合がアクチュアルな哲学的課題として俄に浮上してくるのは、一般に批判主義と独断論、あるいは精神原理と自然原理との二項対立的な構図自体がその克服への抗い難い誘惑を秘めていたという一面の理由に加えて、両体系の対峙についてのフィヒテ自身の総括と挑発的な言辞がその引き金になったという一面も否定できない。

フィヒテの体系とスピノザの体系以外にいかなる首尾一貫した哲学体系も存在しないというのがフィヒテの確信である。一七九四年の『全知識学の基礎』によれば、「私は存在する」という経験的意識に与えられている「自我の根源的直観」としての「純粋意識」の境界線を固く守って踏み越えず、しかもこの純粋意識に支えられた「絶対的自我」が「より高次の」何ものによっても規定されない「端的に無制約的」な活動態であるという根源的な確信をその本質としている批判的観念論の究極の到達点である『知識学』と、この境界線を跳び越えてしまい、「自我は存在するがゆえに存在する」のではなくて、「自我の外」なる絶対的な何ものかが存在するがゆえに存在するにすぎないとし、すべての経験的自我をこの「外」なる絶対的な「無限の自我」、すなわち「神」の「様態」としか見ないスピノザの思弁的独断論――この二つの哲学体系はその原理において首尾一貫しているばかりでなく、前者の体系を越え出てゆく哲学は必然的に後者の体系に行き着くほかはないのだから、首尾一貫した体系はこの両体系しかあり得ず、しかもスピノザの体系は「理性の追跡」のまったく及ばないところに建てられているがゆえに「無根拠」であり、従って「論駁不可能」である。それは端的に「そうだからそうなのだ」としか言わない世界である。このようにフィヒテは両体系をその根本原理において接点がないために互いに論破することも和合することも不可能な自己完結的な独立体として対峙させた上で、「この異種の両体系の諸断片を熔解して一個の合成物を作り上げることは可能であり、そして事実、そのような首尾一貫しない作業がしばしば行われてきたこともまったく否定できないが、さりとて首尾一貫した手法による限り、この両体系以外になお幾つかの体系が可能であるなどということもまた否定されねばならない」(一七九七年の『知識学への第一序論』)として、整合的な両体系の綜合の試みをすべて幻想として切り捨てるのである。

このフィヒテの挑発に対してシュレーゲルは、「哲学は二つの中心を持つ楕円である」(PL V-217)、「哲学を理性という観念的なものと宇宙という実在的なものとの二つの中心を持つ楕円であるとする見地が現れるのはこの時期になってからである」(PL IV-1322)という一七九九年の二つの断章によって応じる構えを見せているが、それを公式に表明するのはイェーナ大学講義に先立つ『アテネーウム』誌第三巻所載の断章集『イデーエン』の一つにおいてであって、「哲学は一つの楕円である。その中心の一つは理性の自己法則であり、われわれがいまいるところはこの中心に近い。もう一つの中心は宇宙の理念であって、ここにおいて哲学は宗教と接するのである」(ID 117)というのがそれである。ここで「理性の自己法則」を自我のそれに、「宇宙の理念」を神的自然のそれに置き換えるなら、この「楕円」は、それぞれが「自我」(精神の原理)と「宇宙」(自然の原理)というただ一つの中心を持つ「円」として互いに交わることなく対峙するフィヒテの「反省の体系」とスピノザの「思弁の体系」とを包摂する楕円、すなわち両体系の各中心点を二つの不可分の対極的中心点として掴み、そのことによって両体系を相互補完的な相関関係の中へと大きく抱え込んでゆく仲介的機関として機能する楕円——「われわれの哲学体系はスピノザの体系とフィヒテの体系との共通の体系たるべきものである」(本講義『体系詳論』)——、観念論と実在論との独自の綜合の試みとしての楕円である。実際、あらゆる対象の理論的・実践的局面のすべてにおいて何らかの相対立する二つの要素を見出しては常にこれらの対立的諸要素の仲介項(綜合)を求めてゆくという、この講義全体にわたって貫かれている独特の弁証法的技法は、このような楕円思考の実践であると言えるだろう。

ところでこの『イデーエン断章集』と同じ巻の『アテネーウム』誌に連載された『神話論』においてシュレーゲルが構想したフィヒテの体系とスピノザの体系との綜合は、すでに見たように、両体系を二つの中心点としつつ両体系を弁証法的に仲介する楕円構造のものであるよりは、むしろ自己超出と自己内回帰とを繰り返す観念論の無限循環の中からこの循環を支える実質として成立して来なければならない新しい実在論として要請されるがごとき両体系の渾然一体的融合である。ところでこのような融合へとシュレーゲルを強く促す大きな刺激となったと考えられるのが、彼の同志でもあり競合者でもあったシェリングが一七九五年に発表した『独断論と批判主義に関する哲学的書簡』における綜合モデルである。シュレーゲルは『アテネーウム』誌創刊前年の一七九七年、ニートハマーの『哲学雑誌』の最初の四巻の総合批評を『一般文学新聞』に発表しているが、その中で同誌所載のシェリングの『哲学的書簡』に言及し、「彼の哲学の魂は、古来、われわれが哲学者と呼んでいる注目すべき人種の最大級の者たちを特徴づけてきた全的で自由な存在に対するあの感覚、あの熱狂である」と激賞しているにもかかわらず、『書簡』の内容にはまったく立ち入ることなく沈黙している。しかしこの称賛と沈黙の理由を――多分、書き手の意思に反して――雄弁に告白しているのが、ほかならぬその三年後に書かれた上記『神話論』そのものであって、『神話論』(『神話についての講話』)の語り手のモデルはシェリングではないのかという当時の人々の推測はむしろ正鵠を射たものと言えたかも知れない。なぜならシェリングはこの書簡体の論争書において一貫して批判主義(観念論)の信奉者として独断論(実在論)との対決姿勢を崩さぬままスピノザの実在論的世界を「知的直観の客観化」と読み変え、そうすることで「観念論の精神に浸透された実在論」としての自然という主観と客観との絶対融合の名状し難い「全一的世界」へと降り立ち(第八書簡)、そこに超越論的スピノザ主義とも言うべき精神と自然との渾然一体的綜合に基づく独自の自然哲学の可能性を探ろうとしていたからである。

シェリング二十歳の熱狂の所産とも言えるこの『哲学的書簡』は、「われわれの自由を絶滅させようと脅かす客観的な威力」に対して屈するよりは戦いを挑んで没落する道を選ぶというプロメテウス的運命を脳裏に去来させながら構想されている。シェリングにとってこのプロメテウス的反抗の自由をわれわれに保証するのが批判的観念論の原理であり、この自由の放棄と忍従とをわれわれに強いるのが独断論の原理であって、「徹底した独断論」の帰結は「闘争ではなく屈従」、「絶対的な客観世界への無言の献身」(第一書簡)である。しかし批判主義が認識能力の批判に終始する限り、独断論的体系の立証不可能性をいかに言い立てようと、独断論そのものは微動だにせず、その絶対的な客観的世界の強大な魅力は揺るがない。この魅力に対しては批判主義のいかなる体系も「弱い武器」にすぎず、「独断論のひと吹き」によって崩れ去る「カルタの家」でしかない(第二書簡)。単なる認識能力批判をもってしては独断論は征服されないどころか、逆に、批判主義の原理である自我の存立を脅かし、これに耐えようとする一切の抵抗力と自由とを呑み尽くす圧倒的な客観世界、すなわち自然世界の根源的自足の体系として立ちはだかる。それゆえこのような実在論的世界の威力に対してプロメテウス的抵抗の自由を確保するために批判主義に残されている唯一の道は、「批判的観念論」と「独断論的実在論」という対立する両体系を同じ「理性の本質」から導出することによって両体系の根源的同一性を基礎づけること（第五書簡）である。ところで両体系は「絶対者との関わり」という一点において合流しているはずであり（第六書簡）、この合流点においては両者の対立は廃棄され、「神は物自体を直観する」という言葉によって表現される両者の融合が達成されているはずであるから、このようにして完成された実在論は必然的に観念論となり、ここに観念論の原理である自由と実在論の原理である自然必然性は合体し、「絶対的自由と絶対的必然性は同一」となり、ここに「批判主義は必然的に独断論となる」（第九書簡）のであって、このような地層において新たに成立するいわば批判的独断論、ないしは超越論的実在論の体現者をシェリングはスピノザのうちに見るのである。

スピノザのこのような「絶対的内在性」の世界にあって有限的なものと無限なるものとの関わりの問題を解決しようとすれば、「絶対者のうちに汝自身を失え」、「絶対者のうちで自己の主観を放棄せよ」という「無限なるものへの有限的なものの没我的合一」の要請に従う以外にはあり得ない。しかるにこの要請はほかならぬ「主観と絶対者との同一性の確信」に発するもの（第七書簡）であって、スピノザが「神性への、万物の源泉への帰還、絶対者との合一、自己自身の放棄」というこのほとんど「狂信的」とさえ言える自己の哲学の「破壊的で否定的な原理」に辛うじて耐えることができたのは、この確信、すなわち「絶対者の知的直観こそが有限的存在者の達し得る認識の最高の頂、最終的な段階、精神の本来の生命」であるという確信に支えられていたからである。このような解釈のもとにシェリングはスピノザの絶対的客観を知的直観という絶対的主観によって浸透させようとする。われわれを外界の一切からわれわれの「最内奥の自己」へと連れ戻し、そこにわれわれのうちなる「永遠なるもの」を直観させる「秘められた不思議な能力」、「ある何ものかが本来の意味において存在していること、そして他の一切はその現象にすぎないこと」をわれわれに確信させる「内的直観」、「直観する自己が直観される自己と一体」となり、「われわれに対して時間と空間とが消滅し、われわれが時間のうちにあるのではなく、時間がわれわれのうちにある――というよりむしろ純粋な絶対的な永遠性がわれわれのうちにある」ような、「われわれが客観的世界の直観のうちで失われるのではなく、客観的世界がわれわれの直観のうちで失われてゆく」ような根源的自己直観、すなわちある絶対的な内面世界への無媒介的回帰としての「知的直観」をスピノザは客観化したのである（第八書簡）と。こうしてスピノザの哲学をまったく新たな次元において蘇らせようとする「批判的スピノザ主義者」としてシェリングが降り立った哲学的地平を、シュレーゲルは一七九九年の断章の一つで、「すでにまったく哲学の限界の外にあるシェリングの観念論＝実在論は、調和の秘儀、理念の魔術と関わっている」(PL IV-1335)と評するのだが、この同じ地平にシュレーゲルもまた、とはいえシェリングとは対照的に哲学的論証を一切抜きにした詩的直観の翼に乗って、「観念論の精神の胎内から観念論の精神に浸透されて誕生する新しい実在論」という神話の秘儀を携えて降り立つのである。

フィヒテがスピノザの実在論にもっぱら「そうだからそうなのだ」としか言わない絶対自足の独断論――批判的観念論にとっては「無根拠」であるがゆえに「論駁不可能」な難攻不落の「非我」の王国（自然）――以外の何ものも見出し得なかったとすれば、同じフィヒテの観念論を出発点としながらもシェリングとシュレーゲルは、「あらゆる理性の追求を拒む」この神的自然の根源的な自己充足的体系の圧倒的な魅力に抗するすべもなく、観念論の精神に浸透された実在論――「スピノザは、彼の教説が熱狂と相容れるものになるためには、改めて観念論化されねばならない」(PL V-676)――という、観念論の側からの接近による両体系の綜合への道をたどってそれぞれ独自のスピノザ的世界へと降り立ったと言えるだろう。しかしまたこの綜合は、「批判的」観念論の信奉者を自称する両人への「独断論的」実在論者スピノザからの物言わぬ強い招きであり、そしてこの招きに進んで応じるかたちで屈するほかない彼ら多弁な観念論者たちの本質的な脆弱さの自覚、自分たちが信奉する「根源的には自我のみがある」という絶対的命題に対する払拭できない疑惑と不信の表現であるとも言えるだろう。このことは、「批判主義のいかなる体系も独断論のひと吹きによって崩れ去るカルタの家」でしかないというシェリングの告白が、そして観念論を「新しい神話」の革命的原理としながらも、その基底に実在論の絶対的な支えを求めるべきであるとするシュレーゲルの主張が裏書きしている。さらにまたシュレーゲルがイェーナ講義の三年後に始まるケルン私講義『哲学の展開十二講』の第一講『哲学の歴史的特性描写』の中で、観念論の徹底が人間をどこへ引き攫ってゆくかについて予測した短い一節は、批判的観念論に対するフィヒテ以後の世代の不安と恐怖の本質を鋭く衝いている。「われわれがほとんどすべての観念論哲学者たちに感じ取る、思弁や狂信のうちにあまりにも甚だしく自分を見失ってしまうのではないかというあの恐怖、恣意的に立ち止まったり、引き返したりするあの態度は、以下のごとく容易に説明できる。――人間に恐怖を呼び起こす最大の原因は絶対的な孤独である。ところで精神を完全に孤立させ、精神から日常世界との血の繋がりのために必要な一切のものを奪い取り、その結果、精神を孤独で無一物の存在へと追いやってしまう、そのような体系が観念論であると。」

シュレーゲルがここで描いて見せた恐怖と不安はしかし、彼がイェーナ大学講義において常に批判の標的としてきたヤコービがフィヒテの観念論の必然的な帰結として描いて見せた「無」の景観と無縁ではないだろう。ヤコービは一七九九年に発表した書簡体の公開状『ヤコービよりフィヒテへ』の中で、フィヒテの「超越論的観念論」を「逆立ちしたスピノザ主義」、すなわち「物質なき唯物論」、「純粋かつ空虚な意識が表象する純粋数学のごときもの」と総括した上で、フィヒテの「創造的構想力」を「編むことを編むという空虚な営み」以外の何ものでもないと揶揄する「手編み靴下の譬え話」に託して、自我以外の一切を無化し、自我のみを残留させ、いかなる非我の残滓も余すところなく自我のうちへと解体、溶解させてしまう「化学的プロセス」、「無から、無へ、無に対して、無の中で」という「純粋かつ絶対的収支決算」のうちで辛うじて自己を保つことのできる人間精神のこの「進行性無化」によって、最後には「自我の外なる無」に到達するほかはないフィヒテの「思弁的理性」の行き着く果てを「ニヒリズム」と断定している（『人間の理論』訳註（28）参照）からである。本講義においてヤコービが「フィヒテをまったく理解していない」証拠としてこの『書簡』を持ち出しているシュレーゲルがこの講義と同時期の断章の一つで、「観念論の帰着するところ無であるということは、観念論が根本において神智学であるという命題と同義である」(PL V-468)と書いているのは示唆的である。なぜならこの講義の四年後の一八〇五年に始まるケルン私講義『序説と論理学』の補説『哲学諸体系の批判』において、シュレーゲルはまるでこの『書簡』のヤコービに呼応するかのように、そしてまた、あらゆる体系哲学はすべからく「宿命論」に、従って「無神論」に帰着するというヤコービの論法(『スピノザの教説について』)に追随するかのように、それゆえここではむろんヤコービに従ってスピノザを批判の主たる標的としつつ、あらゆる「純粋理性の体系」の原理を「空無と虚無の底無しの深淵」としての「ニヒリズム」へ導く「哲学的混迷」の元凶と見るに到るからである。

観念論へのこれと同質の疑惑と不安と恐怖から、シェリングとシュレーゲルのほかにもう一人、スピノザの実在論の基底なくしてはいかなる観念論も存続し得ないとしてスピノザの救いの手を切実な時代の要請として求めているのが、シュライエルマッハーである。一七九九年に刊行された彼の『宗教についての講話』(以下『宗教論』)は、少なくともスピノザへの帰依という一点において、シェリングにもまさる強烈なインパクトをシュレーゲルの『神話論』に与えたと思われる。このことは一八〇〇年の『アテネーウム』誌所載の断章集『イデーエン』の、例えば次のような言葉からも読み取ることができる。「ある至高のものを自己のうち深くに予感しながらも、それをどう理解してよいか分からない人は、『宗教論』を読むがよい。そうすれば自分が感じていたものが言葉とも語りともなるまでに明白となるだろう。」(ID 125)――「宇宙は説明することも把握することもできず、ただ直観し、開示することができるのみである。経験の体系を宇宙と呼ぶことだけはやめるがよい。そしてこの宇宙の真の宗教的理念を、たとえ諸君がスピノザを理解していなくとも、差し当たっては『宗教論』の中に読み取るすべを学ぶがよい。」(ID 150)――

宇宙を直観せよ、スピノザのごとくに。これがシュライエルマッハーの『宗教論』の根本命題である。精神世界の混迷は、哲学と道徳とによって宗教の領域が侵害されていることに起因するのだから、宗教は哲学的思弁とも道徳的実践とも絶縁すべきである。そもそも宗教の本質は直観と感情であって、「無限なるものへの憧憬」とそれへの畏敬とをもって宇宙を直観し、宇宙の声に耳を傾け、子供のような受け身の態度で宇宙の直接的な影響に捉えられ満たされることを願い、その生命のすべてを「一にして全なるもの」の無限の本性のうちに生きようとすることのうちにある。道徳が自由の意識から出発して、この自由の王国を際限なく拡大し、この自由に一切のものを従属させようとするのに対して、宗教は、「自由そのものがすでに再び自然と化している」ところにおいて呼吸する。宗教は人間の特殊な諸力や人格の活動の彼岸において人間を捉え、かつ眺める。こうして宗教は、思弁や実践の領域から完全に脱出することによってのみ独自の領域と独自の性格とを主張し得るのであり、また、宗教が哲学と道徳と並び立つことによって初めてこの両領域は完全に満たされるのであり、人間の本性はまさに宗教の側から完成されるのである。それゆえ宗教を抜きにして思弁と実践とを手に入れようとするのは、いわば「神々に対するプロメテウスの不遜な敵意」である。宗教は宇宙に対する「美的感受性」である。宗教なくしては実践は因習的な形式の低俗な領域にとどまり、思弁は硬直して骸骨以上のものとはなり得ない。

そしてシュライエルマッハーは「思弁の勝利」に酔う当代の哲学を代表するフィヒテの観念論に対してこう警告する。いかに完成し円熟した観念論といえども、もし宗教がこれを保全する策を講じなければ、すなわち観念論が自己のもとに従属させてきた実在論よりも「一層高次の実在論」を観念論そのものに予感させることがないならば、観念論は宇宙を形成するかに見えながら、宇宙を破壊し、宇宙の価値を単なるアレゴリーへ、われわれ固有の狭隘さの虚しい影絵へと転落させることになるだろう。そしてこう呼び掛ける。

「私と共に恭しくかの追放された聖なるスピノザの亡き霊に巻き毛を捧げよ。高貴な世界精神が彼を貫き、無限なるものが彼の始まりにして終わりであり、宇宙が彼の唯一にして永遠の愛であり、神聖な無垢と深い謙譲のうちにあって彼は永遠の世界の中に自分の姿を映し、また、そのような自分自身をこの世界の最も愛すべき鏡として眺めたのだった。それゆえに彼は宗教に満ち、聖なる精神に満ちていたのであり、それゆえに彼はまたただ一人、及ぶ者のない人として、おのれの技の巨匠として、だが俗世の同業者たちを超えた高みに弟子もなく市民権もなく立っていたのである。」——

その生命のすべてを「一にして全なるもの」の本性、「無限なるもの」の本性のうちにおいてのみ生きることのできる宗教、その意味において「宇宙に対する美的感受性」であるということのできる宗教、このような根源的な宗教の息吹に満たされたスピノザ、宇宙を「一にして全なるもの」として直観することができたという意味で「敬虔なローマ人たち以上に宗教的である」と言い得たであろうスピノザに捧げられたシュライエルマッハーの上記の一節と、新しい「詩的実在論」の担い手としてのスピノザに捧げられたシュレーゲルの『神話論』の以下の一節とを比べるとき、両者の発想の源泉の類縁性は覆うべくもない。根源的なものを宗教的直観のうちに見るか、詩的直観のうちに見るかという相違はここでは決定的ではない。

「スピノザは神話の中の善良な老サトゥルヌスと同じ運命をたどったように、私には思われる。新しい神々がこの高貴な人を学問の崇高な玉座から追い落としたのだ。想像力の聖なる闇の中へ彼は引き退いて、いまは他の巨人族たちと共に威厳に満ちた流亡のうちに生きている。彼をそこに滞まらしめよ。ムーサたちの歌声に包まれてかつての古き支配への追憶は一抹の憧れとなって溶けよ。彼はその体系の戦闘的な衣装を脱ぎ捨て、新しい詩の神殿のなかにホメロスやダンテと共に棲み、神に酔えるすべての詩人たちの守護神、客人たちの仲間入りをするがよい。」——「実際、スピノザを尊敬し、愛し、彼の弟子となりきることなくして、どうして詩人たり得るのか、私にはほとんど理解することができない。個々の案出においては、諸君の想像力は充分に豊かだ。そしてこの想像力を刺激して躍動させ、それに養分を与えることにかけては、他の芸術家たちの詩作品以上に巧みなものはない。しかしスピノザのうちに諸君はすべての想像力の始まりと終わりを、諸君の一人一人が拠って立つ普遍的な基盤と土壌を見出すだろう。そして想像力のほかならぬこの根源的にして永遠なるものを、すべての個別的なもの、特殊なものからこのように切り離すことこそ、諸君にとってきわめて歓迎すべきことであるはずだ。機会を捉えて眺めるがよい。諸君は詩の最も内奥の仕事場を深々と見入るすべを与えられるだろう。スピノザの感情もまたその想像力と同質のものである。それはあれこれの個々の事物に対する敏感な反応、高まるかと見れば再び萎え衰える激情ではないが、しかし清らかな香気が全体の上をあるかなきかに漂い、至る所、永遠の憧れが、静かな偉大さのうちに根源的な愛の精神を息吹く素朴な作品の深みからその余韻を響かせるのだ。」――「人間のうちに宿る神性のこのような穏やかな反映こそがあらゆる詩の本来の魂、その点火する火花ではないだろうか。さまざまな人間、さまざまな情熱、さまざまな行為の単なる描写は、技巧的な形式と同様、無に等しい。たとえ諸君が古ぼけたがらくたを幾たび引っかき回し、ひっくり返しても無駄である。それはただ眼に見える外的な肉体にすぎず、魂が消えてしまえば、詩の屍にすぎない。だが霊感のあの火花が燃え上がるなら、新しい現象がわれわれの眼前に生き生きと、そして光と愛の美しい後光に包まれて姿を現すだろう。」――「そして美しい神話はすべて、想像力と愛によってこのように淳化された周囲の自然の象形文字的顕現でなくて何であろうか。」――

ここでシュレーゲルは再び彼の「新しい神話」のもう一人の祭神であるフィヒテを登場させ、次のように語る。「『知識学』が、観念論の無限性や不滅の豊かさに気づいていない人々にとってさえ、少なくとも一切の学問にとっての一つの完成された形式、普遍的な図式であるように、スピノザもまた同様にあらゆる個性的な神秘主義にとっての普遍的な根底であり支柱なのであって、このことは神秘主義についてもスピノザについても格別よく知っているわけではない人々でさえ、進んで認めるだろうと私は思うのだ。」――そしてこの両哲学者の思想の綜合のさらなる展開を予告するかのように、『神話論』を以下のようなほとんど秘法伝授の託宣とも言うべき呼び掛けによって閉じるのである。「いかなる思考も一つの予見である。しかし人間はいまようやく自己の予見能力を意識し始めたばかりである。いかに測り知れない拡張をこの能力はこのさき経験することだろう。いや、いまこの時点においてもだ。思うにこの時代を、つまり全面的な若返りのあの大いなる過程を、永遠の革命のあの諸原理を理解するほどの者ならば、人類の両極を把握し、原初の人間たちの行為と来たるべき黄金時代の性格とを認識し、理解することに成功するに違いない。そのとき饒舌は熄み、人間は自分が本来何であるかを悟り、ひいてはこの大地を、そして太陽を理解することだろう。」

「いかなる思考も一つの予見である」――これが『神話論』の結語であり、同時にイェーナ大学講義『超越論的哲学』の開始の標語である。そして『神話論』の結語が高らかな秘法伝授的託宣の響きと共に閉じられたとすれば、これに続く『超越論的哲学』もまた同じ託宣の残響を、『アテネーウム』誌廃刊からパリ・ケルン期の中期思想圏へと到る途上での新たな哲学的発酵、「そこから一つの世界が生じて来ることのできるような混乱のみがカオスである」(ID 71) という意味での「諸断章の体系、諸構想の進展」(PL II-857) の渦巻くカオス、ヘーゲルの言う雑多な概念、理念の「ごった煮的沸騰」の中をひびかせてゆく。そして最後に「哲学の改革」のために要請される「エンツィクロペディー」、すなわち「諸芸術と諸学問の有機的全体」を構成することのできる学問があるとすれば、それこそ「神的なるものを産出する技法」としての「魔術」以外の何であろうかという、同じ秘法伝授的託宣の再度の高揚をもって閉じられるのである。

イェーナ大学講義終了十ヵ月後の一八〇二年一月、シュレーゲルはイェーナを出発、ドレースデン、ライプツィヒ、ヴァイマル、ヴァルトブルク、メッツ等を経て同年夏パリに到着する。一八〇三年に刊行されるシュレーゲルの第二の機関誌『オイローパ』第一巻に『フランスへの旅』と題して発表されるこの思想と夢想の交錯する旅日記、というよりはドイツ脱出行の記録は、この旅がかえってドイツへの、古きドイツ、「眠れる獅子」ドイツへの帰還の旅、「ヴァルトブルク」への、「父なるライン」への、「すべてのドイツ人の心を憂愁で満たさずにはおかないライン」への帰郷の旅であり、同時に宗教感情の「絶対的な死滅」のゆえに堕落の極みに達し、みずから「機械」の一部と化するに到った人間たちの犇く分裂したヨーロッパ世界の衰亡の予兆を至る所に見出す旅となったことを告げている。それはまたシュレーゲルにとってほかならぬイェーナ大学講義の思想圏――自然を「生成する神性」と捉え、この「神性の顕現」としての自然の探究をもって哲学の根源的課題であるとした独自の自然汎神論的視界の中で「宗教の構成」のためには「信仰、奇蹟、啓示の概念は不要である」と明言し、また「宗教的位階制度」と「家族制度」とを政治カテゴリーの両構成要素としながらも、依然としてカントの『永遠平和のために』に対抗して一七七六年に発表した『共和制の概念についての試論』の理念を捨てず、民衆の反乱の権利をも是認する「民主主義的共和制」を理想の国家体制と見ることに執着し続けた思想圏——から最終的に脱却すると共に、フランス革命以後のヨーロッパ史のすべてを宗教改革に起因する全面的堕落の総決算として糾弾し、「古きドイツのカトリック的帝制」の復活によるヨーロッパ世界の「最終的没落」の克服を提唱するに到る、十六年後の機関誌『コンコルディア』に連載された『現代の徴候』における反革命的論客への道を用意する旅でもあった。そしてパリ到着後のシュレーゲルはサンスクリット文献との遭遇、インドの神々との出会いによって『ギリシャ文学研究論』以来の神話理論の再検討を迫られ、この地で知り合ったケルンの若い商人ボワスレー兄弟らに請われて一八〇三年に開始される私講義『ヨーロッパ文学の歴史』においては異教的な「秘儀」とキリスト教的な「啓示」とを共に包含する一段と根源的な神話的原世界へと導かれ、「すべての詩文学は人類の原初の啓示の断片にすぎず——この唯一偉大で根源的な詩を完全に語り尽くし、描き尽くそうとする志向であるにすぎない」という認識にたどり着く。そして一八〇四年に開始されるケルン私講義『哲学の展開十二講』において宇宙を根源自我の無限の生成・発展と捉える「世界生成論」を含む『自然の理論』と、これに続く『人間の理論』、『神性の理論』、道徳論、法理論、政治論等によって世界および人間の現実的諸相の歴史的構成に新たな「生の哲学」の記述の可能性を探り、次いで一八〇五年に始まる『序説と論理学』においては「アナロギー」を主軸とする対象認識と対象理解のための新たな批評理論の開拓へと踏み込んゆくが、この時期にはすでにスピノザもフィヒテも共にシュレーゲルの思想世界の表舞台から姿を消し、遙かな歴史的存在としての意義が問われるにすぎない。

そして一八〇八年の『インド人の言語と叡知について』の刊行、カトリックへの改宗とヴィーンへの移住とをもって始まるシュレーゲルの新たな後半生は、一八一〇年の公開講義『近世史』、一八一二年の公開講義『古代・近代文学史』、『ドイッチェス・ムゼーウム』誌の創刊、一八二〇年の『コンコルディア』誌の創刊、一八二二年に始まる自選全集版の刊行

──その間、対ナポレオン戦争にオーストリア方に属して従軍、その後、ヴィーン会議、フランクフルト・ドイツ連邦会議にヴィーン側の政府委員、公使館秘書官として参加──等々、慌ただしくも精力的な活動ののち、一八二七年に始まる最後の連続公開講義の時を迎える。人間のうちで永遠に失われてしまった「神の似姿」の復元ないしはそれへの回帰への「内的意識」を覚醒させるという課題を「純粋哲学」として負うのが『生の哲学』であり、この覚醒への諸段階を「原初の啓示」の段階から検証しつつたどることが『歴史の哲学』の課題であり、そしてこの両哲学の領域、すなわち「信仰」と「自然」とを結合する「言語世界」の考察を通じてあの復元ないしは回帰の完成を期するのが『言語と言葉の哲学』の使命であるとする全体構想のもとに、まず一八二七年にヴィーンで『生の哲学』を、次いで翌一八二八年に同じくヴィーンで『歴史の哲学』を講じたシュレーゲルは、同年十二月五日、ドレースデンで『言語と言葉の哲学』を開始するが、翌一八二九年の一月十二日未明、卒中の発作に襲われ、同講義第十講の未完の草稿をホテルの卓上に残したまま、五十七歳を一期として世を終えるのである。

年譜

西暦	フリードリヒ・シュレーゲル関連事項	ドイツ文学・思想関連事項	ドイツ国内外の政治情勢関連事項
一七七二	三月十日、教区総監督ヨーハン・アードルフ・シュレーゲルを父としてハノーファーに生まれる。七人兄弟姉妹の五番目、上四人は兄、下二人は妹。長兄、次兄は聖職者、三兄はイギリス政府に仕官してインドへ赴任、当地の地図作成に携わる。四兄が心身共に健康で才気煥発な早熟の秀才として一家の希望の星だったアウグスト・ヴィルヘルム。その弟が陰気なフリードリヒ。生来気難しく引っ込み思案で健康状態も常に不安定、一時、躾けのため父の兄弟のもとに預けられたこともある「問題児」として幼少期を過ごす。	ノヴァーリス当歳、ヘーゲル二歳、ヘルダーリン二歳、シュライエルマッハー四歳、A・W・シュレーゲル五歳、W・フンボルト五歳、ジャン・パウル九歳、フィヒテ十歳、シラー十三歳、ゲーテ二十三歳、ヘルダー二十八歳、ヤコービ二十九歳、レッシング四十三歳、カント四十八歳。	
七三		ヘルダー『オシアンと古代諸民族の歌謡についての往復書簡からの抜粋』、『シェイクスピア』。ティーク、ヴァッケンローダー生まれる。	
七四		ヘルダー『人間性形成のためのもう一つの歴史哲学』、『人類最古の記録』第一部。ゲーテ『若きヴェルターの悩み』。	
七五		シェリング生まれる。	

七六		ゲーテ、ヴァイマル公国政府に仕官。ヘルダー、ゲーテの推薦によりヴァイマルの教区総監督に就任。ヘルダー『人類最古の記録』第二部。E・T・A・ホフマン、ゲレス生まれる。	
七七		ヘルダー『中世のイギリスとドイツの詩芸術の類似性について』。クライスト生まれる。	
七八		レッシング『エルンストとファルク』第一、第二、第三部。ヘルダー『人間の魂の認識と知覚について』、『彫塑』、『民謡集』第一部。ブレンターノ生まれる。	
七九		ヘルダー『民謡集』第二部。ヤコービ『ヴォルデマル』。	
一七八〇		レッシング『エルンストとファルク』第四、第五部、『人類の教育』。	
八一		カント『純粋理性批判』。シラー『群盗』。アルニム生まれる。レッシング歿。ヘルダー『レッシング追悼』。	
八二		ゲーテ、ヴァイマルの内閣首班に任ぜられる。	
八三		シラー『たくらみと恋』。	
八四		ヘルダー『人類の歴史哲学考案』第一部。	
八五		ヘルダー『人類の歴史哲学考案』第二部。ヤコービ『スピノザの教説について―モーゼス・メンデルスゾーン氏への書簡』。J・グリム生まれる。	

八六		ゲーテ『タウリスのイフィゲーニエ』。W・グリム生まれる。	
八七		ヘルダー『人類の歴史哲学考案』第三部、『神、あるいは［スピノザについての］若干の対話』。ゲーテ『エグモント』。シラー『ドン・カルロス』。	
八八	（十六歳） 非社交的性格と実生活への不適応を矯正するためライプツィヒの銀行家に預けられるが、長続きせずハノーファーの自宅に戻る。この時期、古典古代、特にギリシャ語・ギリシャ文学への熱狂が芽生え、とりわけプラトンへの終生変わらぬ敬慕の念はこの頃に培われる。	カント『実践理性批判』。ゲーテ『ローマ悲歌』。シラー『スペイン支配からのオランダ離反史』、『ギリシャの神々』。シラー、イェーナ大学に招聘される。アイヒェンドルフ、ショーペンハウアー生まれる。	
八九	未修了だったギムナジウムの課程を済ませ大学入学資格試験に合格する。	ラインホルト『人間の表象能力の新理論の試み』。ゲーテ『トルクァト・タッソー』。	フランス革命勃発。五月、三部会招集、六月、国民議会成立、七月、バスチーユ陥落、八月、人権宣言採択。
一七九〇	兄アウグスト・ヴィルヘルムと共にゲッティンゲン大学へ。大学では法律学科に籍を置くが、兄と共に古典文献学者ハイネの講義にも出席し、その他、歴史、哲学、医学、数学等の講座にも旺盛な好奇心をもって通い、世に言う多読・乱読の一時期を迎える。カント、ヘルダー、ヴィンケルマンらの著作に精通するようになるのもこの頃である。	マイモン『超越論的哲学についての試論』。カント『判断力批判』。	六月、フランス、貴族制廃止。
九一	家庭教師としてアムステルダムへ発った兄と別れてライプツィヒ大学に移る。	ヘルダー『人類の歴史哲学考案』第四部。A・W・シュレーゲル、ダンテの『神曲』	一月、オーストリア軍ベルギーに進入。七月、オーストリア皇帝レーオポルト二

	依然法律学科に籍を置きながらも、多読期は続き、クロプシュトック、ゲーテ、シラー、ヴォルテール、スピノザ、ダンテ、シェイクスピア等の名が兄への手紙の主役となる。この時期の徹底した博覧強記が、古代、中世、近代にわたる個々の文学的・哲学的所産を総括して一つの有機的全体像を描き出そうという後年の全ヨーロッパ文化史記述の基礎となる。	やシェイクスピアの『夏の夜の夢』などの翻訳の試み。	世、諸国に革命阻止の干渉を訴える。第一次対仏同盟戦争期に入る。
九二	（二十歳）　同じく法律を学ぶためにライプツィヒ大学に在籍していたノヴァーリスを識り、終生の親交を結ぶ。また、ドレースデンでシラーの面識を得る。	シラー、フランス国民議会よりフランス市民権を授与される。ゲーテ、対仏同盟戦争に従軍。フィヒテ『あらゆる啓示批判の試み』。	三月、ジロンド派内閣成立。四月、フランス、オーストリアに宣戦布告。八月、プロイセン軍、フランス亡命軍と合体してコーブレンツ、トリーア、ルクセンブルクを経てフランス領内へ侵攻、ロンウィ、ヴェルダン両要塞を奪取するが、九月、ヴァルミの丘での砲撃戦に破れ、合流したオーストリア軍と共に総敗軍となってライン戦線を放棄。この戦役でプロイセン軍麾下の一部隊として従軍したヴァイマル公カール・アウグストにゲーテが随行している。その間ロベスピエール、国民公会を招集、王政廃止と共和制を宣言。十月、フランス軍ヴォルムス、フランクフルト・アム・マインを占領、次いでマインツを攻略して共和制を敷く。これに呼応してマインツ大学図書館司書ゲオルク・フォルスター、当地のジャコバン・ク

ラブに入会し、その副会長となる。十一月、フランス軍、北進してブリュッセルとリエージュを侵す。十二月、プロイセン軍、反撃に転じてフランクフルト・アム・マインを奪回。

九三

この時期、常に周囲の人間の反感を呼び起こさずにはおかない自分の「可愛くない」性格や、自分の中に絶えず感じる自分自身との「不協和音」の重圧を訴える言葉が兄への手紙の端々から読み取れる。世間との和解を目指す虚しい努力が、ライプツィヒ社交界での奮闘の一時期をつくり出す。この年、ゲッティンゲン時代に知り合い、自分の精神の真の理解者を見出し得たという思いを抱くことのできたカロリーネ・ベーマーと再会する。彼女は前年の九十二年にマインツのゲオルク・フォルスター家に滞在中、この地がフランス革命軍によって占拠され共和制が布告されたことへの共鳴が祟って、当局から「お尋ね者」として追及されていたのを、兄アウグスト・ヴィルヘルムが救出し、その保護を弟に委ねたからである。革命への共感を隠さなかったカロリーネとのこの一時期の交際が、シュレーゲルを現実の政治的・社会的諸問題へと大きく開眼させる契機となる。

ヘルダー『人間性促進のための書簡』第一部、第二部。シラー『三十年戦争史』、『優美と尊厳について』、『崇高なるものについて』。ジャン・パウル『満ち足りたマリーア・ヴーツ先生の生活』。シェリング『太古の神話、歴史的伝説、哲学的教説について』。ティーク、シェイクスピアの『テンペスト』の上演用脚本を作成、『シェイクスピアの不思議なものの扱い方』という一考察を付す。ゲーテ、マインツ包囲戦に従軍。

一月、ルイ十六世刑死。二月、フランス、イギリスとオランダに宣戦布告。三月、スペインに宣戦布告、四月、公安委員会設置。ロベスピエール、ジロンド派を告発。プロイセン・オーストリア連合軍、ダルムシュタット、プファルツなどの近隣諸侯、ザクセン、ヴァイマルからの来援部隊と共にマインツ攻囲戦を開始。七月、フランス籠城軍、連合軍に降伏してマインツ撤退。この戦役にもゲーテ従軍。このマインツ陥落により、これに先立つ三月、ライン・ドイツ国民公会議員団の代表としてパリに派遣されていたフォルスターはそのままパリに留まることを余儀なくされる。九月、ロベスピエール、独裁体制を確立し、十月、王妃を処刑、次いでジロンド派を処刑。フランス軍、再び反撃に転じ、年末から翌年にかけてオーストリア・プロイセン連合軍を撃退、ライン地方を再占拠。

九四

ドレースデン大学へ移る。法律学の習

ヘルダー『人間性促進のための書簡』第

一月、フォルスター、パリで客死。三

得はすでに完全に断念し、ここでは文学、特にギリシャ文学の研究に専念、処女論文『ギリシャ文学の諸流派について』をはじめ、『ギリシャ喜劇の美的価値について』、『美なるものの限界について』、『ギリシャの詩人たちにおける女性的性格について』を相次いで発表。

三部、第四部。フィヒテ『学者の使命』、『知識学、あるいは言うところの哲学の概念について』、『全知識学の基礎』。

月、コンドルセ、ジロンド派として逮捕され、獄中で自殺。四月、ダントン刑死。七月、反ロベスピエール勢力の結集によるいわゆる「テルミドールの反動」始まる。ロベスピエール、サン・ジュストら処刑。

九五

兄宛の手紙に初めてフィヒテの名が「いま存命中の最も偉大な形而上学的思想家」として現れる。『ディオティーマについて』、『ギリシャ人とローマ人の研究の価値について』（未発表）等のギリシャ精神史研究の分野での諸作とは別に、前年パリで獄中自殺を遂げたジロンド派の啓蒙主義思想家コンドルセの遺作『人間精神の進歩の歴史的展望の素描』を取り上げ、「人類の歴史の不断の前進と無限の完全化」への揺るぎない確信と「偏見、偽善、抑圧、迷信に対する高貴な憎悪」とに貫かれた著者の精神に最大級の賛辞を贈る。

ヘルダー『人間性促進のための書簡』第五部、第六部。シラー、『ホーレン』誌を創刊、『人間の美的教育についての書簡』、『素朴文学と情感文学について』を同誌に掲載。カント『永遠平和のために』。シェリング『哲学の原理としての自我、あるいは人間知における無制約的なものについて』、『独断論と批判主義についての哲学的書簡』。ゲーテ、シラーと共に風刺詩『クセーニエン』を開始。

四月、フランス、プロイセンとの「バーゼルの和約」によりライン左岸地域を獲得。十月、フランスに総裁政府成立。

九六

シラーから『ホーレン』誌への参加を呼び掛けられていた兄アウグスト・ヴィルヘルムはこの年結婚したカロリーネを伴ってイェーナに移住。弟フリードリヒも、その革命的性格によってゲーテやシラーと対立関係にあったフリードリヒ・ライヒャルトの主宰する『ドイッチュラント』誌

ヘルダー『人間性促進のための書簡』第七部、第八部。ゲーテ『ヴィルヘルム・マイスターの修行時代』、『ヘルマンとドロテーア』。シラー『素朴文学と情感文学』完結（『ホーレン』誌所載）、『ムーゼンアルマナハ』誌創刊。ティーク『ウィリアム・ロヴェル』、『ブロンドのエックベルト』。

三月、ナポレオン、イタリア遠征軍総司令官となる。

九七

の同人となってイェーナに移住、同誌に、民主主義を専制政治と見るカントの『永遠平和のために』に対して民衆の反乱の合法性および条件付き専制の容認を含むラディカルな民主主義的共和体制を主張する『共和制の概念についての試論』をはじめ、『ヤコービの《ヴォルデマル》』、『ドイツのオルポイス』、『ホメロスの詩文学——ヴォルフの研究を顧慮しつつ』を発表。その他、シラー主宰の『ムーゼンアルマナハ』誌および『ホーレン』誌に対する一連の辛辣な書評を載せ、これによってシラーとの関係は険悪な様相を帯びる。そしてシラーが弟の『ホーレン』誌攻撃を理由に兄に対して同誌の共同編集者としての解消を一方的に宣告するに及んで、シラーとシュレーゲル兄弟との関係は最終的に決裂する。この年、フィヒテの面識を得る。

　彼の古典古代精神史記述の主著となった『ギリシャ人とローマ人——古典古代についての歴史的・批判的試論』(『ギリシャ文学研究論』)を発表し、近代文学の「美的無政府状態」から脱却するための「美的革命」を提唱。また『ドイッチュラント』誌に対する検閲の厳しさから新たに『芸術のリュツェーウム』誌と名を変えて再出発したライヒャルトの雑誌の編集者としてベ

ヘルダー『人間性促進のための書簡』第九部、第十部。フィヒテ『知識学への第一序論』、『知識学への第二序論』、『知識学の新叙述の試み』。シェリング『自然哲学考案』。ヘルダーリン『ヒュペーリオン』第一部、『エンペドクレスの死』に着手。A・W・シュレーゲル、シェイクスピアの翻訳に着手。(一八一〇年までに十七作(『テンペスト』、『十二夜』、『ヴェニスの商人』、

三月、ナポレオン、同盟軍を撃破してヴェネチアを占領。十月、「カンポ・フォルミオの和約」によりオーストリア、ライン左岸地域の割譲に同意。第一次対仏同盟瓦解。

ルリーンへ移住、ヘンリエッテ・ヘルツ、ラーヘル・レーヴィンら婦人たちのサロンに出入りし、そこでモーゼス・メンデルスゾーンの長女で、すでに銀行家の妻となっていたドロテーア・ファイトを識り、熱烈な関係となる。また若き牧師シュライエルマッハー、新進の作家ティークとも知り合う。この時期、レッシングの研究に没頭。『芸術のリュツェーウム』誌に発表された『レッシングについて』は、この思想家を自分と同質の「断章的体系家」として生涯の師表と仰ぎ続けたシュレーゲルの一連のレッシング論の第一作となる。また、これに先立って論評『ゲオルク・フォルスター――ドイツの古典的著述家の特性描写断章』を同誌に掲載、一七九四年にパリで孤独のうちに客死したこのマインツ革命の指導者に向けられたゲーテ・シラーの辛辣な当てこすり(『クセーニエン』)に対して、フォルスターを「ドイツの古典的散文家」のうちにあって「自由な前進の精神の息吹」を誰にもまして感じさせる「卓越した社会的著述家」として讃える熱烈な擁護論をもって応戦する。同誌にはこれ以外にも「ソクラテスのイロニー」についての有名な一節を含む『批評的断章集』(『リュツェーウム断章集』)がある。やがてライヒャルト

『夏の夜の夢』、『お気に召すまま』、『ロミオとジュリエット』、『ハムレット』、『ジュリアス・シーザー』、『ジョン王』、『リチャード二世』、『ヘンリー四世』第一部、第二部、『ヘンリー五世』、『ヘンリー六世』第一部、第二部、第三部、『リチャード三世』)を訳出、『リア王』、『オセロー』、『マクベス』等を含む残り十九作は、一八二五年、ティークの監修のもとにティークの娘ドロテーアとヴォルフ・フォン・バウディッシン伯によって引き継がれ、一八三三年に翻訳完成。〕ティーク『長靴をはいた牡猫』。ティーク=ヴァッケンローダー『芸術を愛する一修道僧の心情吐露』。ハイネ生まれる。

九八

との関係が軋み始め、この年の暮れ、破綻は決定的となる。
　五月、ベルリーンの出版業者フリードリヒ・フィーヴェークより兄と共に機関誌『アテネーウム』を創刊。同人にはシュレーゲル兄弟の他にノヴァーリス、シュライエルマッハー、カロリーネ・シュレーゲル、ドロテーア・ファイトら計十人。同誌所載のフリードリヒの著作としては、「ロマン主義文学は進展的普遍文学である」に始まる一節、あるいは「フランス革命、ゲーテの『マイスター』、フィヒテの『知識学』は当代の三大傾向である」に始まる一節を含む『アテネーウム断章集』(兄、ノヴァーリス、シュライエルマッハー、カロリーネ、ドロテーアらによるもの若干を除き他はすべてフリードリヒの作)のほか、彼のその後の批評理論の基礎となる「発生論的方法」による「特性描写の技法」がいわば先取りされたかたちで駆使されている作品論として近代文芸批評の古典的作例の一つとなった『ゲーテのマイスターについて』(以上、創刊号第二輯)がある。同誌所載以外のものとしては、『ギリシャ人とローマ人の詩文学の歴史について』。この年の夏、シュレーゲル兄弟、カロリーネ、ノヴァーリス、それに彼らと友好関係にあっ

A・W・シュレーゲル、弟フリードリヒと共に『アテネーウム』誌創刊、その第一輯に『言葉たち―クロプシュトックの文法会話についての会話』、『悲歌、ギリシャ語からの訳詩』(弟フリードリヒとの合作)、『最近の文芸批評へのさまざまな寄与』を発表、ノヴァーリス、断章集『花粉』を寄稿。ゲーテ、『プロピュレーエン』誌創刊。フィヒテの『神の世界支配へのわれわれの信仰の根拠について』が「無神論論争」に発展。シェリング『世界霊について―普遍的な有機的形成の解明のための高次の自然学の一仮説』。ティーク『フランツ・シュテルンバルトの遍歴』。ノヴァーリス『ザイスの弟子たち』。ヴァッケンローダー歿。

二月、ナポレオン、ローマ共和国を建設、十月、スイスに「ヘルヴェティア共和国」を建設。ナポレオンによる衛星共和国量産体制始まる。

九九

たシェリングやフィヒテを交えた一団がドレースデンに会する。

『アテネーウム』誌第二巻刊行。その第一輯に、イェーナ大学講義への予告と読むこともできる『哲学についてードロテーアへ』を発表。また、ドロテーアとの関係を想像させる小説『ルツィンデ』を刊行、物議を醸す。九月、『アテネーウム』誌第三巻の編集をシュライエルマッハーに委ねてベルリーンを去り、イェーナの兄夫妻の家に移る。それを追ってドロテーア、ティーク夫妻、ノヴァーリス、シェリング、フィヒテらも同地に参集。フリードリヒ、学位取得の準備を始める。

ヘルダー『純粋理性批判へのメタクリティーク』。A・W・シュレーゲル、『アテネーウム』誌第二巻第一輯に対話篇『絵画』(カロリーネとの合作)を、第二輯に『ギリシャ人の芸術ーゲーテへ』、『詩の挿絵とジョン・フラックスマンの輪郭について』、『狂えるローランド第十一歌、翻訳者からのL・ティーク宛の後書き』を発表、シュライエルマッハー、『イマーヌエル・カントの《人間学》』ほか数篇についての書評を寄稿。同シュライエルマッハー『宗教についての講話』(『宗教論』)。ノヴァーリス『聖歌集』、『キリスト教あるいはヨーロッパ』。ヤコービ『ヤコービよりフィヒテへ』。シラー『ヴァレンシュタイン』。ティーク＝ヴァッケンローダー『芸術の友らへ贈る芸術についての幻想』。ティーク『忠実なエッカルト』、『タンホイザー』、『王子ツェルビーノ』。同、『ドン・キホーテ』の翻訳に着手(一八〇一年完成)。シェリング『自然哲学体系草案、あるいは思弁的自然学の概念について』。フィヒテ『公衆に訴える』を発表して「無神論」との非難に抗議、イェーナ大学を追われ、ベルリーンへ行き、シュレーゲル兄弟らと親交を結ぶ。

十一月、ナポレオン、「ブリュメール十八日のクーデタ」により執政政府を樹立、第一執政として独裁権掌握。第二次対仏同盟戦争期に入る。

一八〇〇

『アテネーウム』誌第三巻刊行。「詩と哲学との渾然一体」を具現しているノヴァーリスへのオマージュをエピローグとする『イデーエン断章集』(第一輯)、フィヒテの観念論の胎内から誕生する新しいスピノザ的実在論に来るべき文学の真の基底は見出されるとする『神話論』を中核として含む『詩文学についての会話』(第一、第二輯)、『アテネーウム断章集』を難解であるとする世評に対して辛辣な応酬の矢を放った『不可解ということについて』(第二輯)。八月刊行のこの第三巻第二輯をもって『アテネーウム』誌は廃刊となる。十月、イェーナ大学講義**『超越論的哲学』**開始。講義と平行して『レッシング論』の続編を執筆。

ヘルダー『カリゴーネ』(『判断力批判』の批判)。シラー『マリア・ステュアート』。ジャン・パウル『巨人』第一巻。シュライエルマッハー『独白録』。ノヴァーリス『ハインリヒ・オフターディンゲン』第一部。ティーク『聖女ゲノフェーファの生と死』。シェリング『超越論的観念論の体系』。フィヒテ『人間の使命』。シュライエルマッハー、『フリードリヒ・シュレーゲルの《ルツィンデ》についての親書』を著し、世間の悪評に対して同小説を弁護。『アテネーウム』誌第三巻第二輯にA・W・シュレーゲル、『牧歌、ギリシャ語からの訳詩』(フリードリヒとの合作)、『ルートヴィヒ・ティークに捧げるソネット』(同)を、ノヴァーリス、『夜への讃歌』を、シュライエルマッハー、書評『エンゲルの《世界のための哲学者》第三部』および『フィヒテの《人間の使命》』をそれぞれ寄稿。

四月、ナポレオン、第二次イタリア遠征。当地のオーストリア軍を撃破。

〇一

三月二十四日、同講義終了。これに先立つ同月十四日、先送りされていた教授資格審査のための公開討論が実施され、席上シュレーゲルは、審査委員の一人の発言に不当な人身攻撃を感じて激怒、「黙れ、黙れ」を連発して会場騒然となるが、学長の仲裁でようやく矛を収める。以後、戦乱による大学の閉鎖や新設の延期などの不運

ヘルダー『アドラステア』第一巻、第二巻。シラー『オルレアンの少女』。ジャン・パウル『巨人』第二巻。A・W・シュレーゲル、ベルリーン公開講義『文芸と芸術について』を開始。シェリング『私の哲学体系の叙述』。ヘーゲル、イェーナ大学私講師となり、『フィヒテの体系とシェリングの体系との差異』を刊行。ノヴァーリス歿。

二月、ナポレオン、「リュネヴィルの和約」によりライン左岸全域をフランス領に組み入れる。

はあったにせよ、何よりも既成の秩序に順応できない生まれついての性格が災いして大学を含めてのあらゆる求職運動に失敗、オーストリア帝国の政府職員として働いたヴィーン時代の数年間を除けば、「生きるとは書くことだ」(『哲学について――ドロテーアへ』)を唯一の支えに、無冠の一著述家として貧困と背中合わせの一生を送ることとなる。この年、正・続両レッシング論を含む評論集『特性描写と批評』を兄との共編で刊行。

〇二

(三十歳) 一月、ドロテーアと共にイェーナを出立、ドレースデン、ライプツィヒ、ヴァイマル――ここで自作の『アラルコス』上演に立ち会う――、ヴァルトブルク、ライン地方、アルサス地方そしてメッツを経由して七月、パリに到着、モンマルトル地区の、かつて啓蒙主義思想家ドルバック男爵が住んでいたといわれる家に投宿。念願のパリ国立図書館所蔵の夥しい東洋語の写本と対面、この年の夏にはアントワーヌ＝レオナール・ド・シェジの指導でペルシャ語の学習を開始、サンスクリットとドイツ語を視野に入れたペルシャ語文法書の成作を計画。

ヘルダー『アドラステア』第三巻、第四巻、翻訳詩『シッド』(遺稿)。ジャン・パウル『巨人』第三巻。ティーク、フリードリヒ・シュレーゲルと共に『ノヴァーリス作品集』を刊行。ティーク『ルーネンベルク』。シェリング『ブルーノ、あるいは事物の神的原理と自然的原理について』、『自然哲学の哲学一般に対する関係について』。同、イェーナ大学で講義『芸術哲学』を開始。

八月、ナポレオン終身第一執政となる。

〇三

一月、ウィリアム・ジョンーズによって設立されたカルカッタのアジア協会会員

ヘルダー『アドラステア』第五巻、第六巻。ゲーテ『庶出の娘』。シラー『メッシー

二月、ドイツの有力諸侯、レーゲンスブルクで帝国代表者会議を開催、リュネヴィ

でイギリス海軍士官のアレクサンダー・ハミルトンの指導でサンスクリットの学習を開始。「一切はインドに由来する」(ティーク宛の手紙)という興奮と熱狂のうちに『シャクンタラー』、『バガヴァッド・ギーター』の翻訳を計画。これとは別に、二月、フランクフルトの出版業者フリードリヒ・ヴィルマンより二番目の機関誌『オイローパ』を単独で創刊、ドイツ的中世への回帰の旅とも言うべき『フランスへの旅』、近代ドイツ文学・思想をめぐる回顧的論評『文芸について』、『パリの諸絵画についての報告』を第一巻第一輯に、『ラファエロについて』、『近代詩文学の歴史への寄与とプロヴァンス語の写本に関する報告』を第二輯に、『イタリアの絵画補遺』を第二巻第一輯に発表。十一月、ケルンの富裕な商家の息子ボワスレー兄弟とその友人ベルトラムの依頼により私講義『ヨーロッパ文学の歴史』を開始。

ナの花嫁』。ジャン・パウル『巨人』第四巻。クライスト『シュロッフェンシュタイン家』。シェリング、ヴュルツブルク大学で『芸術哲学』を講じる。A・W・シュレーゲル、弟フリードリヒ創刊の『オイローパ』誌第一巻第二輯に『スペインの舞台について』、『韻律』、『ギリシャの短詩抄』を、第二巻第一輯に『現代の文芸、芸術、および精神について——一八〇二年の末にベルリーンで行った幾つかの講義』を寄稿。ドロテーアも同誌第一巻第二輯に『フランス女性たちの最近の小説についての会話』を寄稿。ティーク『中世ドイツのミンネ・リート』。シェリング、A・W・シュレーゲルと離婚したカロリーネと結婚。ヘルダー歿。

ルの和約条項に則って帝国の再組織と再配分を協議。マインツ大司教領を除くすべての司教領、教会領、および群小世俗諸侯領、そしてリューベック、ハンブルク、ブレーメン、フランクフルト、ニュルンベルク、アウグスブルクを除くすべての帝国都市、計百十二の領土が整理統合され、プロイセン、バイエルン、バーデン、ヴュルテンベルクが勢力圏を大幅に伸ばす。

〇四

四月、ドロテーアと結婚。同月、ボワスレー兄弟らとパリを出立、北フランス、ベルギーのブリュッセル、ルーヴァン、ドイツに入ってアーヘン、デュッセルドルフを経由してケルンに到着、聖マリーア・イン・カピトール尼僧院長居宅を住まいとする。パリからの道中、ボワ

シラー『ヴィルヘルム・テル』。ジャン・パウル『美学入門』。ティーク『皇帝オクタヴィアヌス』。シェリング『哲学と宗教』、『全哲学の体系、特に自然哲学の体系』。A・W・シュレーゲル、旧フランス王国の蔵相ネッケルの娘でナポレオンの敵対者として二重の亡命生活を余儀なくさ

五月、ナポレオン「フランス人の皇帝」に選出され、十二月、戴冠式。

スレー兄弟によって掻き立てられたゴシック建築、中世美術への関心は、ケルン到着後、中世芸術と中世史の研究者で美術収集家でもあったケルン大学教授フェルディナント・ヴァルラフの知遇を得るに及んで一層深まる。五月、『レッシングの思想と意見』と題され、九篇の論評を添えて編集された三巻本の『レッシング選集』を刊行。六月、ボワスレー兄弟らのための講義を再開、翌年の三月にかけて『哲学の展開十二講』を講じる。キリスト教的有神論と啓示神学の正当性を主張し、共和制を全面的に否定し、中世の位階制と君主制に国家統合の理想の原型を見るとする政治・宗教観がこの講義においてすでに顕著となる。

れていたスタール夫人の「同伴者」として、夫人の死に到るまで、イタリア、フランス、ドイツ、オーストリア、ロシア、デンマーク、スウェーデン、イギリス等の各地を経めぐる十三年にも及ぶ長途の旅始まる。シュライエルマッハー、ハレ大学に員外教授として赴任。カント歿。

〇五

『いにしえの絵画補遺二』、『いにしえの絵画補遺三』を『オイローパ』誌第二巻第二輯（最終号）に発表。十一月から翌年八月にかけてボワスレー兄弟らのために私講義『序説と論理学』を、また、この年の暮れから翌年にかけて同兄弟、ヴァルラフ教授らを含む少数の友人たちのために私講義『世界歴史』を講じる。

シラー歿。

第三次対仏同盟戦争期に入る。十月、ウルムの会戦、オーストリア軍敗北。十一月、フランス軍、ヴィーン入城。十二月、ナポレオン、アウステリッツの「三帝会戦」に勝利、同月、「プレスブルクの和議」成立。バイエルン、ヴュルテンベルク、ナポレオンにより王国に昇格。

〇六

十一月から翌年四月末にかけてノルマンディー、オーベルジャンヴィルのアコスタの居館にスタール夫人の客となり、ここで彼女のために『形而上学』を講じる。

ゲーテ『ファウスト』第一部。フィヒテ『現代の特徴』、『浄福なる生への指標』。シェリング『自然哲学序説へのアフォリスメン』、『自然哲学についてのアフォリスメ

七月、ナポレオン支配のもとライン連邦成立。八月、神聖ローマ帝国終焉。十月、メッテルニヒ、オーストリア帝国外相に就任。第四次対仏同盟戦争期に入る。

		ン』。アルニム＝ブレンターノ『少年の魔法の角笛』第一部。	十月、ナポレオン、イェーナ・アウエルシュテットの会戦に勝利、ベルリーンに入城、十一月、大陸封鎖令を発布。ナポレオン、兄をナポリ王に封ず。
〇七	六月から八月にかけて少数の友人らのための私講義『ドイツの言語と文学について』。	クライスト『アンフィトリオン』。フィヒテ、フランス軍占領下のベルリーンで十二月から翌年三月まで公開講演『ドイツ国民に告ぐ』。ヘーゲル『精神現象学』。シェリング『造形芸術の自然への関係について』。ゲレス『ドイツの民衆本』。	七月、「ティルジットの和約」によりプロイセン、西方領土と西プロイセンを除く旧ポーランド領を失い、ワルシャワ大公国、ヴェストファーレン王国（西プロイセン、ハノーファー、ヘッセン、ブラウンシュヴァイクの合邦）の成立を承認。ダンツィヒ、フランス保護下の共和国となる。ナポレオンへの功績によりすでに王国に昇格していたザクセン以下、メクレンブルク、ヴァイマル等の群小諸国、ライン連邦に組み入れられる。
〇八	四月、ドロテーアと共にカトリックに改宗、スキャンダルとして批判を浴びる。同月、『インド人の言語と叡知について』刊行。『ハイデルベルク文学年鑑』に『ゲーテ作品集第一巻から第四巻』、フィヒテの『学者の本質』、『現代の特徴』、『浄福なる生への指標』、シュトルベルク伯爵の『イエス・キリストの宗教の歴史』、アーダム・ミュラーの『ドイツの学問と文学についての講義』等に関する一連の論評を発表。この年の初夏、単身ケルンを出立、ヴァイマルでゲーテと再会したのちヴィーンに	A・W・シュレーゲル、ヴィーン公開講義『演劇的芸術と文学について』の成功によって獲得した名声と人脈とを利用して弟フリードリヒのためにヴィーンでの活動の場を確保しようと努力。シェリング、ミュンヒェン造形芸術院理事長に就任。アルニム＝ブレンターノ『少年の魔法の角笛』第二部、第三部。同『世捨て人のための新聞』発行。クライスト『壊れ瓶』、『ペンテジレーア』、『ミヒャエル・コールハース』。同『フェーブス』誌刊行。E・T・A・ホフマン、バンベルク劇場音楽監督に就任（翌	ナポレオン、トスカナを併合。

	到着。ハープスブルクのカール五世を中心とするオーストリア史研究のための文献収集に取り掛かるかたわら、兄の紹介によって政官界、宗教界の有力者たちを歴訪、メッターニヒの知遇を得る。十一月、ドロテーア、フランス軍の中をくぐり抜けてヴィーンにたどり着く。	年退任）。	
〇九	五月、対ナポレオン宣戦布告に伴ってヴィーンの帝国軍事委員会の宮中秘書官として勤務。六月以降、軍司令部発行の『オーストリア新聞』の編集に携わる。アスペルン、ヴァグラムの戦闘に従軍。八月、敗退する部隊に従ってハンガリアのペストその他に駐屯し、ここでハンガリアの歴史、言語、文学の研究に打ち込み、ハンガリアの詩人の翻訳を試みる。	シェリング『人間的自由の本質、およびこれと関連する諸対象についての哲学的研究』。ゲーテ『親和力』。カロリーネ・シェリング歿。	四月、オーストリア軍、バイエルンに侵入、第五次対仏同盟戦争期に入る。五月、ナポレオン、オーストリア軍を撃破してヴィーンに入城、七月、ヴァグラムの会戦に勝利。十月、「シェーンブルンの和議」成立。
一八一〇	二月、カール五世の事跡を論述の主柱とする公開講義『近代史』を開始。メッターニヒの機関紙『エーストライヒシャー・ベオバハター』（『オーストリア新聞』の新装版）の立案、発行に尽力、担当したその初年度版に設けられた一種の文芸欄に劇評、書評等三十篇の短い論評を掲載。	フィヒテ、シュライエルマッハー、新設のベルリーン大学教授に就任。ゲレス『アジア世界の神話史』。E・T・A・ホフマン、バンベルク劇場に監督補佐として再赴任。クライスト『ハイルブロンのケートヒェン』。同『ベルリーナー・アーベントブレッター』紙刊行。	二月、ナポレオン、ティロールの反乱を鎮圧、三月、オーストリア皇女マリー・ルイーズと結婚、ロシアを除くヨーロッパ大陸の列強をほぼ制圧、権力の絶頂に立つ。
一一	『近代史』をヴィーンのカール・シャウムブルク社より刊行。	ゲーテ『詩と真実』第一部。ティーク『愛の魔力』、『高坏』、『妖精』。フケー『ウンディーネ』。ヤコービ『神的な事柄とその啓示について』。フィヒテ、ベルリーン	

一二

（四十歳） 一月、ヨーロッパ精神史の中に占める中世以来のドイツの文学的・思想的伝統の価値と意義とを哲学、宗教、歴史、文学、建築、絵画、政治、経済等々の諸分野にわたって包括的に再検討、再評価しようとする愛国感情の発露を基底とした三番目の機関誌『ドイッチェス・ムゼーウム』を創刊。寄稿者には兄シュレーゲル、アーダム・ミュラー、ジャン・パウル、グリム兄弟、ヴィルヘルム・フンボルト、ヨーゼフ・ゲレス、スタール夫人ら多数。二月、同じ理念に基づいて構想された公開講義『古代・近代文学史』を開始。同誌第一巻第六輯に別個掲載された同講義第十二講において、キリスト教精神に浸透された近世詩文学の特質のうちにこそロマン主義文学と思想の神髄は見出されるとする新たな「ロマン主義文学理論」を展開、また、同誌第一巻第一輯においては、前年刊行されたヤコービの『神的な事柄とその啓示について』を取り上げ、神の人格性を否定する体系はすべて——同一哲学の体系をも含めて——無神論であるとするヤコービの確信には同意しながらも、最終的には「理性信仰」に陥らざるを得ない彼の「内的啓示」の思弁性の矛盾を批判する。

大学学長に就任。クライスト自死。

ゲーテ『詩と真実』第二部。グリム兄弟『子供と家庭の童話集』第一巻。E・T・A・ホフマン、オペラ『アウローラ』。シェリング、『フリードリヒ・ハインリヒ・ヤコービ氏の《神的な事柄》についてのF・W・J・シェリングの文書の記念碑』によって同一哲学を無神論と見るヤコービに反論。ヘーゲル『大論理学』第一巻第一部。フィヒテ、ベルリーン大学学長を辞任。A・W・シュレーゲル、フリードリヒ創刊の『ドイッチェス・ムゼーウム』誌第一巻第一輯に『《ニーベルンゲン・リート》についてのある未刊行の歴史的研究から』を、第四輯に『同時代人たちからルードルフ・ハープスブルクへ捧げられた詩のかずかず』を、第六輯に『《ニーベルンゲン・リート》について』を寄稿。七月、スタール夫人と共にペテルブルクに向けて出発、ナポレオンの軍勢を避けて、キエフ、モスクワを経由する大迂回路をとって目的地にたどり着くが、九月の初めにはフィンランドの平原を縦断してバルト海沿岸へ抜け、漁船でスウェーデンへ渡り、ストックホルムに到着、ここで対ナポレオン戦争に参加する意志を固めた元ナポレオン麾下の元帥で現在は同国の皇太子と

六月、ナポレオン、ロシア遠征に出発。九月、モスクワ占領。十月、フランス軍、撤退開始。

一三	ナポレオン没落後のヨーロッパ新秩序構築に参画するようにとのメッターニヒの命により、種々の建白書、憲法草案等の作成などに従事。十二月、『ドイッチェス・ムゼーウム』誌最終巻刊行。	なっているベルナドットの政治秘書官となる。 E・T・A・ホフマン、ヨーゼフ・ゼコンダ一座の楽長として巡業中、ナポレオンのドレースデン侵攻に遭遇、野戦、攻囲戦の悲惨を体験する。A・W・シュレーゲル、スタール夫人が戦乱を避けてロンドンに滞在する間、ベルナドットの総司令部に勤務、十月のライプツィヒの会戦にはスウェーデン軍に属して従軍。ヘーゲル『大論理学』第一巻第二部。シェリング『世界世代』第一部。	二月、プロイセン、フランスに宣戦布告し、「諸国民の解放戦争」始まる。八月、オーストリア、フランスに宣戦布告。十月、プロイセン、オーストリア、ロシアの同盟成立。十月、ライプツィヒの会戦、フランス軍敗走。ライン連邦自壊。十二月、連合軍、ライン河を越え、フランス領へ侵攻。
一四	ヴィーン会議に参加、引き続き建白書等の作成に従事。	A・W・シュレーゲル、この年から一八一七年のスタール夫人死去までの三年間を、パリとジュネーヴ湖畔コペーの夫人の居館で過ごす。ゲーテ『詩と真実』第三部。E・T・A・ホフマン『カロ風幻想作品集』第一、第二、第三巻、オペラ『ウンディーネ』。シャミッソー『ペーター・シュレミールの不思議な物語』。フィヒテ歿。	三月、連合軍パリ入城。四月、ナポレオン退位、エルバ島へ配流。五月、ルイ十八世即位。九月、メッターニヒ外相の主催によりヴィーン列国会議始まる。ヴィルヘルム・フンボルト、プロイセン次席代表として会議に参加。
一五	公開講義『古代・近代文学史』、メッターニヒへの献辞を添えてヴィーンのカール・シャウムブルク社より刊行。十一月、オーストリア公使館参事官としてフランクフルト・アム・マインでのドイツ連邦会議に派遣される。	グリム兄弟『子供と家庭の童話集』第二巻。E・T・A・ホフマン『カロ風幻想作品集』第四巻、『悪魔の霊液』第一部。アイヒェンドルフ『予感と現実』。シェリング『サマトラケの神々』。	二月、ナポレオン、エルバ島脱出。六月、ワーテルローの会戦。九月、プロイセン、オーストリア、ロシアの元首間に「神聖同盟」締結。十月、ナポレオン、セント・ヘレナ到着。ヴィーン会議の結果、列国版図は一七九二年の線に戻すという条

			件のもと、メッターニヒの主導によりドイツ連邦成立。フランクフルト・アム・マインで最初のドイツ連邦会議が開催。六月、メッターニヒの反動体制に抗議して「名誉、自由、祖国」の標語のもとに「ドイツ学生組合」がイェーナで結成される。（四月、ビスマルク生まれる。）
一六	同地で翌十七年にかけて、オーストリアとプロイセンとの覇権争いを中心に展開されてゆく複雑な政治状況の中で広報・外交活動に専念するが、彼独自のカトリック・イデオロギーに基づくオーストリア絶対中心のドイツ連邦構想が他の派遣委員らの政治的思惑と一致せず、孤立する。	ゲーテ『イタリア紀行』第一部。グリム兄弟『ドイツの伝説』第一巻。E・T・A・ホフマン、プロイセンの大審院判事に就任。同『悪魔の霊液』第二部、『夜景作品集』第一巻、ベルリーンで『ウンディーネ』初演。ヘーゲル『大論理学』第二巻。同、ハイデルベルク大学教授に就任、『美学』、『歴史哲学』を講じる。	
一七		ゲーテ『イタリア紀行』第二部。E・T・A・ホフマン『夜景作品集』第二巻。ヘーゲル『哲学的諸学のエンツィクロペディー』。	十月、「ドイツ学生組合」、ヴァルトブルクにおいて集会を挙行、夜に入って連邦文書類、反動的と認定された書籍類等を焼却。
一八	九月、メッターニヒにより派遣委員の任を解かれ、ヴィーンへ帰還。	グリム兄弟『ドイツの伝説』第二巻。A・W・シュレーゲル、ボン大学教授に就任、ドイツにおける最初のサンスクリット学講座を開設。ヘーゲル、ベルリーン大学教授に就任。ショーペンハウアー『意志と表象としての世界』。	
一九	二月から八月まで、オーストリア皇帝フランツ、メッターニヒらのイタリア旅行に随行、『一八一九年春開催のローマ	A・W・シュレーゲル、翌年にかけてボン大学で『大学の研究について』を講じる。ゲーテ『西東詩集』。アイヒェンドルフ『大理	三月、学生組合所属の一人、カール・ルートヴィヒ・ザント、劇作家アウグスト・コッツェブーを「祖国を裏切るロ

	におけるドイツ美術展覧会、およびローマにおけるドイツ美術の現状について』を『ヴィーン文学年報』に発表。	石像』。E・T・A・ホフマン『セラーピオンの仲間たち』第一巻、第二巻。ヤコービ歿。	シアのスパイ」として暗殺。七月、メッテルニヒの招請で開催されたカールスバートの連邦首脳会議で治安維持のための中央調査委員会がマインツに設置され、「学生組合」の禁止、新聞・出版物の検閲、大学の監視強化等が決議される。以後、警察権による国民の改革運動弾圧は徹底的なものとなる。
一八二〇	アーダム・ミュラー、フランツ・バーダー、フランツ・ブーフホルツらカトリック保守派の論客を糾合した四番目の機関誌『コンコルディア』を創刊。フランス革命以後のヨーロッパ近代をルターの宗教改革に淵源する宗教的、道徳的、思想的、政治的、社会的堕落の必然的帰結として糾弾する『現代の徴候』を同誌第一、第三、第六輯(一八二三年)に、また、第四・五輯(合併号)には、「本源的な無垢の生と意識」の創造者である「神」に由来する「純粋精神」との陶酔的合体の法悦による「地上的霊魂」の救済を説く『内的生の展開——霊魂について』を発表。『コンコルディア』誌刊行により、弟のカトリック改宗を代々プロテスタントの指導的地位を守ってきた一族に対する恥ずべき裏切り行為と見ていた兄アウグスト・ヴィルヘルムと最終的に決裂する。	E・T・A・ホフマン『セラーピオンの仲間たち』第三巻、『王女ブランビラ』、『牡猫ムルの人生観』第一部。シェリング、エアランゲン大学の招聘に応えて赴任、翌年にかけて『学問としての哲学の本質について』、『神話の哲学』を講じる。	

二二		E・T・A・ホフマン『セラーピオンの仲間たち』第四巻、『牡猫ムルの人生観』第二部。ヘーゲル、『宗教哲学』を講じる。同『法哲学概要』。シュライエルマッハー、主著となる『福音教会の諸原則に従って論理的に記述されたキリスト教信仰』に着手。 ゲーテ、一七九二年、九三年の対仏戦役従軍体験記『フランス戦線』、『マインツ包囲』。ティーク『絵画』。E・T・A・ホフマン『蚤の親方』。ホフマン歿。	メッテルニヒ、オーストリア帝国宰相に就任、反革命的体制を確立。
二三	（五十歳）神秘主義的唯心論に基づく従来の哲学の批判を含む『ヤコービについて』を『ヴィーン文学年鑑』に発表。この年、自選全集（第一ヴィーン版）の刊行に着手。自著の選別に当たっては、幾多の修正・加筆を施された初期の古典文献学的諸作や『オイローパ』誌所載の絵画論等を除き、往年の「革命的」著作、例えば『共和制の概念についての試論』、レッシング、ヤコービ、フォルスターらに関する諸論評、『リュツェーウム断章集』、さらには『アテネーウム』誌所載の諸論、断章集、そして小説『ルツィンデ』等は「相応しからず」として廃棄処分とした。また、この自己検閲を辛うじて免れた『ゲーテのマイスターについて』、『詩文学についての会話』の二作に対しても加筆、修正の手を緩めず、特に後者に関しては「スピノザ」と「革命」の二文字を文面から払拭するという徹底ぶりを示す。ちなみにこの全集版の第一巻は、一八一二年の公開講義『古代・近代文学史』。		

二三	四月、『コンコルディア』誌、前出の『現代の徴候』の完結（第六輯）をもって廃刊となる。	ゲーテ『マリーエンバートの悲歌』。ティーク『旅人たち』。
二四		ティーク『音楽の苦しみと歓び』。
二五	出版元のヤーコプ・マイヤーの経済的破綻により、自選全集版は十巻をもって中断。	ティーク『田舎の社交界』。ジャン・パウル歿
二六		ティーク『詩人の生涯』第一部、『セヴェーヌ地方の反乱』。ティーク＝フリードリヒ・ラウマー共編『ゾルガーの遺稿と往復書簡集』。アイヒェンドルフ『あるのらくら者の生活から』。
二七	三月、人間のうちで失われていった「神の似姿」の復元ないしはそれへの回帰を基軸テーマとする連続公開講義の第一講義『生の哲学』をヴィーンで開始。	シェリング、新設のミュンヒェン大学教授に就任、『近世哲学史』、『哲学的経験論の叙述』、『神話の哲学』、『啓示の哲学』等の講義を開始。ハイネ『歌の本』。
二八	三月、第二講義『歴史の哲学』を同じくヴィーンで開始。十二月、ドロテーアをヴィーンに残し、姪のアウグステ・フォン・ブットラーをただ一人の道連れとしてドレースデンへ向かう。当地でティークと再会。同月五日、第三講義『言語と言葉の哲学』を開始。	ヘーゲル、『ゾルガーの遺稿と往復書簡集』を取り上げ、ゲーテと対比しつつフリードリヒ・シュレーゲルおよび初期ロマン派の思想的傾向を痛烈に批判。ティーク『ゲーテとその時代』。
二九	一月十二日未明、卒中により同講義第十講の未完の草稿をホテルの卓上に残して急死。葬儀は十四日の朝、ドレースデ	ゲーテ『ヴィルヘルム・マイスターの遍歴時代』、『イタリア紀行』第三部。W・グリム『ドイツの英雄伝説』。ティーク、フ

	ン駐在オーストリア大使の主催で執り行われ、多くの顕官、友人、講義の聴講者らの見守るなか、遺骸はドレースデンのフリードリヒスシュタットにあるカトリック教会の墓地に埋葬される。	リードリヒ・シュレーゲルの公開講義『言語と言葉の哲学』の聴講者としてドレースデンに滞在、一月十二日、前日何ごともなく歓談して別れたフリードリヒの突然の訃報に接する。ヘーゲル、ベルリーン大学学長に就任。	
一八三〇		ティーク『魔法の城』。	パリ、七月革命。
三一		ゲーテ『ファウスト』第二部、『詩と真実』第四部。ティーク『詩人の生涯』第二部。アルニム、ヘーゲル歿。	
三二		ティーク『歳の市』。ゲーテ歿。	
三四		シュライエルマッハー歿。	
三五		W・フンボルト歿。	
三六	ケルン私講義『哲学の展開十二講』、同『序説と論理学』および『哲学的・神学的内容の断章集』が、C・J・H・ヴィンディッシュマンの編纂によって、翌年にかけて刊行される。	ティーク『若い指物師』。	
三九		ティーク『生の過剰』。ドロテーア・シュレーゲル歿。	
一八四〇		ティーク『ヴィットーリア・アッコロンボーナ』。	
四二		ブレンターノ歿。	
四三		ヘルダーリン歿。	
四五		A・W・シュレーゲル歿。	

四六	『フリードリヒ・シュレーゲル全集』全十五巻（第二ヴィーン版）がヴィーンのイーグナッツ・クラング社より刊行。自選全集に収録されなかった『インド人の言語と叡知について』、それに最後のヴィーン公開講義『近世史』、ヴィーン・ドレースデン三講義を加えての増補版だが、両ケルン私講義は、シュレーゲルの「遺志に従う」として除外。		
四八		ゲレス歿。	パリに二月革命。三月、ドイツ各地に革命運動広がる。メッテルニヒ、ロンドンへ亡命。
一八五三		ティーク歿。	
五四		シェリング歿。	
五七		アイヒェンドルフ歿。	

★年譜作成に当たっては主として次の諸書を参照した。
（一）フリードリヒ・シュレーゲル関連事項
Ernst Behler: Friedrich Schlegel.（1966, 1996）Klaus Peter: Friedrich Sclegel.（1978）
（二）ドイツ文学・思想関連事項
rowohlts monographien. 他に各作品集の巻末年譜。
（三）ドイツ国内外の政治情勢関連事項
dtv-Atlas zur Weltgeschichte, Band 2. ミシュレ『フランス革命史』（『世界の名著』）巻末の「フランス革命史年表」。

訳者後記

フリードリヒ・シュレーゲル唯一の大学講義『超越論的哲学』を訳出し、それなりの註解を施して世に出したいという思いが筆者の胸中に芽吹いたのは、退職後の慌ただしさから解放され、それまでとは勝手の違う非日常的な日常の中で自分を取り戻しつつあった数年前のことである。それがいま縁あってドイツ・ロマン主義思想圏に関心の深い御茶の水書房の好意によって実現の運びとなり、ひいては本書がわが国におけるフリードリヒ・シュレーゲル研究への寄与の一滴となるならば、訳者にとってこれにすぐる喜びはない。

この『講義』は、ヨーゼフ・ケルナーによって発見、出版される一九三五年までのほぼ一世紀半近くにもわたってフリードリヒ・シュレーゲルの作品目録の空欄の一つであり、そしてこの空欄が形の上で埋まったのちにも、校訂者ケルナーがこの『講義』への解説的序文『哲学的修業時代』の末尾で「ジンメルの相対主義」、「ベルグソンの直観主義」、「マックス・シェーラーの宗教および愛の理論」、「ヤスパースやハイデッガーの実存主義」、「ベルジャーエフの新しいキリスト教哲学」といった「現代思想」の諸潮流へのこの『講義』の有形無形の関わりを指摘し、新たなシュレーゲル研究の糸口を示唆していたにもかかわらず、ほとんど手付かずの未開拓地帯として取り残された。そしてその三十年後の一九六四年にエルンスト・ベーラーを主任編纂者とする新校訂全集版の一巻として、「シュレーゲル・ルネサンス」の高潮ムードの中で再度の復活が期待されたときにも、状況にさしたる好転の兆しは見えず、先のケルナーの示唆を切り口とした部分的な――特にジンメルやベルグソンの「生の哲学」への親近性という側面からの――言及がやや目立ち始めるようになったとはいえ、この『講義』全体への肉薄という点においては、依然としてシュレーゲル研究の空白として放置され、生まれ落ちたその日に生みの親から見捨てられるという運命をいつまでも背負い続けてゆくかに見えた。

この不遇の『講義』を取り巻くこうした一般的な無関心の壁を突き崩す一撃となったのが、筆者の記憶する限り、戦後も三十年近くを経た一九七三年に現れたクラウス・ペーターの論考、『批評としての観念論——フリードリヒ・シュレーゲルの未完結世界の哲学』(Idealismus als Kritik. Friedrich Schlegels Philosophie der unvollendeten Welt)である。このエネルギッシュな論考は、「哲学は一つの改革を構成すべきである」というシュレーゲルのテーゼ(本文第三部『哲学の哲学』の結尾)を、「哲学を理性全体に対する革命」へと回帰せしめようとしたアドルノの批判主義と直結させ、この視点から先のケルナーの示唆をも含めて、シュレーゲルの哲学を十九、二十世紀の「生の哲学」やディルタイの「世界観学」との類縁性を強調する一連の、例えばケルナーの衣鉢を継ぐエルンスト・ベーラーに代表されるシュレーゲル研究の傾向を、「シュレーゲルを最終的にブルジョワ的学問の伝統に組み入れる」ものでしかないとして切り捨てるきわめてイデオロギー論争的色彩の濃いものではあったにせよ、ともかくもこの『講義』を真っ正面に据え、しかも全面的に論じ尽くそうとする気迫において、それ以後にも他に類例を見ない力作として記念されてよいだろう。

これ以後、八十年代から九十年代にかけて一時期とみに盛んとなってゆくかに見えるシュレーゲル研究が、選ばれたテーマや視点のいかんを問わず、もはやこの『講義』を避けては通れないという方向をたどったのは当然の成り行きであって、このような研究動向の牽引力となったという点でこの『講義』の独自註釈版(一九九一年に遺稿として『哲学叢書』の一冊として刊行)をライフワークとしたミヒャエル・エルゼッサーと彼に連なる研究者たち、特に明らかにこの『講義』の読解を立論の基礎としている一九九〇年刊行の学位論文『フリードリヒ・シュレーゲルにおける理解するということと理解しないということ——彼の解釈学的批評の成立と意義』(Verstehen und Nichtverstehen bei Friedrich Schlegel. Zur Entstehung und Bedeutung seiner hermeneutischen Kritik)の著者ユーレ・ツォフコの存在は、上記クラウス・ペーターのそれとは異なる意味において大きい。このツォフコがアンドレーアス・アルントと共に二〇〇七年版の『哲学叢書』の更なる一冊として編集・刊行した『フリードリヒ・シュレーゲルの批評哲学論集』(Friedrich Schlegel. Schriften zur kritischen Philosophie.1795-1805)』は、エルゼッサーの註解を継承するシュレーゲル研究の新たな地平の開拓の一環と見ることができよう。ちなみにシュレーゲルの新校訂全集版の編集主任としていわばその編集方針の基調を決定したとも言える一九五六年の論考『フリードリヒ・シュレーゲルの転換点』(Der Wendepunkt Friedrich Schlegels) においてはこの『講義』をシュレーゲルの中・後期カトリック有神論への軌道転換に先立つ初期自然汎神論的世界観の最終的帰結と位置づけるにとどまっていたエルンスト・ベーラーが、その生涯の最期の年となった一九九七年に刊行された論文集『イロニーと文学的近代』(Ironie und literarische Moderne) 中の一章『ヘーゲルのイロニー論駁』(Hegels Polemiken gegen die Ironie) に到って、この『講義』に対するヘーゲルの反感は「懐疑」と「熱狂」とのうちにこそ哲学の真の源泉は求められねばならないとしたこの『講義』の隠れたイロニーに対する反感にほかならないという論脈の中でやや唐突に行なった総括、イェーナ大学講義は「こんにち――特に観念論的超越論哲学の形成期における姿勢が論点となるとき――フリードリヒ・シュレーゲルをめぐる哲学的論争の中心に立っている」とする総括は、上記のような新たな研究動向の遅ればせの追認だったとも言えるだろう。

ところで本書の訳註は、このような「現代」のシュレーゲル研究の趨勢への顧慮をいったん断ち切った上で、この『講義』をもっぱらシュレーゲル自身の思想圏の中にどのように位置づけることができるかという一点に絞って作成するかたちをとっている。それというのもこの『講義』をドイツ思想史という大きな全体の中に位置づけ、評定することよりはむしろ、当面シュレーゲルの思想的個人史という小さな全体の中に彼の哲学的遍歴の一記念碑として佇むこの「作品」の内的生成過程を跡づけつつ読み解くことのほうが、わが国におけるこの『講義』の研究の現実に則した先決問題として求められているのではないかと訳者には思われたからである。シュレーゲルは、例えば彼の「未来」、すなわちわれわれの「現代」を指さす予見的問題提起者として脚光を浴びるよりは、他のすべての思想的人格がそうであるように、まずもってシュレーゲル自身の思考の鼓動と血脈の中で捉えられ理解されることを願っており、この『講義』の読解の糸口はまずもってこの『講義』そのものに内在する原理と理念のうちにこそ見出されるべきではないのかとシュレーゲル自身が訴えているように訳者には思われたからである。そこで訳者（註釈者）は、「私の哲学は諸断章の体系、諸構想の進展である」（PL II-857）とする独特の論法を盾に先を急ぐ（あるいは姿を晦まそうとするかに見える）シュレーゲルの袖を掴んで引きとめては説明ないし釈明を求め、そのつどシュレーゲル自身によって答えさせるという作業を二百箇所近くにわたって繰り返し、こうして得られた問答集を補足・編集し、改めて註釈者の言葉で再構成するという方針を立てた。シュレーゲル自身によって答えさせるということは、この『講義』に到るまでの彼の諸作、すなわち初期ギリシャ・ローマ文学研究期から彼の最初の機関誌『アテネーウム』廃刊までの時期（一七九四年から一八〇〇年）の諸論評、諸断章（ベーラーによる新校訂全集版第一、第二巻収録）と、この『講義』に続く時期（一八〇二年から一八〇七年）の諸作、すなわち彼の二番目の機関誌『オイローパ』所載の諸論評、パリ私講義『ヨーロッパ文学の歴史』、三巻本『レッシング選集』に付された九篇の論評からケルン私講義『哲学の展開十二講』、『序説と論理学』に到るまでの諸作（同全集版第三、第十一、第十二、第十三巻収録）、およびこれらの諸時期を隙間なく埋め尽くしている断章群、とりわけ遺稿断章集『哲学的修業時代』（同全集版第十八、第十九巻）の中に『イェーナ大学講義』のための彼自身の説明ないし釈明の主たる原資料を探るということである。この『講義』に何らかのかたちで関わりを持つシュレーゲルの手持ちの資料を出来る限り提供させた上でのいわば訳者構成によるシュレーゲルの自註、これが本書の「訳註」である。

予想通りとはいえ、訳註の紙数は本文のそれに匹敵するものとなり、慣例に従ってポイントを落として行間を詰めるとひどく混雑して読みにくくなるので、文字の大きさを本文並みのものとしたために、かなり大振りな本となってしまった。しかも「訳者解説」は多弁にわたり、「年譜」も詰めすぎの感が深く、「索引」も拾いすぎの指摘を免れないだろう。特に「索引」は、そこからして逆に自称「ロマン主義哲学者」（PL II-815）シュレーゲルの『講義』の思想的景観を大づかみに展望できる仕組を作りたいとの思いから、「フリードリヒ・シュレーゲルのロマン主義哲学用語・語彙辞典」ともいうべき種々雑多な諸事項の長大な羅列となった。いずれにせよ本書の完成はその分甚だしく手間取り、出版のスケジュールを大きく狂わせてしまったことに訳者として忸怩たる思いを禁じ得ない。こうした訳者、というよりここでは註釈者の我が儘に寛大に対応してくださった橋本社長と編集部スタッフの方々のご好意とご尽力にまずはお詫びと謝意とを申し述べたい。そして最後に訳者の多年の念願を実現させてくださった橋本社長の出版事業へのなみなみならぬ情熱とエネルギーに対して多大の敬意を捧げたい。

二〇一三年一月

酒田健一

訳・註解者紹介

酒田健一（さかた・けんいち）

1934年生、1965年早稲田大学大学院文学研究科ドイツ文学専攻博士課程修了、早稲田大学文学部教授を経て、現在、早稲田大学名誉教授

〔主要訳書〕
アルマ・マーラー編著『グスタフ・マーラー　回想と手紙』
（白水社、1973年。1999年『マーラーの思い出』と改題復刊）
クルト・ブラウコプフ著『マーラー　未来の同時代者』（白水社、1974年）
「ジンメル著作集第12巻『橋と罪』」（共訳）（白水社、1976年）
酒田健一編『マーラー頌』（白水社、1980年）
ハンス－ヨアヒム・シュルツェ編『原典資料でたどるバッハの生涯と作品』
（「バッハ叢書第10巻『バッハ資料集』」）（白水社、1983年）
ラルフ・ヴィーナー編著『笑うショーペンハウアー』（白水社、1998年）

イェーナ大学講義《だいがくこうぎ》『超越論的哲学《ちょうえつろんてきてつがく》』

2013年3月30日　第1版第1刷発行

著　　者　フリードリヒ・シュレーゲル
訳・註解者　酒　田　健　一
発 行 者　橋　本　盛　作
発 行 所　株式会社 御茶の水書房
〒113-0033　東京都文京区本郷5-30-20
電話　03-5684-0751

Printed in Japan
組版・印刷／製本　㈱タスプ

ISBN978-4-275-01023-0　C3010

人名索引

ヤ行

ラ行

事項索引

ア行

カ行

サ行

タ行

ナ行

ハ行

マ行

ヤ行

ラ行